从乞丐到皇帝

朱元璋

陈梧桐 著

江西人民出版社
Jiangxi People's Publishing House
全国百佳出版社

图书在版编目（CIP）数据

朱元璋 : 从乞丐到皇帝 / 陈梧桐著. -- 南昌 : 江西人民出版社, 2017.5

ISBN 978-7-210-09277-3

Ⅰ. ①朱… Ⅱ. ①陈… Ⅲ. ①朱元璋（1328-1398）—传记 Ⅳ. ①K827=48

中国版本图书馆CIP数据核字(2017)第068974号

朱元璋：从乞丐到皇帝

陈梧桐 / 著

责任编辑 / 冯雪松

出版发行 / 江西人民出版社

印刷 / 北京欣睿虹彩印刷有限公司

版次 / 2017年5月第1版

2017年5月第1次印刷

710毫米×960毫米　1/16　19印张

字数 / 260千字

ISBN 978-7-210-09277-3

定价 / 39.80元

赣版权登字-01-2017-253

朱元璋手书《大军帖》

序言

这部通俗历史读物当初是应中国社会科学院王春瑜研究员之约而写的，收入他策划的《读了明朝就明白丛书》，于2008年由广东人民出版社出版。这次重版，我对全书作了修订，并调换了若干篇幅，书名则改为《朱元璋：从乞丐到皇帝》。

由于各种复杂的历史原因，明朝的开国皇帝明太祖朱元璋长期被妖魔化。许多历史小品、随笔、杂文，往往一提到朱元璋就是猜忌多疑，嗜杀成性，狱案频发，血流成河，几乎没有什么历史功绩可言。这显然不是真实的朱元璋，否则我们就无法理解：贫寒出身的朱元璋何以能在元末农民战争中脱颖而出，由弱变强，扫灭群雄，推翻元朝统治，创建大明王朝？他又何以能弼成“洪武之治”，使全国的耕地面积达到850万余顷，超过了宋元时代的水平？他开创的大明王朝何以能维持长达277年的统治，成为中国封建社会仅次于唐朝的第二个国祚绵长的朝代，在农业、手工业、商业、科学技术和文化艺术上取得辉煌的成就，并在晚期出现由中世纪迈向近代社会的转型征兆？清圣祖曾为明孝陵题词曰：“治隆唐宋”，这又该作何解释呢？

康熙题“治隆唐宋”碑

笔者研究朱元璋近四十个年头。本书采取历史小品、随笔的写法，向普通大众介绍本人的一些研究心得。每篇文章或者只讲朱元璋经历或做过的一件事，或者只写朱元璋身边的某个人物，就朱元璋一生的活动来说，不过是吉光片羽。但把这一篇篇文章连缀起来，则可构成一轴元末明初的历史长卷，大体反映出朱元璋一生真实的活动轨迹、性格特点、是非功过和历史影响。文字的表达力求简洁流畅，生动有趣，但绝不虚构、杜撰或戏说，使用的史料都经过严格的审核考订，力求史实的准确可靠，做到思想性、学术性与趣味性、可读性的统一，雅俗共赏，能够“飞入寻常百姓家”。希望读者读后，能够明白真实的朱元璋究竟是怎样的历史人物，有哪些突出的贡献与重大的过失，留下哪些经验与教训，对明代和后来的历史产生了怎样的影响，进而得到有益的启迪。如果读者读后感到还不解渴，想更深入地了解朱元璋的生平事迹，可以读一读笔者的《洪武大帝朱元璋传》（贵州人民出版社2006年出版，现正修订，拟改名《明太祖大传》，交中华书局再版）或《朱元璋传》（河南文艺出版社2017年3月出版）。

陈梧桐
2017年春于北京

目录

壹　传奇人生

贰　躬览庶政

叁 休养生息

肆　文教百态

伍　人物春秋

【壹】传奇人生

朱重八名字的由来

明朝的开国皇帝明太祖朱元璋，小时候父母给他取的名字叫重八，长大后自己改名为兴宗，后来才改名为元璋，字国瑞。时下流行的一本通俗历史读物《明朝那些事儿·朱元璋卷》，开篇为朱元璋列出一份档案，在姓名与别名的栏目里写道：“姓名：朱元璋　别名（外号）：朱重八、朱国瑞”。将朱重八列入“别名（外号）”一栏，显然是错误的。正确的做法，应该把朱重八列为“小名”一栏，或者把朱重八、朱兴宗列为“曾用名”一栏。

那么，朱元璋的父母为什么给他取这样的名字呢？这本通俗历史读物的作者解释说：“取这样的名字不是因为朱家是搞数学的，而是因为在元朝，老百姓如果不能上学和当官就没有名字，只能以父母年龄相加或者出生的日期命名。（登记户口的人一定会眼花）”既然是以父母年龄相加或者出生的日期命名，他的名字应该是两个数字，所以作者说：“朱重八，这个名字也可以叫朱八八。”但是，朱元璋生于元文宗天历元年（1328年）农历（当时使用农历，通常也称阴历）九月十八日（阳历10月21日），这一年他父亲朱五四四十八岁，母亲陈氏四十三岁，父母俩的年岁相加九十一岁，如果朱元璋的名字是以父母的年岁相加或者出生的日期命名，他的名字应该叫九一或一八，怎么说也不会是重八或八八了。

其实，这位作者是只知其一，不知其二。宋元以来的封建社会，平民百姓没有职名的，除以父母的年岁相加或者出生的日期作为称呼外，还有以行辈命名的。清代俞樾《春在堂随笔》卷五即云：

> 徐诚庵大令为余言："向见吾邑《蔡氏家谱》有前辈书小字一行，云：'元制：庶民无职者，不许取名，止以行第及父母年齿合计为名。'此制于《元史》无征，然证以明高皇（即明太祖朱元璋）所称其兄之名，正是如此。其为元时令甲无疑矣。见在绍兴乡间，颇有以数目字为名者。如夫年二十四，妇年二十二，合为四十六，生子即名四六；夫年二十三，妇年二十二，合为四十五，生子或名为五九，五九四十五也。"以上并徐君说。余考明勋臣，开平王常遇春，曾祖四三，祖重五，父六六；东瓯王汤和曾祖五一，祖六一，父七一，亦以数目字为名。又考洪文敏《夷坚志》所载宋时杂事，如云兴国军民熊二；又云刘十二，鄱阳城民也；又云南城田夫周三；又云鄱阳小民隗六；又云符离人从四；又云楚州山阳县渔者尹二；又云解州安邑池西乡民梁小二；又云董小七，临川人；又云徽州婺源民张四；又云黄州市民李十六，其仆崔三；又云鄱阳乡民郑小五；又云金华县孝顺镇农民陈二。诸如此类，不可胜举。又载阳武四将军事云：访渔之家，无有知之者，亦不曾询其姓第，识者疑为神云。按言姓第，不言姓名，疑宋时里巷细民，固无名也。

重八这个名字就是按照行辈的次序而取的。他属于"重"字辈，有四个堂兄分别叫重一、重二、重三、重五，三个胞兄分别叫重四、重六、重七，他年纪最小，就叫重八。既然是按辈分取名的，这个重八，就不能叫八八，重一、重二、重三、重四、重五、重六、重七同样也不能叫一一、二二、三三、四四、五五、六六、七七。事实上，翻遍明代的史籍，也从不见有称朱元璋兄弟为一一、二二、三三、四四、五五、六六、七七、八八的记载。

这位作者主张：“其实历史本身很精彩，所有的历史都可以写得很好看。”他的这本通俗历史读物，用了很多流行文学的描写手法和表现方式，文字俏皮、幽默，确实好看。但是历史虽然是已经发生过的往事，却是一种客观的存在，不是可以任人随意打扮的小姑娘。任何历史作品，不管其表现形式如何，是学术著作还是通俗读物，都应该真实地反映历史的面貌，揭示其丰富的内涵。否则，戏说历史，真假混淆，就无助于人们认识历史，难以得到有益的启迪了。因此，历史作品应该写得好看，更要写得真实。真实是历史作品的生命之所在。

虚幻的光环与现实的苦难

皇帝也是肉眼凡胎，同普通人没什么两样，他凭什么能称孤道寡，君临天下，掌握全国臣民的生杀予夺大权呢？于是，皇帝制度的吹鼓手们便制造出种种神话，把皇帝说成是皇天上帝在地上的化身——天子，是代表皇天上帝来统治黎民百姓的。首倡此说者是汉代的董仲舒，刘向紧随其后，他们都鼓吹“天人合一”说，把皇帝说成是天人结合的宠儿。如汉代谏大夫鲍宣对汉哀帝就说：“天下乃皇天之天下也，陛下上为皇天子，下为黎庶父母，为天牧养元元。”（《汉书》卷四二，《鲍宣传》）皇帝既然是天之骄子，就由人变成了神，他是皇天上帝在地上的代表，人们就只能服服帖帖地听从他的统治了。不仅如此，汉代的吹鼓手们还为西汉王朝的开国皇帝汉高祖刘邦编造神话，说他的母亲刘媪“尝息大泽之陂，梦与神遇”，当时雷电晦冥，他父亲太公往视，“则见蛟龙于其上”。刘媪随即怀有身孕，“遂产高祖”（《史记》卷八，《高祖本纪》）。这样，刘邦就成了龙子，是真龙天子，平民百姓更得诚惶诚恐，俯首听命了。

这种做法，后来为历朝历代所仿效，到明代更是达到登峰造极的地步。朱元璋穿上龙袍，坐上龙椅，当上明朝的开国皇帝后，很快就被人大大神化起来。从《天潢玉牒》《皇朝本纪》、王文禄《龙兴慈记》以及《明太祖实录》诸书的记载来看，这种造神运动在明朝初年就开始掀起，而且越吹越神。据造神的吹鼓手们说，泗州（今江苏盱眙）有个杨家墩，墩下有个窝，朱元璋的祖父朱初一曾躺在窝里，刚好有两个道士路过，对他说："若葬此，出天子。"朱初一把这话告诉他儿子即朱元璋父亲朱五四。后来他死后，朱五四把他葬在那儿，那儿竟自行鼓起一个高大的坟堆。过了半年，朱五四的妻子陈氏便怀上朱元璋，于是人们"皆言此墩有天子气"。又说朱元璋出生前一天，他母亲陈氏梦见一黄冠道士在麦场上送给她一丸大仙丹，让她服下。待她一觉醒来，嘴里尚有余香。生下朱元璋时，有"白气自东南贯室，异香经宿不散"。还说朱元璋出生后，"常有神光满室，每一岁间，家里数次夜惊，似有火，急起视之，惟堂前供神之灯，他无火"。周围的邻居，夜间常见他家的茅草屋有红光闪现，以为是失火，急忙赶来营救，但走到茅草屋前，红光却又消失不见了，大家都感到疑惑不解。朱元璋出生后得了肚胀病，肚子胀得鼓鼓的，好些天不吃奶。朱五四到处求医，总不见效。有天夜里，忽然梦见一个和尚，"以手抚摩上（即朱元璋）顶，旦日疾遂愈"。经过吹鼓手们的不断鼓吹，给朱元璋的头上加上一个又一个的光环，朱元璋也就由人变成神，成了龙裔凤胄，他之所以能坐上龙庭，乃是皇天上帝的安排，命里注定的。

但是，所谓神不过是人造的幻影。抹去那一个个虚幻的光环，展现在人们面前的，却是朱元璋童年和青年时代无穷无尽的忧伤和苦难。朱元璋出生于元朝末年社会矛盾普遍激化的年代里。当时，不仅官府的赋税、徭役征敛极其繁重，而且蒙、汉及各族的贵族、官僚、地主和寺院又疯狂兼并土地，追加地租，奴役佃户及其子女，甚至将佃户随田转卖。加之朝政腐败，贪风炽盛，自然灾害频仍，广大农民纷纷破产，饿殍载道，哀鸿遍野。伴随着不堪忍受的阶级压迫的，还有极其残暴的民族压迫。元朝统治者在征服广大中原和江南地区的过程中，把全国各族人民划分为蒙古、色目（包括西域各族和西夏人）、汉人（包括原先金朝统治下的各族和较早被征服的四川、云南各族，除汉族外，还有契丹、女真等族）、南人（包括原先南宋统治下的汉族和南方少数民族）。四个等级的政治地位各不相同，蒙古人最高，色目人次之，汉人和南人的地位最为低下，也最受歧视，被蔑称为“汉儿”“汉子”和“蛮子”。

同当时广大的汉族农民一样，朱元璋一家的日子也过得非常艰难。他家祖籍原在沛国相县（今安徽濉溪西北），就是我国历史上第一个布衣出身的皇帝汉高祖刘邦的故乡。后来，他的先祖南渡长江，迁到金陵句容（今属江苏）通德乡的朱家巷。朱家原是一个淘金户，按照规定每年都得向官府交纳黄金。但句容无金可淘，朱家只得改种庄稼，出卖粮食，再买进金子交给官府。几年下来，把仅有的一点家产都赔光了。后来，朱元璋的祖父朱初一带着两个儿子朱五一、朱五四北渡长江，来到泗州北边的孙家岗垦荒。经过几年的辛勤劳作，日子渐有起色，“置田产”，分别给两个儿子娶了媳妇。然而好景不长，朱初一去世后，“家道日替”（郎瑛：《七修类稿》卷七，《朱氏世德碑》），生活又变得艰难了。朱家两兄弟先后迁移到淮河南岸的盱眙津律镇（又称津里镇），并在那里娶妻，生儿育女。由于生活艰难，他们又再次搬家。哥哥朱五一迁到濠州钟离（今安徽凤阳），弟弟朱五四先迁到灵璧，再迁到虹县，后来也来到钟离东乡，与先前迁居于此的朱五一家住在一起，以便互相照应。

大约在离开盱眙之后，朱五四开始给地主当佃户，有时也出外打工。他“勤俭忠实”（《明太祖实录》卷一），全家佃种地主的几十亩地，拼死拼活地干活，打下的粮食有一多半得给地主交租，剩下的往往不够一家糊口，遇到灾荒年月，生活就更加困苦。有时年景稍好，地主就要加租，如不同意，即被夺佃，只好搬家另租地种。所以，他在一个地方往往住不长久，过段时间就得搬一次家。搬到钟离东乡不久，朱五四已育有三男一女（大女儿在津律镇已经送人，但朱五四迁到东乡又生下二女儿佛女），长子朱重四又娶了媳妇，加上朱五四夫妻两口，共七口人，日子过得紧巴巴的。天历元年九月十八日（1328年10月21日），在朱家的一间破茅草屋里，朱元璋呱呱坠地了。这给朱家带来的，自然是忧愁多于欢乐。

朱元璋十一岁时，地主又无故夺佃，朱家只得从东乡搬到西乡，在西乡住了一年时间，大伯朱五一不幸染病身亡。此时，大伯的儿女们都已成家，各立门户，朱五四便领着自己的儿女，迁居到人烟稀少的太平乡孤庄村，租种地主刘德的田地。由于多次搬家，加上二姊出嫁，大哥娶亲，花了些钱，日子越发不济，经常“取草之可茹者杂米以炊”（《明太祖实录》卷四〇）。为了减轻家里的负担，二哥和三哥分别到唐家、刘家当了上门女婿，长得“姿貌雄杰”（《明太祖实录》卷一）的朱元璋，也去给地主刘德看牛放羊。不料，淮河两岸接连发生旱灾，二嫂刘氏和二哥的独生子旺儿先后病死，大姊和大姊夫王七一满门死绝。但是，眼泪还未哭干，更大的灾难又接踵而来。至正四年（1344年）春，江淮大地相继发生旱灾、蝗灾和瘟疫，朱元璋的父亲朱五四、大哥朱重四及其长子圣保、母亲陈氏先后染疾而亡。此时，家徒四壁，连块埋葬的坟地都没有。朱元璋和二哥硬着头皮去央求地主刘德，请他发善心给一小块坟地。尽管朱家给他种了多年的地，从未欠过一粒租子，但刘德还是“呼叱昂昂”（《明太祖集》卷一四，《皇陵碑》），不仅不给坟地，还把他们臭骂了一顿。幸好刘德的哥哥刘继祖同朱家是邻居，往日同朱五四关系比较密切，给了一小块地。朱元璋和二哥这才把父母的尸首草草埋葬。后来，他在《皇陵碑》里曾不无伤感地回忆道：“殡无棺椁，被体恶裳。浮淹三尺，奠何肴浆！”

皇陵碑

埋葬亲人的遗体后，旱灾和蝗灾、瘟疫仍未停止。失去生活依靠的朱元璋，只得到附近的於皇寺（又名皇觉寺）去当小行童。但是佛门之内，也没有穷人的乐土。所谓行童，就是僧寺中的童仆，需要打扫佛堂，上香烛，敲钟鼓，给长老做饭，洗衣裳，并连带给全寺的僧众做各种杂役，干得不好，还得挨长老的骂。而且庙里不给工钱，只管饭食，实际上还不如一个长工。朱元璋累得上气不接下气，却常常吃不饱肚子。不过，就是这样的日子也过不长久。仅仅过了五十天，於皇寺的住持因“岁歉不足给众食”（《天潢玉牒》），遣散了众僧。朱元璋“家道零落，归无所恃，出无所怙”（袁文新：《凤阳新书》卷八，朱元璋御制《龙兴寺碑》），只好四出游方化缘。化缘为佛教用语，意为募化、乞求布施，用老百姓的话说，就是叫化、要饭。朱元璋听说南边和西边灾情较轻，年景较好，就到那一带去化缘。他一路跋山涉水，穿村越镇，白天对大户人家敲一阵木鱼，唱几句佛号，讨几文钱，要几勺米或一钵饭，晚上借古寺或农家的茅草屋歇脚。遇到荒无人烟的地方，饿了抓几把讨来的存米，用瓦钵烧熟了吃，存米吃光，就摘些野果充饥；累了找处山洞或背风的山崖休息，有时连山洞或背风的山崖都找不到，就干脆躺在野地里，对着清风夜月露宿。后来，他曾回忆这段流浪生活说：“突朝烟而急进，暮投古寺以趋跄。仰苍崖崔嵬而倚碧，听猿啼夜月而凄凉。魂悠悠而觅父母无有，志落魄而佒佯。西风鹤唳，俄淅沥以飞霜。身如蓬逐风而不止，心滚滚乎沸汤。”（《皇陵碑》）

在三年多的时间里，朱元璋走过皖西豫东的八九个郡县，受尽人间的白眼、冷落和嘲弄，饱尝风霜之苦，也熟悉了那里的山川地势、风土人情，大大开阔眼界，积累了丰富的知识。在流浪过程中，由于沉到社会的最底层，广泛接触贫苦农民，并受到正在淮西一带从事反元秘密活动的白莲教的影响，对社会的黑暗、百姓的苦难和民心的期盼，有了更深刻的体会。同时，在流浪过程中，他生活没有依靠，广交江湖朋友，也沾染上江湖习气。而艰苦的游方生活，更铸就了他坚强勇敢而又猜忌多疑的性格。

至正八年（1348年），朱元璋重返於皇寺。由于连年荒旱，寺里香火寂寥，僧众大多离散。留在寺里的几个和尚，没有多少事可干。朱元璋小时念过几个月的私塾，认得几十个字，就跟几个无家可归的老和尚学习佛经，有时也把庙里有限的几本杂书拿来翻翻。史籍说他从此“始知立志勤学”（《皇朝本纪》）。这样日积月累，他认识的字越来越多，知识面不断扩大，文化水平得到了提高。

又过三年，刘福通在颍州（今安徽阜阳）发动红巾军起义。朱元璋尽管生活艰难，但仍在庙里撞钟，读书。又过一年，郭子兴在濠州起义，於皇寺毁于兵燹，朱元璋这才被逼上梁山，前往濠州投奔了起义。

事实很清楚，出身于贫苦农民家庭的朱元璋，头顶上原本就没有什么光环，有的只是常人难以忍受的无边苦难。北宋思想家张载说：“艰难困苦，玉汝于成。”（《张子全书》卷一，《西铭》）不是皇天上帝的安排，而是童年和青年时代的苦难生活，迫使他投身于反抗元朝黑暗统治的起义洪流，从而成就他日后的一番事业的。孟子有言：“天将降大任于斯人也，必先苦其心志，劳其筋骨，饿其体肤，空乏其身，行拂乱其所为，所以动心忍性，增益其所不能。”（《孟子·告子下》）

如果不把“天”当成皇天上帝而是当成历史老人的话，这话是绝对正确的。经历磨难是一种财富，一切不幸的遭遇和坎坷，都能使人更深刻地认识社会，认识人生，增长才干，变成促使人奋发向上、拼搏向前的力量。如果没有童年和青年时代的苦难，朱元璋是不可能成就他后来的事业的。

逼上梁山

穷苦农民出身的小和尚朱元璋，后来坐上大明王朝的第一把龙椅，那些信奉“君权神授”的臣僚和文人就都吹捧他是龙裔凤胄，说他之所以当上皇帝，是皇天上帝的安排。其实，朱元璋是在走投无路的情况下，为求生存，经反复求神问卜，才战战兢兢地前去投奔起义的，同当时被迫造反的广大起义农民没有什么两样。

原来，朱元璋从淮西流浪归来，重返於皇寺待了三年，刘福通在颍州发动红巾军起义，彭莹玉、芝麻李、布王三、孟海马等纷起响应。又过一年，到至正十一年（1351年），定远土豪郭子兴联合孙德崖和俞某、曹某、潘某四人也起兵响应，攻占濠州（今安徽凤阳），归刘福通节制。定远和濠州一带农民欢欣鼓舞，纷纷前往投奔。朱元璋在於皇寺得到消息，自然十分兴奋。因为他觉得这个社会实在太过黑暗，太不公平了。那些大地主连阡累陌，每年收租几十万甚至上百万石，而穷人却无立锥之地，陷于饥寒交迫的困境。朱元璋小时和同村小伙伴给地主放牛放羊，就常常忿忿不平地议论：为啥财主家不用干活，却天天有大鱼大肉吃，我们天天风里来雨里去，却填不饱肚子呢？当时州县的衙门官吏，又“多不恤民，往往贪财好色，饮酒废事，凡民疾苦，视之漠然”，老百姓对他们恨得咬牙切齿，朱元璋见到他们亦“心实怒之”（《明太祖实录》卷三九）。朱元璋时常想起儿时在油灯下听母亲陈氏边纺纱边给他讲的外祖父陈公抗元的故事。五六十年前，朱元璋的外公曾在宋朝大将张世杰手下当过亲兵。元朝大军南下，攻占南宋都城临安（今浙江杭州），俘虏了宋恭帝，张世杰和陆秀夫等将领在福州拥立益王赵昰做皇帝，继续抗元。文天祥出任丞相，招兵买马，转战于江西、广东一带。不久，赵昰病死，赵昰的弟弟、广王赵昺做皇帝，继续坚持抗元斗争。文天祥不幸兵败被俘，张世杰、陆秀夫护送九岁的小皇帝退往厓山（今广东新会厓门附近）。元朝水军穷追不舍，被张世杰顽强击退。后来，元军攻占厓山海口，切断宋军砍柴取水之路，于祥兴二年（1279年）二月发动大规模攻势，突破宋军的防线。陆秀夫见大势已去，拔剑令妻子儿女跳海自尽，自己背起小皇帝投海殉国。张世杰趁天黑率领十几条船只冲出重围，图谋再举。谁知四天后却在平章山海面遭遇飓风，船只倾覆，张世杰落水殉难。外公也掉在海里，侥幸被人救起，辗转返回了老家。母亲讲的故事，深深打动了朱元璋。他从心底里佩服外公，盼着有一天能像外公那样拿起长矛大刀，把蒙古、色目贵族斩杀净尽，从此不再受他们的欺凌压榨。后来，朱元璋在淮西游方时，听到白莲教徒关于“明王出世”“弥勒降生”的宣传，号召贫苦农民起来冲决黑暗的现实世界，他打从内心表示拥护。如今，这股以冲决黑暗世界，推翻元朝统治为目标的起义浪潮已在淮西掀起，并已波及他的家乡，朱元璋心里当然兴奋异常。他天天暗自祈祷，求菩萨保佑起义队伍能越战越强，取得胜利。不料，没过多久，濠州就来了一支官军，据说有三千人，归一个叫彻里不花的蒙古军官带领。他们驻扎在濠州城南三十里处，不敢与起义军对抗，而是四出骚扰，见到百姓就抓，往头上缠条红布，说是“乱民”，交给长官报功领赏，闹得村民惶恐不安。有一天，朱元璋正外出躲避，经常出城打劫地主富豪财物的郭子兴队伍来到於皇寺。当时的寺院大多拥有大量土地，残酷剥削佃农，寺院僧侣又常以正统自居，对起义军信奉的白莲教持反对、排斥的态度，红巾军士卒就放了一把火，把寺院点着了。到傍晚，朱元璋回到庙里，偌大一座寺院已被烧掉大半，到处是残垣断壁，只剩下伽蓝殿还算完好。朱元璋的生活因此失去了依靠，下一步该怎么办？他绕着残破的寺院转了几圈，也想不出办法，“出为元兵，恐红军至，欲入红军，畏元兵至，两难莫敢前”（《天潢玉牒》），真是愁煞人。

过了几天，从小一起放牛的同乡汤和，从濠州捎信给朱元璋，说他已参加郭子兴的队伍，整天打打杀杀，但不愁吃饭。现今兵荒马乱，人无宁居，呆在乡下很不安全，何不前来投奔？朱元璋读过信赶紧烧掉，反复思考了几天，也拿不定主意。后来，同室一位师兄告诉他，有人见他收到濠州来的信，准备去官府告发，劝他赶快逃走。朱元璋急得像热锅上的蚂蚁，忙找知心的熟人商量，那人劝他向菩萨讨个卦，再决定去留。朱元璋原先并不怎么相信神佛有灵，对菩萨也不怎么恭敬。记得有一天，自己打扫伽蓝殿，不小心被石座上伽蓝神的大腿绊了一跤，曾举起扫帚狠揍了伽蓝神一顿。又有一天，供在佛殿堂上的蜡烛被耗子啃坏了，自己怒火中烧，心想你这伽蓝神整天守着大殿，耗子来了也不管，还得害我挨长老的骂，就提笔在伽蓝神的背上写下“发配三千里”几个字，以发泄心中的怒气。但事到如今，朱元璋只好硬着头皮试一试了。他屏住呼吸，蹑手蹑脚地走近伽蓝殿，看大殿内外没有人，便走了进去，恭恭敬敬地点上香，磕了头，再拿起神案上的两块珓，对伽蓝神祷告说：“今兵难如此，吾欲出避兵，志无所定，愿与神卜之。出与处孰吉？明以告我！”然后投珓于地。不料，卜了三次，都是否定性的凶卦，不同意他“出与处”即外出躲避或留在寺里。他拿起珓，再次卜问：“出与处既不吉，乃欲吾从雄而后昌乎？”投珓于地，竟然是个吉卦。但他觉得现今豪杰纷起，究竟哪支队伍能够成功，实难预测，而且投奔起义军，风险极大，弄不好得掉脑袋，于是又祷告说："兵凶事，从雄吾甚恐，盍许以避兵？"再投珓于地，两块珓都立了起来，表示不赞同他外出避难（《明太祖实录》卷一）。他这才下定决心，于当晚摸黑前去投奔起义。

至正十二年闰三月初一（阳历4月15日），朱元璋穿着破烂的袈裟，抄小路来到濠州，准备入城投奔郭子兴。由于城外驻扎着元军，城门的哨兵怀疑他是元军的奸细，把他捆绑起来，准备押出城外处斩。朱元璋和士兵吵了起来，引来许多围观的群众。郭子兴听到消息，忙骑马赶来，见他年轻力壮，高大威武，又是自己的部下汤和邀来投军的，当即命亲兵给他松绑，收下他做步卒。朱元璋从此脱下袈裟，换上红袄，扎上红巾，成为一名红巾军战士。

俗话说："皇帝也是人养的。"朱元璋同当时的广大农民一样，是被元朝的残酷压迫逼上梁山的。在投奔起义之前，也同大多数人一样，有过彷徨，有过犹豫。朱元璋自己后来也多次申明："初起乡土，本图自全"（《明太祖实录》卷五八），"朕年二十四（应为二十五），盘桓求生而已"（《皇朝本纪》）。他投奔起义是"本图自全""盘桓求生"，而不是什么皇天上帝的安排。

崭露头角

至正十二年（1352年）闰三月，朱元璋到濠州投奔郭子兴红巾军时，不过是一名普通的步卒。从此开始同战士们一块儿上操，练习武艺。他的操练十分认真刻苦，不到十来天，就成为拔尖的角色，得到郭子兴的赏识。郭子兴每次领兵出战，都把朱元璋带在身边，他“从旁翼卫，跳荡无前，斩首捕生过当”（谈迁：《国榷》卷一），立下不少战功。不久，郭子兴将他调到元帅府当亲兵，授予九夫长的军衔，有事常找他商量。日子一长，郭子兴觉得朱元璋有胆有识，有勇有谋，是个将才，开始让他带兵作战。他每次率众出征，都身先士卒，冲杀在前；得到战利品，自己分毫不取，悉数分给部下。因而深得士兵的拥护，上下一心，所向披靡。郭子兴“由是兵益盛”，对朱元璋也更加器重，将养女马氏嫁给他，使他进一步站稳了脚跟。

土豪出身的郭子兴，瞧不起孙德崖等四个农民出身的起义首领，每次公会议事，总是吵得不欢而散。后来，郭子兴常闭门不出，不参加公会。领导班子不团结，队伍就难以发展。朱元璋极力加以调解，却不见效果。后来，被元军击败的另一支红巾军首领彭大、赵均用自徐州前来投奔。郭子兴见彭有智术而赵无主见，厚彭而薄赵，更加剧领导班子的矛盾。赵均用乘郭子兴外出上街，派人把他抓住，关到孙德崖家里，准备暗地把他杀掉。朱元璋找彭大求救。彭带兵包围了孙家，朱元璋爬上屋顶，揭瓦掀椽，下到屋里，才把郭子兴解救出来。

郭子兴虽然被解救出来，但矛盾并没有解决。加以郭子兴、孙德崖的队伍不讲纪律，“哨掠四乡”，“荡尽民财”，彭大、赵均用也“驭下无道”，“以力御众”，单纯依靠打骂惩罚的手段治军，部队的纪律也极差，朱元璋觉得他们将来难成气候，决心自己组建一支训练有素、纪律严明的队伍。至正十三年六月，他先回乡招募徐达等七百人为兵，被升为镇抚，正式成为一名带兵的小军官。到年底，朱元璋将这支队伍交给别的将领统率，自己又带着同乡汤和与在家乡招募的徐达等二十四人南略定远，招降多支地主武装，并“倡农夫以入伍”。“不逾月而众集，赤帜蔽野而盈岗”（《明太祖集》卷一四，《皇陵碑》），他因此被升任为总管的高级官职。朱元璋从中挑选精壮男子二万名，严格训练，组成一支听指挥、讲纪律、能打仗的队伍，然后杀向东南，于至正十四年七月攻占滁州。在攻打定远、滁州的过程中，费聚、吴复、冯国用、冯胜、丁德兴、毛麒、李善长、范常、邓愈、胡大海等一批战将和儒士，先后归附。冯国用、李善长等儒士成为朱元璋的第一批幕僚，为他出谋划策。冯国用对他献策：“金陵（今江苏南京）龙蟠虎踞，帝王之都，先拔之以为根本。然后四出征伐，倡仁义，收人心，勿贪子女玉帛，天下不足定也！”（《明史》卷一二九，《冯胜传附冯国用传》）李善长也向朱元璋进言：“秦乱，汉高起布衣，豁达大度，知人善任，不嗜杀人，五载成帝业。今元纲既紊，天下土崩瓦解。公濠户，距沛不远。山川王气，公当受之。法其所为，天下不足定也。”（《献征录》卷一一，王世贞：《中书省左丞相韩国公李公善长传》）朱元璋的眼界为之大开，开始立下一个远大的目标，决心效法汉高祖刘邦，知人善任，不乱杀人，先攻拔金陵作为基地，然后四出征伐，行仁义，收人心，平定天下，夺取全国的最高统治权。

岂料，就在朱元璋进攻滁州之时，彭大、赵均用与孙德崖等已带兵攻占盱眙、泗州。赵、孙等将郭子兴挟持至泗州，时刻想杀掉他。不久，郭子兴所依靠的彭大在同赵均用火并中死去，他的处境更加危险。朱元璋想尽一切办法，劝说与贿赂并行，才使赵均用答应放人，让郭子兴来到滁州。

郭子兴到达滁州后，朱元璋将自己的队伍交给他。谁料刚过一个月，有人在郭子兴面前挑拨离间，说朱元璋的坏话。郭子兴的儿子郭天叙、郭天爵又嫉妒朱元璋，常在郭子兴面前播弄是非。有一天，郭天叙、郭天爵还设宴请朱元璋，“阴置毒酒中，欲害之”。朱元璋事先得到消息，届时随他们二人前去赴宴，走到半道，朱元璋勒紧缰绳，马遽跃起，他即大骂郭天叙兄弟：我哪点对不起你们，你们为何要害我？两人吓得汗流夹背，“自此不敢萌害意”（《明史纪事本末》卷一，《太祖起兵》）。郭子兴本来就没有多大气量，不能容人，他也不想让朱元璋的势力过分膨胀，妨碍他儿子将来接班，就对朱元璋猜忌、疏远起来。朱元璋处处小心谨慎，对郭子兴毕恭毕敬，马夫人还拿出自己的私房钱，孝敬郭子兴的正室张氏，这才使郭子兴逐渐消除对他的怀疑。紧接着，元朝右丞相脱脱统兵百万在高邮大败张士诚，分兵围六合。六合此时在赵均用、孙德崖手里，他们眼看抵挡不住，派人来滁州求救，遭到郭子兴的拒绝。朱元璋从大局出发，主张出兵救援，曰：“六合被围，无救必毙；六台既毙，次将及滁。岂可以小憾而弃大事？”（《明太祖实录》卷一）郭子兴终于被说服，答应派兵救援。但诸将慑于百万元兵的威势，无人敢于领兵赴救。最后还是朱元璋亲自出马，带兵驰援六合，经过一阵激战后，用计诱骗元兵撤退。

至正十四年底，由于元朝统治集团的内部矛盾，脱脱被罢官，围攻高邮的百万元兵一哄而散。自此“元兵不复振矣”（俞本：《明兴野记》卷上），处于劣势的各支农民军，纷纷乘机出击。这时，郭子兴的队伍困守滁州，粮食非常紧张，朱元璋按照攻取金陵以为根本的计策，提议南取和州（今安徽和县），移兵就食。和州城小而坚，难以力攻。朱元璋经过深思熟虑，建议计取。郭子兴问怎么计取，他说可精选三千勇士，穿上缴获来的地主武装庐州路义兵的青衣，腹背都悬挂“庐州路义兵”的标志，赶着四匹满载牛酒的骆驼，假装进城犒赏元军。再派万名战士，穿着红巾军的红衣，跟随其后，相距约十余里左右。待青衣兵到达州城，举火为号，红衣兵即鼓行而趋，必可破城。至正十五年正月，郭子兴采纳这个建议，派妻弟张天祐带兵袭取和州，接着又命朱元璋领兵驰援。攻占和州后，升任朱元璋为统率和州兵马的总兵官。

和州诸将成分复杂，纪律也差，出征时往往乱抢乱杀，掳掠人口，霸占民女。他们又欺负朱元璋年轻，不把他放在眼里，每次议事皆抢占上席，而把最末一个座位留给他。朱元璋决心改变这种状况。有一天，他把将领们找来商议修建城池之事，约定每人负责一段，限定三天之内完工。过了三天，只有朱元璋一段由徐达督工修完，其他几段均未完工。他拿出郭子兴的令牌，严肃地说：“总兵，主帅命也，非我擅专。且总兵大事，不可无约束。今甓城皆不如约，事由何济？自今违令者，即以军法从事！”（《明太祖实录》卷二）诸将理屈词穷，连声说：是，是！朱元璋接着下令释放掳来的百姓妻女，他们都一一照办。部队的纪律从此开始好转，朱元璋的威信也逐步建立起来了。

不久，郭子兴病死，孙德崖想乘机吞并他留下的队伍和地盘。此时，刘福通已在亳州迎韩林儿为帝，号小明王，建立宋政权，年号龙凤。小明王派使者到和州，让去人商议论功封帅之事。和州诸将经过商量，决定让朱元璋带兵戍守，由张天祐前往亳州受命。四月，张天祐带回小明王的命令，封郭子兴之子郭天叙为都元帅，张天祐为右副元帅，朱元璋为左副元帅。朱元璋开始觉得接受封号就得受制于人，但转念一想，目前自己实力不大，四面受敌，“林儿势盛可倚藉”，接受他的封号，可利用他的旗号来掩护自己，号令群众，也不失为一种权宜之计。于是就和郭、张一道接受了封号，奉龙凤为正朔。三个元帅之中，都元帅郭天叙年轻没经验，右副元帅张天祐虽然岁数较大，但缺乏智谋，优柔寡断，左副元帅朱元璋位居第三，但和州的这支部队大多数是他招募或招降来的，并经过他的严格训练，听从他的号令，加上身边又有李善长、冯国用、冯胜、徐达等一批心腹骨干，他实际上成了这支队伍的主帅。

就这样，经过短短的三年时间，朱元璋便以其远大的目光、突出的才干和高超的谋略脱颖而出，由一名普通的士卒成长为一支起义队伍的实际统帅。

积粮训兵，营建基地

龙凤元年（至正十五年，1355年）三月郭子兴在和州病逝后，朱元璋实际执掌了其队伍的领导权。他开始思谋南渡长江，夺取龙盘虎踞、形势险要的金陵，作为四处征伐的战争基地。他将渡江的谋划告诉李善长，李善长虽然非常赞赏，但却认为时机尚不成熟，因为一来当时和州正闹粮荒，士兵吃不饱饭，无法打仗，二来其队伍全是步卒，属旱鸭子，不习水仗，没有水师，缺乏舟楫，无法南渡水域宽阔的长江，劝他缓一缓，等待时机成熟时再说。

正当朱元璋为缺乏粮饷和舟楫发愁之时，原属南方红巾军系统的集湖水师俞通海父子、廖永安兄弟等人，因为与庐州左君弼发生矛盾，于五月间归附了朱元璋。这支巢湖水师“拥众万余，船千艘”（《明太祖实录》卷三），还有几万石粮食。他们的归附，解决了朱元璋的难题，渡江的时机成熟了。朱元璋遂于六月初二率部南渡长江，攻占采石、太平，然后沿长江南岸向东挺进。朱元璋发动了三次攻打集庆的战役。第一次因收编的“义兵”元帅陈埜先暗中作梗而失利。第二次直逼集庆城下，也因陈埜先用伏兵执杀郭天叙，并生擒张天祐交给元行台御史大夫福寿加以杀害，然后与福寿内外夹击，攻城的队伍猝不及防，败退溧阳。郭、张遇害后，郭子兴的队伍全归朱元璋指挥，朱元璋成为这支部队名副其实的都元帅。龙凤二年三月，朱元璋亲率大军三攻集庆，一举攻占了这座江南重镇，改名为应天府。

宋小明王获悉朱元璋攻占集庆，提升朱元璋为江南行枢密院同佥，寻升为江南等处行中书省平章政事。七月，朱元璋在应天设立江南等处行中书省，并且置江南行枢密院，建立了一个比较完备的地方政权机构。此后，朱元璋一面分兵攻占应天周围的战略要地，并攻夺元朝统治力量比较簿弱的浙东地区，一面则采取各种措施，着力营建以应天为中心的江南根据地，“积粮训兵，待时而动”（《明太祖实录》卷一四）。

在政治上，朱元璋首先是废除元朝苛政，减轻刑罚，严惩贪贿，宽减赋役。龙凤三年十二月，他下令释放监狱里的所有囚犯。翌年二月，又派提刑按察司佥事分巡郡县，讯察案犯的罪情，规定原先判处笞刑的释放，判处杖刑的减半处刑，重罪囚犯处以杖七十的刑罚，贪污受贿的不再追缴赃物。龙凤五年三月又宣布，所辖州郡三月初二以前，除大逆无道和敌方的侦探拘禁外，其他罪犯不论罪行大小，全部赦免。吴元年（1367年）六月，他还特地告谕负责监察的御史，要慎用刑罚，说：“钦慎二字，用刑之本也。”（《明太祖实录》卷二四）

对自己手下的官吏，朱元璋要求他们奉公守法，不许贪赃枉法，否则就严加惩治。龙凤八年正月，有人向按察司诬告他人，被诬者不服，担任按察司佥事的元朝降臣宋廉使对其严刑拷打，逼其招供。省都司王用言贪赃枉法，还暗中私通陈友谅的抚州通判。朱元璋发现后，即于当月十七日在聚宝门前的雨花台召集文武百官，展示他贪污的赃物，宣布将他斩首示众。接着对宋廉使说：“你是元朝风宪官，不能死节，归我又授以耳目，亦不能与人辨曲直，拷掠诬承，谄我一时之喜，是汝罪否？我替元朝打死这失节老贼！”说完，令卫士用巨棍在其胸背各杖一百，然后扔到台下，问：“老贼死未？”有人回答：“未死。”朱元璋又令卫士将其抬到太医那儿，给敷上药膏。第二天，再令揭去其身上的药膏，用巨棍在胸背各杖一百，还未死。第三天，又对其施以杖刑，最后“以身首暴于市”（《明兴野记》卷上）。第二年冬，朱元璋亲征武汉，又惩处了一批贪贿通敌的官吏。

朱元璋还设法减轻百姓的赋役负担，龙凤三年十二月，徽州儒士唐仲实反映当地守将邓愈役民筑城，百姓颇有怨气，朱元璋即下令停工。唐仲实又反映百姓负担过重。为解决这个问题，朱元璋一面大抓农业生产的恢复和发展，一面又“使民自实田，集为图籍，核盈胬，验虚实，而定科徭”（《宋濂全集》卷五九，《端木府君墓志铭》）。就是让百姓自报田地亩数，登记在土地簿籍上，据以确定所应负担的赋役，从而减少地主隐瞒土地向农民转嫁负担，并防止官吏的额外征敛。后来，农业生产抓上去了，就着手减少各种赋税和徭役。龙凤八年他亲至龙兴（今江西南昌）接受陈友谅部将胡廷瑞的归降，就对当地百姓宣布：“军需供亿，俱不以相劳！”（《明太祖实录》卷一〇）龙凤十年称吴王后，又规定“赋税十取一”，并将所辖府县划为三等，按等征税（《明史》卷七八，《仓货志》）。此后，凡是新归附地方的用地，都下令宽减赋役，有的免征一年，有的免征三年。对工商业税，也斟酌元制，去其弊政。

其次，积极支持农民夺占地主的土地和元朝的官田。朱元璋深知，广大农民之所以揭竿起义，是为了夺回被地主霸占的土地和财产，改变“贫者愈贫，富者愈富”的不平等现象。只有支持农民的正义行动，才能获得他们的拥护和支持。朱元璋在攻打浙东时，便实行“给民户由”的政策。刘辰的《国初事迹》载：“太祖亲征城池，给民户由，俱自在押。”户由用以登记民户籍贯、丁口、名岁和产业，相当于户口证，具有在法律上承认民户的财产包括土地所有权的作用。朱元璋是在龙凤四年十二月亲征婺州（今浙江金华）时“命籍户口”（《明太祖实录》卷六）的，估计也就从这时候开始，对百姓的产业做了登记，并亲自签发“户由”，交给民户，从而承认了民户包括农民夺占的地主土地和官田的所有权。

此外，朱元璋还礼贤下士，优待降人，从而不断壮大自己的队伍。

在军事上，朱元璋大力加强武装队伍的建设。他认为“兴国之本，在于强兵足食”（《明太祖实录》卷一二），对强兵一直抓得很紧。不仅积极招募农民入伍，收编归降敌军，而且重视军事训练，经常命令将帅带领士兵进行操练，并亲自检阅。攻占应天之后，他即于龙凤三年正月，在鸡鸣山下举行过大规模的阅兵仪式。龙凤十一年正月，在出征淮东之前，又亲自阅试将士，令镇抚居明率领军士分队进行军事演习，胜者赏给十两银子，有伤而不退却者也赏给数量不等的银子，负伤者给药治疗，并设酒馔宴请全体参加演习的将士。

除了建立正规的作战部队，朱元璋还注意民兵队伍的建设。龙凤四年十一月，下令建立管领民兵万户府，此后开始在其辖区内推行民兵制度。龙凤五年冬，擢王恺为左司郎中，总制衢州军民之事，他即籍江山、常山、龙游、西安（今浙江衢州）四县丁壮，凡六丁之中简一以为兵，共得民兵一万一千八百名，“无事则为农，脱有警，则兵者出攻战，而五丁者资其食”（《宋濂全集》卷五六，《故江南等处行中书省左司郎中赠奉直大夫浙东等处行中书省左右司郎中飞骑尉追封当涂县子王公墓志铭》）。广德府广阳、建平（今安徽郎溪）等县，也曾“验丁出兵，谓之民义，以守广德”（《明太祖实录》卷二六）。龙凤九年更将民兵制度在其辖区内普遍推广，令“以两淮江南诸郡归附之民，各于近城耕种，练则为兵，耕则为农，兵农兼资”（《明太祖实录》卷一四）。由于战事频繁，兵力紧张，这些早期签点的民兵，往往跟随正规的主力部队出征，随即被编入军籍入伍，变成了军户。

在强兵方面，朱元璋尤其重视军纪的整顿，要求将士听从号令，服从指挥，并且不许烧杀掳掠，侵害平民百姓。严守法纪者，通令嘉奖；违反法纪者，严惩不贷。由于赏罚分明，朱元璋的军队纪律严明，能听从指挥，服从调遣，攻城略地，秋毫无犯。

在经济上，朱元璋首先是狠抓垦荒屯田，搞好农业生产。攻占应天后，他沿用元朝的职田制度，下令武官“听从开垦荒田，以为己业”，文职“拨与职田，召佃耕种，送纳子粒，以代俸禄”（《国初事迹》），以推动荒田的开垦。龙凤二年七月建立江南行省，设营田司，专掌水利，并兼行组织军士屯田之责，许多部队在守城的同时，即屯田以给军食。如龙凤四年，吴良、吴祯兄弟戍守江阴，即率领不满五千的士卒，一面训练，一面屯田。第二年，王恺戍守衢州，也令守军屯种废田五千七百亩。龙凤九年二月，朱元璋重申屯田之令：“自今诸将宜督军士，及时开垦，以收地利，庶几兵食充足，国有所赖。”（《明太祖实录》卷一二）

在垦荒屯田的同时，朱元璋还注意发动农民搞好农业生产。龙凤二年九月，他到镇江，即派儒士遍谕乡邑，劝告农桑，筑城垦荒。龙凤四年设立管领民兵万户府，开始推行民兵制度，练则为兵，耕则为农，有力地推动了农业的恢复和发展。龙凤十一年六月，又令民间广植经济作物，规定“凡农民田五亩至十亩者，栽桑、麻、木棉（棉花）各半亩，十亩以上者倍之，其田多者率以是为差（《明太祖实录》卷一七）。翌年正月，又命中书省令有司（明代称行政机构为有司，军事机构为所司）劝民农事。五月，再命中书省令有司招抚流亡，“俾之各还乡土，仍复旧业以遂生息”（《明太祖实录》卷二〇）。吴元年（1367年）七月，还设立司农司，以加强对农业生产的管理。

随着经济各项措施的实行，农业生产逐步得到恢复和发展。如吴良、吴祯兄弟率领士卒在江阴戍守屯田，取得了“敌不敢犯，民甚赖之”的优异成绩（《明太祖实录》卷六）。康茂才领兵屯田，到龙凤九年，生产稻谷一万五千石，除供给军饷，尚余七千石。由于粮食的增产，原先不断上涨的麦价，至龙凤十二年已经“稍平”了。

其次，征收商税，立盐茶法，制定钱法，开设铁冶，广辟财源。龙凤六年十二月，首先对酒、醋征税，随后也对其他商品征税，为此特设官店负责征收商税，称为官店钱。龙凤八年十月又设关市批验所，征收境内外过往货物的商税，食盐十分税一，其他货物十五税一。龙凤十年四月，改应天府官店为宣课司，府州县官店为通课司，同时将税额降为三十税一。盐税历来是封建官府的一项重要收入。龙凤七年确立盐法，令商人请引贩卖食盐，“每二十分而取其一，以资军饷”（《明太祖实录》卷九）。后来，随着占领区的扩大，两淮与两浙的盐场归朱元璋控制，他开始向煎盐的灶户征收盐课。龙凤十二年二月和吴元年二月，分别设置两淮和两浙两个都转运盐使司，分管二十九和三十六个盐课司，分别年办盐课三十五万二千五百九十引和二十二万二千三百八十四引（皆为大引，每引四百斤），收入相当可观。茶法与盐法同年确立，也由商人纳钱请引贩卖茶叶，“每引茶百斤，输钱二百”（《明太祖实录》卷九）。钱法与盐法同时实行。龙凤七年在应天置宝源局，开始铸造“大中通宝”（朱元璋想在称帝后以大中为年号，后来称帝时改用洪武年号）钱，以四百文为一贯，四十文为一两，四文为一钱，代替元朝的钞币，与历代铜钱及金、银兼用。击败陈友谅后，又命江西行省置宝泉局，公布大中通宝大小五等钱式，令就当地铜矿，铸之以供军需。铁冶始开于龙凤十年四月，令湖广所辖州县兴建铁冶，“募工铸铁，以资军用”（《明太祖实录》卷一四）。这些举措的实施，使“民不以为困，而国用益饶”（《献征录》卷一一，王世贞：《中书省左承相太师韩国公李公善长传》）。

最后，提倡俭朴，节约开支。在开源的同时，朱元璋非常注意节流，强调要“用之有节”，尽量减少不必要的开支。他自己做出榜样，处处躬行节俭。旧衣裳洗洗再穿，舍不得扔掉。方国珍进献金玉装饰的马鞍辔，他退了回去，说：“吾方有事四方，所需者文武才能，所用者谷粟布帛，其他宝玩非所好也！”江西行省送来缴获的一张陈友谅用的镂金床，他把它比作五代后蜀亡国之君孟昶使用的用多种珍宝装饰的七宝溺器，说：此与七宝溺器有什么区别？命毁之。

在斗争策略上，则对宋政权的小明王长期保持形式上的隶属关系，以缩小目标。朱元璋接受小明王左副元帅的封号，“文移用宋龙凤年号，旗帜战衣皆红色”（《明史纪事本末》卷一，《太祖起兵》），他心里想的就是“林儿势盛可倚借”，借助小明王的旗号来掩护自己，利用小明王的威望来号令民众。此后，朱元璋长期坚持这个策略，其职衔从江南行枢密院同佥、江南等处行中书省平章政事、吴国公到后来的中书左丞相，都是小明王封授的。龙凤十年击灭陈友谅后，群臣劝朱元璋就帝位，他未应允，虽称吴王，仍奉龙凤正朔，以“皇帝圣旨，吴王令旨”的名义发布命令，表示自己还是小明王的臣属。这样做，就大大缩小了目标，避免树大招风，遭受打击。

经过数年的营建，朱元璋的江南根据地得到巩固，兵力和财力迅速壮大，进可攻，退可守，从而为日后的发展打下了坚实的基础。

“申严号令，以戢贪暴”

元末农民战争爆发后，元朝官军为了扑灭起义烈火，四处围追堵截，疲于奔命。元军原本十分剽悍强壮，由于受到长期以来朝政黑暗、纪纲紊乱的影响，此时已变得极其腐朽。那些世袭的武官，都骄奢淫逸，贪图享乐，“但以飞觞为飞炮，酒令为军令，肉阵为军阵，讴歌为凯歌”（叶子奇：《草木子》卷三上，《克谨篇》），一般士兵也目无纪律，肆行掳掠，遇到起义军的攻击，往往溃不成军。所在蜂起的农民起义军，也大多非礼纵横，因而旋起旋灭。

朱元璋投奔郭子兴起义军不久，发现这支队伍之所以纪律很差，常“哨掠四乡”，“荡尽民财”，是由于“将帅统御无法，心窃鄙之”（《明太祖实录》卷二六）。后来，他当了带兵官，就开始注意纪律的整顿。无论是招募农夫入伍，收编地主武装，都严加训练，令知纪律。在南略定远的过程中，他在训练招降的地主武装时，即训之曰：“尔众初非不多，一旦为吾所有，何也？盖将无纪律，士不素练故尔！今练习尔等，欲令知纪律也。”（《明太祖实录》卷一）有一次，他带领一支新收编的地主武装出战，两名士卒违令，“即斩以徇”，使“众皆股栗”，不敢再违抗命令。在和州，诸将看朱元璋年轻，不把他放在眼里。未按时完成共同约定的修城任务，他掏出郭子兴的令牌，沉下脸说：“总兵，主帅命也，非我擅专。且总兵大事，不可无约束。今甓城

皆不如约，事由何济？自今违令者，即以军法从事！”（《明太祖实录》卷二）

郭子兴死后，朱元璋执掌该部的指挥大权，旋即率部南渡长江，攻占应天，建立江南行省政权。随着占领区的不断拓展，队伍的实力日益壮大，战事更加频繁，规模也日趋扩大，朱元璋更加紧迫地认识到，军事纪律将是提高军队战斗力、夺取战争胜利至关重要的因素。“凡号令、征战”，必须“一以军法从事”（《明太祖实录》卷二六）。只有做到号令统一，“将士一心，人百其勇”（《明太祖实录》卷二六），才能像鸷鸟搏击那样，使敌军“巢卵俱覆”，赢得战争的胜利；号令不一，人各二心，就会失机误事，进退无节，导致战争的失败。不仅如此，军纪的好坏还关系到民心的得失。“鸟不萃鹰鹯之林，兽不入网罗之野”，“师旅之行，势如烈火，火烈则人必避之”（《明太祖实录》卷七）。只有师行以律，严禁贪暴，“惠爱加于民，法度行于军”，在百姓中树立较高的信誉，才能赢得民众的拥戴，也才能争取敌方“部曲胁从者望风来归”，瓦解敌人营垒，壮大自己力量（《明太祖实录》卷一七）。因此，他决定进一步“申严号令，以戢贪暴”（《明太祖实录》卷二四）。为了引起将士对军纪的重视，在攻打镇江时，朱元璋还特地和徐达搞了个苦肉计。临出师前，他召集将士，故意当众历数徐达“尝纵士卒之过”，宣布将按军法论处，再由李善长出面求情，让徐达保证今后一定严格约束士卒，并领兵攻取镇江，立功赎罪。他这才宣布免予处罚，告诫徐达及全体将领：“吾自起兵，未尝妄杀。今汝等将兵往，当体吾心，戒缉士兵。城下之日，毋焚掠，毋杀戮。有犯令者，处以军法。纵之者，罚无赦。”诸将一致回答：“谨受命！”（《明太祖实录》卷四）徐达攻入镇江，果然号令严肃，“民无兵刃之灾，舍无焚烧之废，京口之民全生”（《皇明本纪》）。后征甘露（今江苏无锡市东），有“军士犯令者，即以甑蒸之”（俞本：《明兴野记》卷三上）。

为了做到“严号令”“戢贪暴”，建立严格的军事纪律，朱元璋强调应把“行教化”与“明赏罚”密切结合起来。他说“治国之要，教化为先”（宋濂：《洪武圣政记·新旧俗第七》），这个教化的对象是包括军队在内的。他认为“剽悍骄暴非人之性也，习也。苟有礼法以一之，则剽悍者可使善柔，骄暴者可使循帖”（《明太祖实录》卷一四）。将士的剽悍横暴不是先天生成的，通过“教化”，使之接受礼法的约束，是可以改变的。朱元璋的“教化”，主要是向将士进行有关战争观的教育，然后再灌输儒家的仁义道德观念。他反复对将士强调，他之所以起兵反元是“为民除乱”（《明太祖实录》卷四）。为此，所有的将士都必须接受礼法的约束，施行仁义。“仁义足以待天下，而威武不足以服人心。夫克城虽以武，而安民必以仁。”（《明太祖实录》卷七）要求将领要“以仁爱为本”，“爱军恤民”，“保全生灵”（《明太祖实录》卷二四、一七、一六）；要求士卒“毋肆虏掠，无妄杀戮”（吴宽：《平吴录》）。

朱元璋还强调，明赏罚是加强军事纪律的一个必要手段，“赏罚明信，行军之要”（《明太祖实录》卷二五五）。他认为“有功不赏是谓吝，无功求赏是谓贪。吝则失众，贪则逾分”（《明太祖实录》卷一四），赏罚必须秉公、得当，才能收到严肃军纪的效果。朱元璋亲征婺州时，有次夜出私行，受到巡军的阻拦，随行的小先锋张焕说“是大人”，要求放行。巡军拒不答应，回答：“我不识是何大人，只知犯夜者！”朱元璋认为巡军坚决执行宵禁的命令，严守军纪有功，即“赏巡军米二石，不复夜出”（《国初事迹》）。击败陈友谅后，常遇春“克赣不杀”，纪律严明，朱元璋派人嘉奖。（《明太祖实录》卷一六）徐达辖下的降人陈保二“由诸将不戢士卒”，向他勒索财物，“致怨而叛”，加上徐达率师反攻常州久攻不克，朱元璋即“命自徐达以下皆降一官”（《明太祖实录》卷四）。胡大海领兵围攻绍兴，他的儿子胡三舍和王勇等三人犯酒禁，朱元璋命诛之，都事王恺出面求情，说：“胡大海现总兵攻绍兴，可以本官之故饶他。”朱元璋大怒，说：“宁可胡大海反了，不可坏了我号令！”当下就拔刀把胡三舍等三人杀死（《国初事迹》）。冯胜领兵至高邮，与徐达合兵，一举攻克了这座城池。城下之日，有将士掳掠民女，朱元璋令冯胜“即军中搜问”，“有虏人妇女，皆以军法治之”（《明太祖实录》卷一九）。平定四川后，朱元璋犒赏将士。杨璟、赵庸均有微劳，但杨先前曾在潞州失陷军马，及攻覃垕寨久不能克，进攻瞿塘又致覆败；赵先前率兵取桑植美容洞，会周德兴合攻覃垕寨，至中途而返，未按作战计划行动；朱亮祖比至重庆，而城已下，虽有跋涉之劳，但擅杀军校，罪浮于功，三人皆“不与赏”（《明太祖实录》卷七〇）。朱元璋还强调，赏罚“必在至公”（《明太祖实录》卷一三五），必须做到赏不避仇，罚不避亲。他特地告谕归降留用的敌方将领，要求他们严格遵守自己制定的纪律：“汝等亦非素富贵之家，一旦为将握兵，多取子女玉帛，非礼纵横。今既归于我，当革去旧习，如吾濠、泗诸将，庶可以保爵位。”（《平吴录》）他们严守军纪，作战有功，朱元璋照样给予奖赏。元淮西宣尉、都元帅康茂才在应天率所部归降，后陈友谅奔袭应天，他奉命修书诈降陈友谅，“给为内应”，待陈友谅率兵进入埋伏圈，“伏兵四起，茂才合诸将奋击，大破之”，朱元璋“嘉茂才功，赐赉甚厚”（《明史》卷一三〇，《康茂才传》）。对于同自己亲近的将领，朱元璋也是有过必罚。在任命傅友德总兵攻取福建时，他特地叮嘱说：“何文辉（朱元璋义子）为尔之副，湖广参政戴德从汝调发，二人皆吾亲近之人，勿以此故废军政。凡号令征战，一以军法从事。”（《明太祖实录》卷二六）安庆被陈友谅攻破，守将赵伯仲走遁，朱元璋决定依失陷城池罪诛之，常遇春以“伯仲系渡江旧人”代为求情，他回答说：“不依军法，无以戒后人！”令其“自缢死”（《国初事迹》）。朱元璋晚年曾概括他的这个赏罚原则说：“赏罚必当功罪，然后恩威并行，人心悦服。”（《明太祖实录》卷二五五）

经过长期的教育和严格的训练，朱元璋的军队终于变成一支军容整肃、纪律严明、服调遣、听指挥的队伍，攻城略地“秋毫无犯”，“市井宴然”，不仅极具战斗力，而且深得民心拥戴，从而能逐一战胜军纪败坏、师行无律的元军和其他割据队伍，完成推翻元朝统治、统一全国的历史重任。

《尉缭子·十二陵》有言：“亡在于无所守（没有可遵守的法度），危在于无号令。”任何一支军队，只有严守法度，统一号令，才能克敌制胜，免于危亡。朱元璋“申严号令，以戢贪暴”的事例，再次印证了这个真理。

礼贤下士，知人善任

元至正十四年（1354年），朱元璋在攻打滁州途中，李善长前来投奔，劝他效法刘邦"豁达大度，知人善任"，他便记在心里。联想到此前投奔的冯国用，对他提出拔取金陵以为根本，然后四出征伐，倡仁义，收人心，以定天下的计策，朱元璋发现这些读书人满腹经纶，有文化，有知识，熟知历史经验教训，善于出谋划策，确是有用之才。从此他开始注意网罗人才，为己所用。至渡江前，已将范常、乐韶凤、杨元杲、阮弘道、李梦庚、侯元善、樊景昭等人招入幕府。渡江攻占太平，耆儒李习、陶安出迎，他下令召见，留置幕下。接着，又征聘儒士宋思颜、潘庭坚、王恺以及流寓太平的名士汪广洋。不过，由于此时朱元璋的实力还很有限，占领的地区也不很大，所以能网罗到的人才数量还比较少，除汪广洋外，都是当地人，层次也不是很高。

龙凤二年（1356年）攻占应天后，朱元璋开始着手营建江南根据地，大张旗鼓地网罗人才，宣布："贤人君子有能相从立功业者，吾礼用之。"（《明太祖实录》卷四）众所周知，元世祖忽必烈建立元朝后，虽然采用汉法，但他对汉法并非全部接受，而只是择取其能接受的某些部分，同时继续采用色目人的"回回法"和蒙古传统的"蒙古法"，形成蒙汉杂糅、"外汉内蒙"的政治文化体制，借以保持蒙古文化的本位。因此，他只兴办儒学和半官方的书院，却不开科举。儒学自此失去其独尊的地位，儒士也被边缘化。元仁宗元祐年间（1314—1320年）重开科举，明经考试的内容以程朱注疏为主，《四书章句集注》被定为官本，使理学完成了官学化的过程。但仍坚持蒙古文化本位的原则，儒学和儒士边缘化的处境并未改变。所以，在元代儒士的地位是偏低的，大多数只能充当吏员和教官等卑微的官职，时人曾发出“一官二吏”“七匠八娼”“九儒十丐”的喟叹（谢枋得：《叠山集》卷六，《送方伯载归三山序》）。因此，朱元璋礼用贤人君子的消息一宣布，便不胫而走，夏煜、孙炎、杨宪等十几名儒士前来求见，全被录用。此后命将出征，朱元璋经常要求他们寻访、推荐当地的名贤。有时候，还派专人携带金帛，四处访求遗贤。听说有个洛阳儒士秦从龙，字元之，很有学问，曾做过元朝和林行省左丞、江南行台侍御史，后来隐居于镇江，徐达出征镇江，朱元璋特地交代：“镇江有秦元之者，才器老成，当询访，致吾欲见之意。”徐达克镇江后访得秦从龙，他又派亲侄朱文正和外甥李文忠带着白金、文绮前去礼聘，并亲至龙江（在今南京中山门外）迎入，与自己同住富户王彩帛家，“朝夕访以时政”。后来建立江南等处行中书省，朱元璋搬进元朝江南行御史台府第居住和办公，将秦从龙安置在西华门外，仍是“事无大小，悉与咨谋”，称先生而不名。每年遇到秦从龙生日，朱元璋“与太子皆有赠遗，或亲至其家，与之燕饮，礼遇甚厚”（《献征录》卷一一六，朱睦㮮：《秦公从龙传》）。秦从龙深受感动，又将笃学博览、精于象数之学的陈遇推荐给朱元璋。当时陈遇已弃官归隐，朱元璋即写信请他出山，留参密议。龙凤三年，邓愈下徽州（今安徽歙县），向朱元璋推荐在家隐居的休宁进士朱升，朱元璋下令召见。朱升于当年冬前往应天与之见面。此后，朱元璋连年召见，最后把他留在应天为自己效力。龙凤四年，朱元璋亲征婺州，又召见儒士范祖干、叶仪，询以治道，还延聘许元、叶瓒玉、胡翰、吴沉、戴良、吴履、王冕等一批儒士。胡大海、李善长推荐浙东名儒宋濂，朱元璋即派人持书币，聘请他做五经师。朱元璋返回应天后，胡大海于龙凤五年攻下处州（今浙江丽水），元守将石抹宜孙弃城而逃，为其参谋军事的名儒章溢、叶琛、胡深、季汶相继投降，刘基则在此前已返回青田的老家南田隐居著述，此时也被迫出见胡大海。胡大海将叶琛、胡深和刘基送往应天，推荐给朱元璋。不知何故，朱元璋召见后仅赐银碗、文绮而遣返之，未予留用。后来，处州总制孙炎再次向朱元璋推荐刘基、叶琛和章溢，朱元璋才又派人持币往聘。叶琛、章溢前来应聘，但刘基"自以仕元，耻为他人用"（《宋濂全集》卷六七，《故江南等处行中书省都事追封丹阳县男孙君墓铭》），不肯出山。朱元璋又叫孙炎派人去请，刘基回赠一把宝剑，还是不来。孙炎"以为剑当献天子，斩不顺命者，人臣不敢私，封还之"（《明史》卷二八九，《孙炎传》），并写了一封洋洋数千言的信，反复说明利害，非要他出来不可。陶安和宋濂也分别赠诗劝说，刘基才勉强出山。龙凤六年三月，他奉命与宋濂、叶琛、章溢一起来到应天，朱元璋热情接待，说："我为天下屈四先生耳！"下令在自己住宅西侧盖了一座礼贤馆，把他们请到那里去住。

后来，随着地盘的扩大，朱元璋更加重视对儒士的网罗，说："予思英贤，有如饥渴。"（《明太祖实录》卷八）龙凤十年三月，命中书省辟文武人才，谕之曰："自今有能上书陈言、敷宣治道、武略出众者，参军及都督府俱以名闻。"（《明太祖实录》卷四）后又规定："得贤者赏，滥举及蔽贤者罚。"（《明太祖实录》卷一九）当时的儒士，大多参与过镇压农民起义，对朱元璋的招抚既疑且惧，他特地宣布："吾当以投降为诚，不以前过为过。"（《明史纪事本末》卷五，《方国珍降》）讲明只要诚心归附，一概既往不咎。在他的感召下，

“一时韬光韫德之士幡然就道”，不少曾经仕元的儒士和多年隐居不仕的耆儒名贤，纷纷前来投奔。

对应聘的儒士，朱元璋不仅给予很高的礼遇，而且给以妥善的安排和任用。他强调要做到“知人”，全面了解他们的才能大小及长处短处，然后因才授职，用其所长。他反复告谕中书省臣：“任人之道，大小轻重，各适其宜。若委重于轻，是以拱桷（弧形的椽）而为梁栋；委大于小，是以钟庾而盛斗筲。”“莫耶之利能断犀象，以之斫石则必缺；骐骥之驶能致千里，以之服耒则必蹶。要必处之得其宜，用之尽其才可也。”（《明太祖实录》卷一五）根据这个原则，凡是博洽经史、谙于谋略的，如李善长、刘基、宋濂、朱升等，皆留幕下，或备作顾问参谋，或掌管簿书文字；精通兵法、骁勇善战的，如冯国用、胡深等，任为将官，统兵作战，攻城略地；有智计、善策事的，如汪广洋、叶琛、章溢等，则派往各地，担任行政职务，掌管一方政务。

前来投奔应聘的儒士，特别是攻占集庆之后受到礼聘的许多高层次的名儒耆宿，如刘基、宋濂、叶琛、章溢等，都为朱元璋江南根据地的营建以及与陈友谅、张士诚的争雄和此后的南征北战、平定天下，贡献了自己的聪明才智。如刘基出山来到应天不久，朱元璋面临着如何对付东西两个强敌进而夺取天下的问题，刘基经过深思熟虑，提出建议：“士诚自守虏，不足虑。友谅劫主胁下，名号不正，地据上流，其心无日忘我，宜先图之。陈氏灭，张氏势孤，一举可定，然后北向中原，王业可成也。”并针对陈友谅咄咄逼人的攻势，提出“待其深入，伏兵邀取”的对策，为朱元璋扫灭群雄、北向中原、夺取天下充当了军师的角色（《明史》卷一二八，《刘基传》）。章溢、叶琛也为扫灭群雄、抚定地方克尽全力，叶琛还在洪都（今江西南昌）的战斗中壮烈牺牲。可以说，如果没有这些高层次的硕学大儒的倾力相助，朱元璋是难以打下天下、坐定江山的。

不过，朱元璋是个疑心病极重的人，他在大力网罗儒士的同时，又担心混进个别投机分子进行破坏，还担心部将利用儒士的帮助拓展势力，会威胁到自己的地位。因此，他特地规定：所有前来投奔、应聘的儒士，一概由他亲自考察任用，“禁诸将擅用”（孙宜：《洞庭集·大明初略三》）；任用之后，“如有逃者处死”。所克城池，皆令“将官守之，勿令儒者在左右议论古今，止设一吏管办文书，有差失，罪独坐吏”（《国初事迹》）。李文忠在婺州，“用儒士屠性、孙履、许元、王天锡、王祎干预公事”，朱元璋即把他们带到应天，将王祎、许元、王天锡发充书吏，屠性、孙履处死。当时在战争的环境中，急需用人，儒士因遭疑而被杀的现象还不是很多，但这已露出来日朱元璋坐稳龙庭后，众多儒士见猜被杀的端倪。

“赤心以待，随其才而任使”

“赤心以待，随其才而任使。”这是朱元璋在接见陈友谅江西行省丞相胡廷瑞派来请降的使者说的一句话，也是他对待降人的一个总政策。

朱元璋起兵反元以来，对元朝和其他敌对势力的官吏和军队，没有采取某些起义首领“不降即杀”的简单办法，而是耐心劝降，坦诚相待，尽量促使他们转变态度，改变立场，加入自己的队伍，为他的事业效力。克江宁镇（今江苏南京江宁区），生俘方山寨“义兵”元帅陈埜先之弟陈兆先的队伍三万六千人。为促使他们归降，朱元璋择其骁勇者五百人充当自己的侍卫。这些人疑惧不安，他在夜里令其悉数入卫，而屏原来的侍卫于外，独留冯国用侍卧榻旁，自己解甲酣寝达旦。这些侍卫深受感动，纷纷相告：“既活我，又以心腹待我，何可不尽力图报？”（《明太祖实录》卷四）及攻集庆（后改名应天，今江苏南京），均争先陷阵，立下战功。元淮西宣慰使、都元帅康茂才战败后率部逃窜，被俘后押来见朱元璋，他下拜曰：“前日战，各为其主。今日屡败，天数也，事至于此，死生惟命。苟得生全，尚竭犬马之劳，以图报效。”（《宋濂全集》卷五二，《大明敕赐荣禄大夫同知大都督府事兼太子右率府使赠推忠翊运宣力怀远功臣光禄大夫湖广等处行中书省平章政事柱国追赠蕲国公谥武义康公神道碑铭》）朱元璋笑而释之，让他率部随军出征。后来他作战有功，第二年被提升为秦淮翼水军元帅。在应天击败陈友谅后，朱元璋亲征九江，陈友谅的江西行省丞相胡廷瑞遣使请降，但备怀戒心，要求全部保留自己的部属不予遣散。朱元璋根据刘基的暗示慨然应允，并写信给他，说明自己对待归附者的政策："赤心以待，随其才而任使。兵少则益之以兵，位卑则隆之以爵，财乏则厚之以赏。"（《明太祖实录》卷九）胡廷瑞以龙兴（今江西南昌）降，江西诸郡不战而下，朱元璋又亲入龙兴城"拜其母以安之"（刘辰：《国初事迹》）。

有些敌方的将领被俘后拒不投降，朱元璋也不加虐杀，下令释放。元朝万户纳哈出，是成吉思汗四大功臣木华黎的后裔，在太平（今安徽当涂）被俘，朱元璋待之甚厚，让已归附的元朝万户黄俦劝降，纳哈出表示："我本北人，终不能忘北。"朱元璋想放走他，徐达等人"恐贻后患"，主张杀掉。朱元璋说："无故而杀人，非义。"他召见纳哈出及降臣张御史，对他们宣布："为人臣者各为其主，况汝有父母妻子之念，今遣汝归，仍从汝主于北。"（《明太祖实录》卷三）然后发给路费，放他们回去。即使有个别将官降后又重新出走，朱元璋也不发兵追堵拦截。方山寨"义兵"元帅陈埜先在太平被俘，自以为必死。但朱元璋并未杀他，他问："生我何为？"朱元璋答道："天下大乱，豪杰并起，假号令据城邑者不知其几。然胜则人附，败则附人。尔既以豪杰自负，必能识达事机，岂不知生尔之故？"他又问："然则欲吾军降乎？"答曰："然！"他当即给部众写信，第二天大小头目皆率部来降。朱元璋与之歃血盟誓，结为兄弟，共约合兵攻取集庆。但在朱元璋第一次攻打集庆时，陈埜先却叮嘱部下不可力战，待其脱逃后再攻打朱元璋。有人向朱元璋揭发其阴谋，朱元璋说："吾久知其不诚，然杀之，恐失豪杰心。"他召见陈埜先，说："人各有心，识见不同。从元从我，任汝所适，不相强也。"陈埜先指天发誓："若背再生之恩，神人共殛之！”（《明太祖实录》卷三）朱元璋笑而释之。陈埜先回到营地，收集余众，暗中勾结元南台御史大夫福寿，在朱元璋第二次攻打集庆时，诱杀郭子兴子郭天叙及妻弟张天祐，他自己最后则为乡兵所误杀。

有些被俘释放或降而复叛，最后势穷再度被俘或归降者，朱元璋也未加辱杀，而是根据“以投降为诚，不以前过为过”的原则，照样欢迎，予以任用。元朝“义兵”元帅朱亮祖在太平被俘，朱元璋喜其勇悍，赏赐金币，予以留用。过了几个月，他叛归元朝，几次带兵攻打朱元璋的部队，掳去士卒六十余名。徐达、常遇春围攻宁国（今安徽宣城），他与元将别不华、杨仲英等人闭城拒守。后来城破被俘，朱元璋问他：“今何如？”他答道：“是非得已，生则尽力，死则死耳！”（《明史纪事本末》卷二，《平定东南》）朱元璋壮其勇武，给他松绑，令统所部兵从征宣城。他很受感动，不久同徐达、常遇春一起攻下宣城，后又屡立战功，被授以枢密院判之职。纳哈出在太平受俘释放后，仍仕于元，继父祖镇守辽东，后升任辽阳行省左丞相。明朝建立后，朱元璋多次派人招抚，皆遭拒绝。洪武二十年（1387年）朱元璋命将出征辽东，又多次派人招谕，纳哈出这才出降。朱元璋特在京师召见，封他为海西侯。方国珍于至正八年（1348年）起兵反元，据有浙东沿海诸地，后降元。朱元璋带兵攻下婺州后，遣使诏谕，他表示愿献出温、台和庆元三郡降附，但要求朱元璋“多发军来守”，实际上“阴持两端”，在朱元璋与元朝之间来回摇摆。朱元璋消灭张士诚后，至正二十七年（吴元年，1367年）派兵攻打浙江，屡破台州（今浙江临海）、庆元（今浙江宁波）、定海（今浙江舟山）等地，并派人招降，方国珍山穷水尽，派儿子奉表乞降。朱元璋开始怒其反复，后见其降表“辞甚哀恳”，赐书曰：“吾当以投诚为诚，不以前过为过。”（《明史纪事本末》卷二，《平定东南》）表示只要他真心投降，就不咎既往。方国珍打消疑虑，率众投降，被授为广西行省左丞相，他食禄而不之官，几年后病逝于京师。

对于投降过来的敌方将官，朱元璋不仅如他所承诺的那样，“随其才而任使”，委任适当的职务，而且都像对待自己原来的部将那样，一视同仁，平等对待，做到“恩均义一，无有所间”（《明太祖实录》卷九）。许多投降的将官，对此感激不尽，出生入死地为他效力。陈友谅的部将长张、梁铉、彭指挥等在应天龙湾之战中被俘，“自视无复生理”，但朱元璋“用之如故”，后来长张破安庆水寨，梁铉等攻江北，均拼死力战，“功绩茂著并膺厚赏”（《明太祖实录》卷九）。元将李思齐洪武二年在临洮势穷力蹙投降，被任命为江西行省左丞，食禄而不之官。洪武七年，他冒着生命危险，受命前往蒙古劝降北元骁将扩廓帖木儿。扩廓假装以礼相待，留他住了几天，然后派骑兵送他返回，在边界上要他留下一只胳膊作为“记念”。他忍痛砍下一只胳膊，回到京师复命后，不久便死了。但是，如果有人利用他的政策进行投机，朱元璋则毫不客气地严加惩处。元朝户部尚书张昶南下进行招降活动，被朱元璋留下，任为中书省都事，寻升参政。后来，朱元璋纵降人北归，张昶“心怀旧主，以国事通”，即处以极刑，“碎其骨投于水”。江西行省山寨头目或降或叛，反复无常，朱元璋下令“尽投于水”（《国初事迹》）。陈友谅的参知政事熊天瑞，至正二十五年在临江（今江西清江）向朱元璋投降，次年从攻浙西，叛降张士诚，“教士诚飞炮击外军。城中木石俱尽，外军多伤者”（《明史》卷一二三，《陈友谅传》）。后来，朱元璋灭张士诚，便下令诛杀之。

朱元璋对待降人的“赤心以待，随其才而任使”政策，对于分化瓦解敌对势力特别是元朝的力量，起了相当的作用。朱元璋之所以能比较顺利地扫灭群雄、推翻元朝、统一全国，就同这一政策的执行有着很大的关系。

“忧劳可以兴国，逸豫可以亡身”

至正十六年（龙凤二年，1356年）三月，朱元璋攻占集庆（今江苏南京），改名为应天。从此，在长江的中下游，自西向东，形成陈友谅、朱元璋、张士诚三股武装势力并立的局势。朱元璋被夹在中间，“论兵强莫如友谅，论财富莫如士诚”（《国初事迹》），实力最为弱小。但陈友谅与张士诚却因“逸豫”而亡，朱元璋因“忧劳”而兴，结局大不相同。

陈友谅是当时南方起义军中占地最广、实力最强的一支。至正十九年（天定元年，1359年）底，他将徐寿辉所建天完政权的都城从汉阳迁至江州（今江西九江），自称汉王。第二年闰五月，又派人击杀徐寿辉，自称皇帝，改国号为大汉。自此，他志骄意满，认为击溃朱元璋、扫灭群雄、夺取天下易如反掌。在筹划攻打朱元璋的同时，极力追求奢侈腐化的生活。他在后庭聚集了数百个年青美貌的女子，“皆锦衣玉食，用极奢侈”，供自己玩赏。还造镂金床，建鹿圃，“尝至其所，自跨一角苍鹿，缀瑟珠为缨珞，挂于角上，镂金为花鞍，群鹿皆饰以锦绣，遨游江上”（孔迩：《云蕉馆丛谈》）。为了满足自己的奢侈欲望和支持战争费用，陈友谅根本不给人民以休养生息的机会，不仅驱民为兵，而且向百姓征收沉重的赋税，如江西瑞州上高，“元官民粮贰万肆千零，伪汉陈友谅加一石为二石”（同治《重修上高县志》卷一〇，

《文艺》）。随着陈友谅的腐化，他的汉政权“上下骄矜，法令纵弛”（《明太祖实录》卷一四），军队的纪律也逐渐败坏。部将邓克明兄弟“御众无律，所过荼毒”，人称“邓贼”；饶鼎臣“所至毒害”；有的将官为求珍宝，甚至公开带着士兵“发冢行劫”。如此腐败的政权，自然不可能得到百姓的支持，一些地主儒士也深感失望，觉得他“势不可久”，纷纷倒向朱元璋一边。加上陈友谅恃众寡谋，指挥失当，终为朱元璋所灭。

陈友谅墓

张士诚当时的兵力虽不及陈友谅，但却拥有最雄厚的财力。他在至正十五年（天佑二年，1355年）令其弟率兵由通州（今江苏南通）渡江南下，于次年二月攻占江南重镇平江（今江苏苏州）。张士诚遂自高邮迁居平江，改称周王。然后派兵四出，占领了富庶的鱼米之乡浙西的大部分地区。从此，张士诚感到心满意足，“遽自宴安，耽于逸乐”（贝琼：《清江集》卷二，《铁崖先生传》）。他大造宫殿王府，修建富丽堂皇的景云楼、齐云楼、香桐馆、芳蕙馆作为金屋藏娇、寻欢作乐之所，日夜以歌舞自娱。部将竞相效尤，“诸公经国为务，自谓化家为国，以底小康。大起第宅，饰园池，畜声伎，购图画，惟酒色耽乐是从，民间奇石名木必见豪夺”（长谷真逸：《农田余话》卷上）。“凡出兵遣将，当出者或卧不起，邀求官爵，美田宅，即厚赐之，始起任事。至军则载妓女歌舞，日会游谈之士，酣宴博弈。及丧师失地而归，士诚亦不问，或复用为将”（《明太祖实录》卷二五）。张士诚之弟张士信尤其腐败，他拥有妻妾数百人，个个珠金玉翠，衣饰极为华丽。后花园的彩莲舟，皆用沉香檀木制造。一次宴会，要花费上千石米。连行军打仗，也“常妇人乐器自随，日以樗蒲、蹴鞠、酣宴为事”（《明太祖实录》卷一一）。由于生活上的骄奢淫逸，张士诚集团逐渐丧失进取心，政治极其腐败。张士诚外表“似有器量而实无远图”（《明史》卷一二三，《张士诚传》），形势不利时投降元朝，形势有利时割据自王，反正只要保住已有的地盘，永世享乐就行，并没有更高的要求。他怠于政事，委政于他的弟弟，自己整天深居高拱，和一帮文人学士、官僚政客舞文弄墨，吟风诵月，国政于是日非。文武官员和地主富豪除竞相兼并土地，还向百姓征发沉重的赋役。据载，“张氏以来，比之前元，多增粮额，民以穷困，输官不敷”（谢应芳：《龟巢集》卷一二，《呈府侯书》），弄得百姓怨声载道。当时徙居钱塘（今浙江杭州）的诗人杨维桢，曾写信给张士诚，批评他“动民力以摇邦本，用吏术以括田租”，“狃于小安而无长虑”，说如不改弦易辙，“不有内变，必有外祸”（贝琼：《清江集》卷二，《铁崖先生传》）。但张士诚仍然我行我素，拒不采纳。结果，继陈友谅后，也为朱元璋所灭。

张士诚像

朱元璋与陈友谅、张士诚不同，他胸怀推翻元朝、夺取天下的远大目标。

南渡长江，攻占应天，在朱元璋看来，不过是实现夺取天下计划的第一步，仍须兢兢业业，克勤克慎，决不能有丝毫的懈怠。因此，当元朝的降臣张昶，指使手下人给朱元璋上书，劝他“及时行乐”时，他立即警觉起来，认为此人是想扮演赵高的角色，下令将张昶的这个手下人处死。在日常生活中，他坚持从小养成的俭朴习惯，“旧衣皆浣濯更进”，参军宋思颜见了，连声称赞：“真可以示法子孙也！”方国珍进献金玉装饰的马鞍辔，他退了回去，说：“吾方有事四方，所需者文武才能，所用者谷粟布帛，其他宝玩非所好也！”（《明太祖实录》卷九）江西行省送来缴获的一张陈友谅用的镂金床，他下令砸毁，说：“此与七宝溺器何异！”（《明太祖实录》卷一四）营建应天大内新宫，主持营建的官员送来规划设计图，他见有雕琢奇丽之处即去之，叮嘱中书省臣说：“宫室但取其完固而已，何必过为雕斫？”（《明太祖实录》卷二一）工程完工后，他命博士熊鼎“编类古人行事可为借鉴者，书于壁间”，又命侍臣书《大学衍义》于两庑壁间，说前代宫室多施壁画，我让写上可供借鉴的古人行事和《大学衍义》，以备朝夕观览，不是比画上壁画更有意义吗？当天，有人说瑞州（今江西高安）出产一种有花纹的石材，经雕琢后可以用在宫中铺地，他严加训斥，说：“敦崇俭朴，犹恐习奢，好尚华靡，岂不过侈！尔不能以节俭之事导予，乃导予以侈丽，夫岂予心哉？”（《明太祖实录》卷二五）朱元璋不仅自己力行俭朴，而且要求各个衙门的官吏和所有的将官，都要勤俭节约，尽量减少不必要的开支，说：“大抵设官为民，非以病民。若使有司增饰馆舍，迎送奔走，所至纷扰，无益于民而反害之，非付任之意。”（《明太祖实录》卷六）朱元璋没有追求生活的享受，而是集中精力狠抓江南根据地的建设。在政治上废除元朝苛政，减轻刑罚；在经济上，垦荒屯田，宽减赋役；在军事上，整顿纪律，严格训练。经过几年的努力，以应天为中心的江南根据地得到发展和巩固，兵力和财力迅速壮大，终于扭转了“地狭粮少”的局面，逐一击灭陈友谅与张士诚，进而南征北战，实现其夺取天下的目标。

宋代大文学家欧阳修说：“忧劳可以兴国，逸豫可以亡身。”（《伶官传序》）诚哉斯言！“罔游于逸，罔淫于乐。”（《尚书·大禹谟》）历史的教训，值得人们认真记取。

骄兵必败

在我国，人们很早就从无数惨烈的战争中，懂得骄兵必败的道理。西汉元康年间（前65—前61年），丞相魏相给汉宣帝的上书，即曾指出："恃国家之大，矜民人之众，欲见威于敌者，谓之骄兵，兵骄者灭。"（班固撰：《汉书》卷七四，《魏相传》）尽管如此，后世仍有人屡屡蹈此覆辙。

元末农民战争期间的陈友谅，是一个以骄致败的突出典型。陈友谅，沔阳玉沙县（今湖北仙桃西南沔城）人，出身渔民之家。他长得体貌丰伟，力大无比，有一身好武艺。幼年读过书，粗通文义。曾做过县衙门的贴书，郁郁不得志，遂回乡与弟陈友仁、陈友贵聚众起义。不久，在元军的追击下，率众投奔南方红巾军首领徐寿辉。初隶徐寿辉部将倪文俊为簿椽，后以战功升任领兵元帅。后来，倪文俊谋杀徐寿辉未遂，投奔陈友谅。陈友谅杀掉倪文俊，乘机兼并他的队伍，大力向东南方拓展势力，攘有湖广、江西及闽西、浙南的大片土地，成为南方各支起义军中拓地最广、实力最强的一支武装力量。同倪文俊一样，陈友谅也是个权迷心窍的野心家。随着势力的壮大，他先在江州（今江西九江）用伏兵杀掉徐寿辉的部属，将徐寿辉所建天完政权的都城从汉阳（今湖北武汉汉阳区）迁至江州，自称汉王。天定二年（1360年）闰五月初一，亲率舟师十万，挟徐寿辉东下，进攻朱元璋占领的太平（今安徽当涂）。在采石，派人击杀徐寿辉，自立为帝，改国号为大汉。此时，他志骄意满，认为席卷江东、兼并朱元璋，已是指日可待，随即举兵东向，并派人约平江（今江苏苏州）的张士诚，共同合击应天，试图一举消灭朱元璋的势力。

陈友谅大举东下的消息，震惊了整个应天。当时的陈友谅，不仅地盘比朱元璋大得多，舟师也十倍于朱元璋，拥有一百多艘巨舰和几百条战船。应天的文武将官惊慌失措，有的主张献城投降，有的主张逃奔钟山，胆小的甚至暗中收拾细软，考虑城破后的去处。朱元璋将谋士刘基请进密室，商议对策。刘基慷慨激昂地说："先斩主降议及奔钟山者，乃可破贼尔！"朱元璋问："计将安出？"刘基回答："天道后举者胜，吾以逸待劳，何患不克？莫若倾府库，开至诚，以固士心，伏兵伺隙击之。"（童承叙：《平汉录》）朱元璋采纳刘基的建议，决定在应天迎击陈友谅。为了避免战争旷日持久，陈友谅与张士诚合兵，两面受敌，难以取胜局面的出现，朱元璋利用陈友谅骄傲轻敌又求胜心切的心理，授意与陈友谅有旧的康茂才给他写信，声称自己愿为内应，准备在木构的江东桥与之会合，要他迅速来攻。同时，根据应天周围的地理形势，命邵荣、常遇春、冯胜、华高设伏城东北的石灰山（今南京幕府山）南麓，徐达布阵南门外雨花台一带，杨璟屯兵城西南的大胜港，廖永忠、张德胜、朱虎率舟师出城西北的龙江关（今南京兴中门）外，隐藏在自龙江至聚宝门外的入江水道里，自己坐镇城北卢龙山（今南京狮子山）指挥督战，并令胡大海骚扰陈友谅侧后，攻打信州（今江西上饶）作为牵制。

陈友谅接到康茂才的诈降信，喜出望外。闰五月初十，不等张士诚作出答复，就冒险率领舟师直奔应天。他在大胜港击败杨璟，进入新河，见新河河道狭窄，又退回大江，顺流到达江东桥，只见是座铁石桥而非木桥，方知上当，连忙挥师驶向龙湾，舍舟登陆。那里正是朱元璋的埋伏圈，朱元璋令旗一举，邵荣、常遇春、冯胜、华高带兵冲杀过来，徐达也领兵从南门外赶到，会同舍舟登岸的张德胜、朱虎的舟师，里外夹击。起初朱军数战不利，后来朱元璋“调邵荣兵沿江而西截战，友谅兵前后不能相继，遂大败”（《明兴野记》卷上），争登舟逃命。时值退潮，战船搁浅，士卒被杀和落水溺死者不计其数。陈友谅登上一条小舟逃往江州，部卒二万余人被俘，百余艘战舰和几百条战船成了朱元璋的战利品。张士诚“欲守境观变”（《明史》卷一二三，《张士诚传》），一直按兵不动，现在见陈友谅吃了败仗，更是不敢轻举妄动。朱元璋乘胜派兵攻夺安庆，胡大海也攻占信州。陈友谅的部将于光、欧普祥分别以浮梁（今江西景德镇）、袁州（今江西宜春）投向朱元璋。徐寿辉的部将明玉珍得知徐寿辉被杀，在四川自立为陇蜀王，断绝与陈友谅的联系。陈友谅陷入了众叛亲离的困境。

陈友谅不肯服输，不久派李明道攻夺信州，兵败被俘。又派丞相张定边攻占安庆。朱元璋亲自率兵反击，攻占江州，迫使陈友谅逃奔武昌。朱元璋分兵略取附近诸地，陈友谅的建昌（今江西艾城）守将王溥、江西行省丞相胡廷瑞、吉安守将曾万中、龙泉守将彭时中等相继降附。江西州县和湖北东南角，全部归入了朱元璋的版图。陈友谅忿其疆土日蹙，下令修造楼船数百艘，在湖、潭、荆、襄等处征发农夫、市民为兵，决心同朱元璋拼死一战，报仇雪恨。至正二十三（大定二年，龙凤九年，1363年）四月，亲率号称六十万的水陆大军，携带百官家属，倾巢出动，自长江顺流而下，向朱元璋发动更大规模的进攻。他仍然未改骄傲轻敌的老毛病，以为这次空国而来，必胜无疑。于是集中所有的部队攻打洪都（今江西南昌），既未派出足够的兵力扼守长江和鄱阳湖的要津渡口，置后路于不顾，也无阻援和打援的部队，以阻遏朱元璋对洪都的增援。这些战略决策的失误，埋下了他最后败亡的一个祸根。

朱元璋画像

朱元璋的亲侄、大都督朱文正在洪都坚守八十五天，陈友谅未能前进半步。朱元璋从庐州（今安徽合肥）前线调回主力部队，并令应天诸将打整舟楫。七月初六，亲率二十万舟师溯江而上，驰援江西。由于陈友谅未派兵阻击，二十万大军于二十六日顺利抵达鄱阳湖北的湖口。朱元璋估计陈友谅闻讯必解洪都之围，退入鄱阳湖迎战，决心把他围困在鄱阳湖中加以消灭。于是派出部分兵力把守泾江口（今安徽宿松南），再派一支部队驻扎南湖嘴（今江西湖口西北），切断陈友谅的归路，同时又派人调信州守军驻屯武阳渡（今江西南昌县东），防止陈友谅向西逃跑。

陈友谅听到朱元璋带兵来援，担心腹背受敌，果然撤洪都之围，东出鄱阳湖迎战。朱元璋随即也由松门（今江西永修东北）率诸军进入鄱阳湖南端宽阔的水域。两军相遇于康郎山（今鄱阳湖内康山），从而爆发了一场为期三十六天的空前惨烈的大规模水战。陈友谅“悉巨舟连锁为阵，旌旗楼橹，望之如山”（《平汉录》），朱元璋的船小，不利仰攻，因此开头三天，陈友谅占据上风，打死打伤不少朱元璋的士卒。但是，陈友谅的战舰虽然高大，却转动进退缓慢，朱元璋的船只虽小，但行驶轻便，逐渐显示出优势。陈友谅的进攻屡屡受挫，士气低落，粮食也逐渐耗尽。朱元璋于是移师湖口，令常遇春、廖永忠统领舟师控扼入江的鄱阳湖口，并在长江两岸竖立木栅，置火筏于江中，以截击陈友谅的退兵。八月二十六日，陈友谅无计可施，只好冒死突围，至湖口为流矢击中，五万余名汉军投降。第二年，朱元璋亲征武昌，陈友谅之子陈理投降，汉政权灭亡。

消灭陈友谅后，朱元璋多次与群臣讨论、总结其败亡的教训，指出：“陈氏之败，非无勇将健卒，由其上下骄矜，法令纵弛，不能坚忍，恃众寡谋，故至于此。使其持重有谋，上下一心，据荆楚之富，守江汉之险，跨豫章、连闽越，保其民人以待机会，则进足以窥中原，退足以抗衡一方，吾安得而取之？举措一失，遂致土崩，此诚可以为鉴戒者也。”（《明太祖实录》卷一四）认为“上下骄矜”“恃众寡谋”是陈友谅败亡的重要原因之一。正是吸收陈友谅等败亡的教训，朱元璋强调“为将之道，贵于持重”（吴宽：《平吴录》），主张即使在“彼有可亡之机，而吾执可胜之道”的情况下，也要慎重从事，力争做到万无一失，避免因“骄忽以取不虞”（《明太祖实录》卷二〇）。他和手下的战将，也都能坚守这个“贵于持重”的作战指导原则，戒骄戒躁，谨慎从事，在战前做好充分的准备，确保有胜利的把握而后求战，决不鲁莽从事，打无准备无把握之战。所以他的军队能不断发展壮大，屡战克捷，扫灭群雄，推翻元朝，从而建立起大明王朝。

但是，要一辈子恪守“贵于持重”、不骄不躁，毕竟不是一件容易的事。在长期的战争中，大仗小仗一个接一个地打，屡屡获胜，稍不警惕，就容易产生轻敌情绪。这种轻敌，实际上是一种隐蔽的骄傲思想，是另一种形式的骄兵现象。在明朝建立不久，这种现象就出现了，结果导致远征漠北的失败。

洪武三年（1370年），元顺帝在漠北病死，皇太子爱猷识理达腊继位，称必力克图汗，妄想再兴大元帝国的统治。年富力强的爱猷识理达腊取代昏聩老朽的元顺帝，在元遗民中重新激起复辟的希望，一些滞留内地、坚守山寨、拒不降明的北元宗王、官吏纷纷出动，骚扰邻近州县，一些暂时归附明朝的宗王、军民，也时有反水、呼应北元的行动。

面对这种局势，朱元璋周围的将领产生了急躁情绪。洪武五年正月，右丞相徐达建议北征，表示"愿鼓率将士，以剿绝之"。诸将纷纷表示支持。由于受到此前连战皆捷的鼓舞，朱元璋对敌我力量的对比作出错误的判断，贸然同意这个建议。他询问北征沙漠需要多少兵力，徐达说有兵十万就足够了。朱元璋认为十万兵力太少，决定出动十五万军队，分兵三路，由徐达、李文忠、冯胜统率北征，"以清沙漠"。他对诸将布置出征方略："今兵出三道，大将军（徐达）由中路出雁门，扬言趋和林（今蒙古国哈尔和林）而实迟重，致其来击之，必可破也；左副将军（李文忠）由东路自居庸出应昌，以掩其不备，必有所获；征西将军（冯胜）由西路出金兰（今甘肃兰州）取甘肃（今甘肃张掖），以疑其兵。令虏不知所为，乃善计也。卿等宜益思戒慎，不可轻敌。"（《明太祖实录》卷七一）徐达率领的中路军于三月间到达土剌河，击败扩廓帖木儿。扩廓帖木儿步步后撤，力图引诱明军深入漠北腹地，然后发挥自己骑兵队伍机动作战的优势与明军周旋，再寻机加以歼灭。一向"持重有纪律"、"不骄不矜"（《明史》卷一二五，《徐达传》）的徐达，无视明军步骑相杂、粮饷运输困难、不便机动的弱点，违背朱元璋的"扬言趋和林而实迟重，致其来击之"即诱使北元军队至近边决战的部署和“不可轻敌”的戒谕，恃屡胜之威穷追不舍。五月，抵达杭爱岭北，“罽（疲惫）而心易虏”，遭到扩廓帖木儿及其骁将贺宗哲的围击，“死者万余人”（王世贞：《弇州史料》前集卷一九，《徐中山世家》）。七月，殿后的汤和又在断头山惨遭败绩。李文忠的东路军，亦在阿鲁河畔遭到重创，牺牲了好几员战将。只有冯胜的西路军攻占甘肃，全师而还。此役明军中路战败，东西两路虽然取得一些胜利，但所获不多，而明军自己却受到不小损失，估计总共牺牲了好几万人。二十五年后，朱元璋想起这个战役，还后悔不已，写信告诫晋、燕二王说：“吾用兵一世，指挥诸将未尝败北，致伤军士。正欲养锐，以观胡变，夫何诸将日请深入沙漠，不免疲兵于和林，此盖轻信无谋，以致伤生数万。”（《明太祖实录》卷二五三）

可贵的是，朱元璋和徐达都能知错就改，没有像陈友谅那样一错再错，而导致最终覆亡的结局。他们都吸取了这个战役失败的深刻教训，老老实实地恪守“贵于持重”的作战指导原则，在以后的战争中未再重犯轻敌冒进的错误，而是稳扎稳打，以求必胜。也就因此，明军才得以扫平各地的割据势力，基本完成统一大业，巩固明王朝的统治。

【贰】

躬览庶政

重树儒学的独尊地位

元世祖忽必烈建立的元朝，虽然也“附会汉法”，但为了维护蒙古贵族的特权地位，仍坚持采用“回回法”和“蒙古法”，形成蒙汉杂糅、“蒙古本位”的政治文化体制，儒学被边缘化，丧失了汉唐以来的独尊地位。

朱元璋创建大明王朝之后，决心接续汉唐的政治文化传统，重树儒学的独尊地位，以之作为治国的指导思想。登基伊始，他即明确宣布：“仲尼之道，广大悠久，与天地相并，故后世有天下者，莫不致敬尽礼，修其祀事。朕今为天下主，期以明教化以行先圣之道。”（《明太祖实录》卷三〇）汉代以来，被定于一尊的儒家思想，再次被朱元璋确定为国家的意识形态，成为维系整个社会的精神支柱。

为了确保儒学的指导地位和作用，朱元璋积极提倡尊孔崇儒。洪武元年（1368年）二月，即下诏以大牢（牛、羊、豕三牲全备）祀孔子于国子学，并遣使至曲阜阙里致祭。四月，又召见元代最后一位衍圣公、国子祭酒、孔子第五十五世孙孔克坚，说：“尔祖明先王之道，立教经世。万世之下，君君、臣臣、父父、子子，实有赖焉。”（《明太祖实录》卷三一），并赐田二千大顷，赐宅一区，马一匹，月米二十石。十一月，诏以孔子第五十六世孙孔希学袭封衍圣公，由元朝的三品升为二品，赐银印，置衍圣公官居，以其族人孔希大为曲阜世袭知县，立孔、颜、孟三氏教授司，立尼山、洙泗二院，并免除孔氏子孙及颜、孟大宗子孙的徭役。洪武十五年四月，诏全国通祀孔子。五月，京师国子监落成，又释奠于先师孔子。到第二年二月，据谏官关贤的报告：“国家崇尚儒术，春秋祭享先师，内外费至巨万。”（《明太祖实录》卷一五二）尊儒之风盛极一时。

在儒家学说之中，宋代的程朱理学将封建纲常化为主宰万物的精神实体——“天理”，它比先秦的孔孟学说、汉代的经学、唐代的佛学更加精密，更具哲理性，因而也更加适应在战乱的废墟上重建封建统治秩序、恢复和发展社会经济的需要。因此，朱元璋对程朱理学的提倡更是不遗余力。登基之后，朱元璋继续任用元末朱学在金华（婺州）的传承人物与学者，让他们参与国家大政的决策，或礼乐制度、文化教育事业的建设，进一步树立程朱理学的主导地位。如金华朱学的正宗传人柳贯、黄缙的弟子宋濂，自应召至应天，即除江南儒学提举，教太子读经，寻改起居注，恒侍朱元璋左右，备顾问。明开国后历任翰林院学士、赞善大夫、知制诰、《元史》修撰总裁等官，除为朱元璋谋划建国方略外，还参与礼乐制度的制定，“一代礼乐制度，濂所裁定者居多”（《明史》卷一三八，《宋濂传》）。承“儒先理学之统”（《诚意伯文集》卷首序）的刘基，奉召至应天后，备顾问，除不时“敷陈王道”外，还为朱元璋平定天下献计献策。明开国后历任御史中丞、资善大夫、弘文馆学士，封诚意伯，参与制定律令、完善科举制度、编定《戊申大统历》及《大明集礼》的工作。柳贯、黄缙的另一弟子王祎，洪武初年受命参与礼乐制度的制定，并一起与宋濂担任《元史》总裁官，与之一起将金华朱学“文道合一”的主张写进了《元史》的《儒学传》。《元吏》修成，擢为翰林待制，同知制诰兼国史院编修官，又“奉诏预教大本堂”，教太子和诸王读经。元代金华著名理学家许谦之子许存仁

（许元字存仁），奉命出任国子学第一任祭酒长达十年之久（包括吴元年），对树立程朱理学在教育部门的主导地位发挥了重要的作用。

朱元璋还通过各种途径，大力提倡读经。他反复告谕群臣："道之不明，由教之不行也。夫《五经》载圣人之道也，譬之菽粟布帛，家不可无。人非菽粟布帛，则无以为衣食。非《五经》《四书》，则无由知道理。"（《明太祖宝训》卷二，《尊儒术》）他除经常命儒士为太子、诸王和文臣武将讲授儒家经书外，还规定学校生员必修《四书》《五经》。他特命国子学祭酒许存仁教授生徒要"一宗朱子之学"，"令学者非《五经》、孔孟之书不读，非濂洛关闽之学不讲"（陈鼎：《东林列传》卷二，《高攀龙传》）。在国子学和各府州县学均立有一块卧碑，上刻几行大字："国家明经取士，说经者以宋儒传注为宗，行文者以典实纯正为主"，"不遵者以违制论"（《松下杂抄》卷下）。全国的科举考试一概从《四书》《五经》中出题，以程朱注疏为准，《四书》主朱熹《集注》，《易》主程颐《传》、朱熹《本义》，《书》主蔡沉《传》及古注疏，《诗》主朱熹《集传》，《春秋》主左氏、公羊、谷梁三《传》及胡安国、张洽《传》，《礼记》主古注疏。这样，举国上下所有思想言论，都被纳入程朱理学的轨道。

儒家思想、程朱理学的内容非常庞杂。从维护君主专制、巩固封建统治的需要出发，朱元璋特别强调其中的"敬天""忠君""孝亲"思想。儒家的"敬天"思想宣扬君主是受命于天的"天子"，三纲五常是"天理"的具体体现，"天理自然而常者，三纲五常也"（《明太祖集》卷一二，《大祀文并歌九章》。因此，敬天就必须听从君主的旨意，按照君主的意志行事。所谓敬天，其实就是为了敬君。儒家的"忠君"思想不仅要求臣民忠于君主，而且要忠于他所代表的国家社稷。儒家的"孝亲"思想是与"忠君"思想相辅相成的，"君子之事亲孝，故忠可移于君”，“家齐而后国治”，只要家庭和睦了，整个国家的社会秩序也就安定了。因此，朱元璋特命东阁大学士吴沉等人从儒家典籍中辑录有关内容，编辑成书，以便观览传播。他交代吴沉等人说：“圣贤立教有三：曰敬天，曰忠君，曰孝亲。散在经卷，未易会其要领，尔等以三事编辑。”（《明史》卷一三七，《吴沉传》）洪武十六年（1683年）二月书编成后，赐名《精诚录》，命吴沉撰序，付梓刊刻，广为散发。

正是从维护君主专制统治的需要出发，朱元璋才会有下令删节《孟子》之举。孟子是儒学的“亚圣”，他的著作历来被当作儒家的经典之一。朱元璋读《孟子》，见《离娄篇》有“君之视臣如土芥，则臣视君如寇仇”等几句话，“怪其对君不逊”，大怒道：“使此老在今日，宁得免耶！”（全祖望：《鲒崎亭集》卷五，《辨钱尚书争孟子事》）下令撤去孟子在国子学孔庙中配享的牌位，规定“有谏者以大不敬论”。刑部尚书钱唐抗疏入谏，说：“臣为孟轲死，死有余荣。”（《明史》卷一三九，《钱唐传》）。后来才又恢复孟子的配享牌位。但是朱元璋对《孟子》中那些有背君权神圣的语句还是极为不满。洪武二十七年，又命老儒刘三吾编辑《孟子节文》。刘三吾按照他的旨意，删去书中有背君权神圣的言论八十五条，只留下一百七十多条。然后刻版颁到全国学校，规定删除部分“课士不以命题，科举不以取士”（刘三吾：《孟子节文题辞》）。

朱元璋作为明朝的开国君主，重新确立儒家思想的国家意识形态地位，使元代一度中断的文化传统得以延续，并为清代所继承，这对明清两代政治和文化的发展都产生了深远的影响。

制礼作乐，以礼治国

明朝建立后，朱元璋在尊孔崇儒的同时，即着手进行制礼作乐的工作。

明朝建国前夕，朱元璋总结元亡的教训，认为“元氏昏乱，纪纲不立”，是导致“天下骚乱”的一个重要原因。所谓纪纲，就是礼乐和刑政两手，“礼法，国之纪纲。礼法立，则人志定，上下安”（《明太祖实录》卷一二）。礼是儒家思想的一个核心内容。儒家所说的礼，一般包括乐在内。礼的灵魂是德，但其内容非常宽泛，它既是仁义道德的规范，也是人际行为的准则，并渗透到政治制度的各个层面，具有定尊卑、辨贵贱、明等威、叙长幼、睦亲族、和乡里，协调各种社会关系之作用。对礼法两手，朱元璋尤其重视礼乐的功能，说“朕观刑政二者，不过辅礼乐为治耳。……大抵礼乐者，治平之膏粱，刑政者，救弊之药石”（《明太祖实录》卷一六二）。他强调：“礼者，所以美教化而定民志。成周设大司徒，以五礼防万民之伪而教之中。夫制中莫如礼，修政莫如礼，齐家莫如礼。故有礼而治，无礼则乱。”（《明太祖实录》卷七二）“礼者，国之防范，人道之纪纲，朝廷所当先务，不可一日无也。”（《明太祖宝训》卷二，《议礼》）

元朝的礼制，蒙古色彩浓厚，朱元璋对此颇为不满，说：“元氏废弃礼教，因循百年，而中国之礼变易几尽。朕即位以来，夙夜不忘，思有以振举之，以洗污染之习。”（《明太祖宝训》卷二，《议礼》）他决定依据传统的华夏礼制，结合明初的社会现实，为明朝制定一套去蒙古化的新礼制。建国前夕，他务未遑，即于吴元年（1367年）六月“首开礼乐二局，广征耆儒，分曹究讨”（《明太祖宝训》卷二，《议礼》），着手编纂礼书。明朝刚建立，又从各地陆续征调一批老儒，参与礼书的编纂。洪武元年（1368年），中书省会同礼官拟定新的祀典及官民丧服之制、官民房舍及服饰等等。三年九月，《大明集礼》编成，计五十卷。此外，朱元璋还屡次敕谕李善长及诸儒，陆续编撰《孝慈录》《洪武礼制》《诸司职掌》《稽古定制》《国朝制作》《大礼要议》《皇朝礼制》《大明礼制》《洪武礼制》《礼制集要》《礼制节文》《太常集礼》《礼书》等，厘定包括吉礼、嘉礼、宾礼、军礼、凶礼在内的各种礼制。这些礼制，均“斟酌古今”而定，“其度越汉、唐远矣”（《明史》卷四七，《礼志》）。

在各种礼制的厘定中，祀制受到特别的重视。朱元璋继承中国传统的宇宙观，认为“世之所以成世者，惟人与神耳”（《明太祖集》卷七，《命礼部谕有司谨祭祀》），先有天后有地，然后才有人。“（民）生既多，非（君）主莫驭，天生君而为民立命”（《明太祖集》卷一二，《大祀文并歌九章》）。昊天上帝是宇宙的最高主宰，在附属于他的地祇和风雨雷电山川诸神以及厉鬼（无祀鬼神）等辅助下，主宰世间的一切。故“凡有国者，必以祀事为先”（《明太祖集》卷七，《大祀礼成谕中书》），这样才能使“上帝皇祇悦赐，天下安和，生民康泰”（《明太祖集》卷八，《谕神乐观敕》）。登基伊始，朱元璋即命中书省下郡县访求应祀之神祇、名山大川、圣帝明王、忠臣烈士等，著于祀典，令有司岁时致祭。同时，令儒臣参照古代的传统祀礼和现实需要，对祀典重加厘正，革除了天皇、太乙、六天、五帝等古代礼典所无的神衹，并将城隍神及其辖下的众厉等古代祀典所无的神衹正式列入祀典之中。历代王朝曾给诸神加上各种封号，朱元璋认为是“渎礼不经”，也下令“并去前代所封名号，止以山水本名称其神，郡县城隍神号，一体改正”（《明太祖实录》卷五三）。这样，通过厘正祀典，使诸神听命于天，而众鬼神听命于神，形成一个同人间的君主——群臣——庶民的等级制度相对应的上天——诸神——众厉的神鬼体系，“庶天神权纲之不紊也”（《明太祖实录》卷五六）。

在厘正的祀典中，朱元璋还下令对一些祀仪作出重大的改动。明朝刚建立时，郊祀和社稷祀仪均沿用元制，除洪武元年朱元璋登基祭告天地实行合祀外，都是在冬至日祀天，夏至日祀地，社稷也实行分祀。朱元璋认为，“古人以社为五土之神，稷为五谷之神。土主发生，五谷因之以生”，社稷分祀，是“土谷不合于生生之意也”，“不合人情”（《明太祖实录》卷一二）。天地是人君的父母，实行南北郊分祀，等于为人子的侍奉父母却将双亲分开，是拘泥于礼文而不合人情，“不可谓礼”（《明太祖实录》卷一一六）。朱元璋主张，“祀事在诚敬，不在仪文也”（《明太祖实录》卷一二）。天地、社稷分祀，礼文过于烦琐，反而有害于诚敬。从“礼顺人情”“尚实不尚华”（《明太祖实录》卷二〇、二九）的原则出发，他于洪武十年八月下令在午门之右改建社稷坛，实行合祀。当月还下令在南郊改建圜丘，名大祀殿。在大祀殿完工之前，暂时在奉先殿合祀天地。大祀殿建成后，洪武十二年的首春“正三阳交泰之时”即正月十一日，在南郊合祀天地，遂成定制。

洪武年间厘正的其他礼制，也都参照古代礼经并针对明初的社会现实，对各种社会行为的法则、规范、仪式作出严格的规定。这些礼制都贯穿着“辨贵贱、明等威”的原则，以体现官员内部的上下等级和官民之间的尊卑贵贱。比如衣冠服饰，上自天子、亲王、文武百官，下至庶人，对他们所用的冠服的衣饰、颜色、式样，都有极为烦琐的规定。文武百官的冠服，分为朝服、公服、常服三种，朝服在节日和颁诏、进表等各种重要活动时穿用，公服在早晚朝奏及侍班、谢恩、见辞等场合穿用，常服在常朝视事时穿用，各按官品的不同使用不同的服饰。庶人的冠服，洪武三年（1370年）规定用四方平定巾，杂色盘领衣，不许使用黄色。又规定男女衣服不得使用金绣、锦绣、纻丝、绫罗，只许用绸、绢、素纱，靴不得裁制花样，不得用金钱装饰。首饰、钗、镯不许使用金玉、珠翠，只许用银。六年又规定，庶人巾环不得用金玉、玛瑙、珊瑚、琥珀。庶人的帽子不得用顶，帽珠只许使用水晶、香木。十四年又规定，农民只能穿绸、纱、绢、布，而商贾则只能穿绢、布，农民家里有一人做生意的，也不能穿绸穿纱。二十二年还规定，农民可以戴斗笠、蒲笠出入市井，不务农者则不许可。二十五年，因民间违禁现象屡有发生，又诏令礼部禁止庶人穿靴，“惟北地苦寒，许用牛皮直缝靴”（《明史》卷六七，《舆服志》）。官民的房舍也贵贱分等，上下有别。二十六年定制：公侯为前厅七间、二厦，九架；中堂七间，九架；后堂七间，七架；门屋三间，五架；家庙三间，五架；廊、庑、庖、库从屋，不得过五间，七架。一品、二品官员为厅堂五间，九架；门屋三间，五架。三品至五品官员为厅堂五间，七架；门屋三间，三架；六品至九品官员为厅堂三间，七架；门屋一间，三架。庶民庐舍，二十六年定制，不得超过三间，三架。就连器物的使用，比如一个小小的饮酒器具也有严格的等级限制。二十六年规定，公侯及一、二品官员，酒注及盏用金器，其余的用银器。三品至五品，酒注用银器，酒盏用金器。六品至九品，酒注及酒盏用银器，其余的皆用瓷器、漆器。至于庶民，酒盏用银器，酒注只能用锡器，其余的都只能用瓷器、漆器（《明史》卷六八，《舆服志》）。

明洪武青花缠枝菊花纹碗

儒家认为，“礼言是其行也，乐言是其和也”（《荀子·儒效》）。乐主要指音乐。乐具有和谐性，并被赋予某种道德属性，可以培养人们的内心感情，起到协调人群、团结社会的作用。礼用以辨异，分别贵贱的等级；乐用以求同，缓和上下的矛盾。所以儒家历来都强调礼乐并行，相辅相成。朱元璋也将乐与礼摆在同等重要的位置，认为二者同为“治天下之道”，告谕群臣曰：“治天下之道，礼乐二者而已。若通于礼而不通于乐，非所以淑人心而出治道；达于乐而不达于礼，非所以振纪纲而立大中。必礼乐并行，然后治化醇一。”（《明太祖实录》卷一六二）他认为元朝之所以覆亡，原因之一就是废弃华夏古乐，说：“礼以道敬，乐以宣和，不敬不和，何以为治？元时古乐俱废，惟淫词艳曲更唱迭和，又使胡虏之声与正声相杂，甚者以古代帝王祀典神祇饰为舞队，谐戏殿廷，殊非所以导中和、崇治体也。”（《明太祖实录》卷六六）因此，他决定废弃元朝的乐制不用，而“锐志雅乐”（《明史》卷六一，《乐志》），建设新的乐制。龙凤二年（1356年）攻克应天后，朱元璋即设典乐官，翌年又置雅乐，“以供郊社之祭”。吴元年（1367年）六月，在设置礼局的同时，正式设立乐局，征调懂音律的儒臣，研究乐制的制定问题。他特地指示作乐的儒臣，要恢复华夏古代雅乐的传统，所撰辞章要“和而正”（《明史》卷六一，《乐志》），弃绝谀辞；所作乐曲要和谐自然，“协天地自然之气”（《明太祖宝训》卷二，《兴礼乐》）。根据朱元璋的旨意，洪武年间相继制定一批朝贺、祭祀、宴飨的乐歌，其中有些辞章还是由朱元璋亲自撰写的，如《圜丘乐章》《方丘乐章》《合祭天地乐章》《先圣三皇历代帝王乐章》等。经冷谦、陶凯、詹同、宋濂、乐韶凤等熟知音律的一批儒臣的反复究讨，终于制定了祭祀之乐歌节奏、朝贺宴飨之乐歌节奏及祭祀朝贺之乐舞器服制度。

礼乐制度的制定，为朱元璋推行礼治发挥了积极的作用。

躬览庶政，加强集权

洪武元年（1368年）正月初四，在北伐大军业已平定山东的凯歌声中，朱元璋身穿衮服、头戴冠冕，在应天（今江苏南京）郊坛登基就位，建立大明王朝。当年八月，明军攻入大都（今北京），推翻了元朝的统治。紧接着，朱元璋就面临着如何缓解错综复杂的社会矛盾，稳定社会秩序，恢复和发展经济，实现天下大治的艰巨任务。朱元璋总结元朝灭亡的教训，认为："元氏昏乱，纪纲不立，主荒臣专，威福下移，由是法度不行，人心涣散，遂至天下骚乱。"（《明太祖实录》卷一四）又说："夫元氏之有天下，固由世祖之雄武，而其亡也，由委任权臣，上下蒙蔽故也。……君不能躬览庶政，故大臣得以专权自恣。"（《明太祖实录》卷五九）认为"主荒臣专"即君主不能"躬览庶政"，大臣"专权自恣"，是导致天下骚乱、元朝灭亡的一个重要原因。要实行天下大治，君主必须"躬览庶政"。

所谓"躬览庶政"，顾名思义，即指君主要临朝预政，亲自过问和处理国家大事。朱元璋认为，君主如不"躬览庶政"，大臣就会专权自恣，破坏纪纲法度，并蒙蔽君主，使之无法了解下情，运用其权力来加以纠正。否则，"若使君德下流，民情上达，有不利便即与更张，天下岂有不治？"（《明太祖实录》卷一七二）他认为张士诚之所以灭亡，原因之一也是由于不理政事，委任权臣，说："我诸事莫不经心，法不轻恕，尚且着人瞒，张九四（张士诚之小字）终岁不出门，岂不着人瞒！”（《国初事迹》）所以，朱元璋即位后，一直兢兢业业，亲预朝政，不仅日视三朝，而且时常召大臣于便殿裁决庶政，不敢有丝毫的懈怠。

不过，朱元璋“躬览庶政”的命题，还有更深一层的含义，即主张进一步扩大皇权，强化君主专制的中央集权。在他看来，君主要“躬览庶政”，除了皇帝本人亲自临朝听断，还必须进一步分散与削减各个政权机构的权力，使“权不专于一司”（《明太祖实录》卷一二九），将权力集中到中央，“事皆朝廷总之”（《皇明祖训·祖训首章》），再集中到皇帝手里，使皇权得到高度扩张，以保证君主能完全按照自己的意志办事。

明初的政权体制袭自小明王，而小明王的宋政权基本上是按照元朝的体制建立起来的。朱元璋认为这种体制弊病很大，起不到君主“躬览庶政”的作用。他批评元朝的中书省制度说；“胡元之世，政专中书，事必先关报然后奏闻，其君又多昏蔽，是致民情不通，寻至大乱，深可为戒。”（《明太祖实录》卷一一七）他对既对皇帝起着助手作用，又限制皇权高度集中的丞相之职更为不满，说：“自秦始置丞相，不旋踵而亡。汉、唐、宋因之，虽有贤相，然其间所用者多有小人，专权乱政。”（《皇明祖训·祖训首章》）“（设相）之后，臣张君之威福，乱自秦起，宰相权重，指鹿为马。”（《明太祖集》卷一〇，《敕问文学之士》）因此，朱元璋决定对这种体制进行大刀阔斧的改革。

行政机构的改革，首先从地方入手。元朝的行中书省是从中央的中书省分设出来的，号称“外政府”，“凡钱粮、兵甲、屯种、漕运、军国重事，无不领之”（《元史》卷九一，《职官志》），职权极重。元朝后期四处兵起，中央根本指挥不动，俨然成为一个个独立王国。洪武九年，朱元璋下令废除行中书省，改设承宣布政使司、都指挥使司和提刑按察使司，简称布政司（俗称为省）、都司和按察司，作为中央的派出机构，分管地方行政（包括财政）、军政和司法。三个机构既彼此独立又互相牵制，皆直接听从朝廷指挥，便于中央控制。接着，又进行中央行政机构的改革。洪武十三年，他借胡惟庸党案下令撤销中书省，罢废丞相，并相应提高吏、户、礼、兵、刑、工六部的地位，以之作为中央最高的行政机构，分理朝政，直接对皇帝负责。这样，地方的权力集中到中央之后，最后都集中到皇帝手里。后来，朱元璋设立四辅官以协赞政务，寻又改置殿阁大学士以备顾问，并经建文、永乐、洪熙、宣德诸朝逐渐发展成为独具特色的内阁制度。但终明一代，内阁始终不是法定的中央一级的行政机构或决策机构，而仅是为皇帝提供顾问的内侍机构而已。

在军事上，原先设大都督府，统领全国所有卫所的军队。在撤销中书省的同时，也撤销大都督府，改设左、右、中、前、后五军都督府，分别统领所属卫所的军队。并规定都督府只管军籍和军政，而由兵部掌握军令的颁发和军官的铨选之权，彼此互相牵制。遇到战事，调遣军队和任命将帅均由皇帝作出决定，然后由兵部发出调兵之令，都督府才派出将领，统率所调集的军队出征。一旦战事结束，将领须交还帅印，回原职办事，军队也立即回到原来的卫所。兵部与五军都督府“合之则呼吸相通，分之则犬牙相制”（孙承泽：《春明梦余录》卷三〇，《五军都督府》）。这样，军权也集中到了皇帝手里。

中央的监察机构原称御史台，也于洪武十三年撤销。十五年改设都察院，“职专纠劾百司，辨明冤枉，提督各道”，并可与吏部“司贤否黜陟”。下设十三道监察御史，“主察纠内外百司之官邪，或露章面劾，或封章奏劾”（《明史》卷七三，《职官志》），并可与都察院的都御史互相纠劾。为了加强对臣僚的监控，明朝建立前后，朱元璋曾派自己的心腹充当检校，监视侦查大小官吏的活动。但这种特务性质的检校，只能察听、告密，没有拘押、审讯、处刑的权力。洪武十五年，朱元璋又仿照前朝的诏狱，把身边的侍卫机构亲军都尉府（前身为拱卫司）改为锦衣卫，设立专门的法庭和监狱，赋予侦查、缉捕“盗贼奸宄”之大权，成为一个正式的特务机构。锦衣卫直接听命于皇帝，不受任何法律约束。

此外，朱元璋还分封诸子为王，以藩屏王室；屠戮功臣宿将，以防功高震主；强化文化专制，以钳制士人思想。

经过一番改革，各个系统的权力机构彼此独立又互相牵制，便于君主的操纵和控制。全国最高的行政、军事、司法监察大权完全集中到皇帝手里，实现了“乾纲独断”的目的。从此“中外章奏皆上彻御览，每断大事，决大疑，臣下惟面奏取旨”（黄佐、廖道南：《殿阁词林记》）。朱元璋感到非常满意，认为这样一来，即可确保自己及其后继者“躬览庶政”、永坐江山，特在《皇明祖训》规定：“凡我子孙，钦承朕命，无作聪明，乱我已成之法，一字不可改易。”（《皇明祖训》序）

君主是封建国家的最高统治者，理所当然是应该亲预朝政的。以往的历代王朝，除少数有作为的君主，大多数皇帝都沉湎在宫廷的腐化生活之中，骄奢淫逸，极少过问政事，致使大权旁落，权臣擅专，弄得朝政日非，积弊丛生，导致王朝的覆灭。朱元璋力图矫正积习，强调君主必须“躬览庶政”，这无疑是有积极意义的。他自己身体力行，亲预朝政，勤于听断，因而能够针对当时的实际情况采取一系列兴利除弊的果断措施。同时，他为确保“躬览庶政”的实现，又对国家机构进行相应的改革，加强了中央对地方的控制、朝廷对文臣武将的监督，强化了中央集权。所有这些，都有助于社会秩序的安定和社会经济的恢复和发展。同时，随着中央集权的强化，明廷也得以集中更多的人力、物力和财力，举办诸如修筑长城、营建南北两京、编纂永乐大典、派遣郑和下西洋、治理南北大运河等规模浩大的工程，特别是国家牢牢地掌握着一支强大的军事力量，因而对外能抵御倭寇的侵扰，对内可迅速地平定各地少数民族上层贵族的叛乱，制止元朝残余势力的卷土重来，这也有利于维护和巩固我国多民族国家的统一。

但是，朱元璋“躬览庶政”的种种举措，并未能达到使朱家子孙永坐江山的目的。因为“主荒臣专”的现象，是世袭制的封建君主制度必然要产生的一种痼疾。不改变这种制度，它是不可能彻底根除的。明代的君主，除朱元璋及明成祖孜孜求治、具有开拓精神，明仁宗、宣宗也能临朝预政、尚能守成之外，其他那些从小在深宫长大的后继者大多荒嬉怠政，有的甚至一二十年晏处深宫，不问政事。而朱元璋在“躬览庶政”的旗号下，有权必抓，在宋元专制、集权的基础上，把它推向新的高峰，却对社会发展产生了严重的后果。在极端君主专制之下，全国的军政司法大权集于君主一人之手，臣僚唯有束手听命的分，他们的进取性和积极性便消失殆尽。而君主的权力越大，一旦他荒嬉怠政，就越是便于佞臣施展权术，窃取权柄，滥施暴政，造成更严重的危害。明中期以后，时而宦官干政，时而权臣擅专，这一切，不正是朱元璋打着“躬览庶政”旗号强化君主专制所酿成的恶果吗？

明代宦官何以“能为乱而不能为变”

明代史学家王世贞曾经指出，明代的宦官“能为乱而不能为变”（《弇山堂别集》卷九〇，《中官考》）。说明代宦官“能为乱”，指的是宦官专权乱政，诚如清代史学家赵翼所指出的：“东汉及唐、明三代，宦官之祸最烈。”（《廿二史札记》卷五，《宦官之害民》）明代是继东汉及唐代之后，宦官祸国殃民最为严重的朝代。说明代宦官“不能为变”，指的是那些专权乱政的宦官尽管威势显赫、气焰嚣张，但他们究竟不能像汉、唐的宦官那样随意立君、弑君、废君，而且最后都难逃覆灭的命运。明代的宦官之所以能“为乱”，而又不能“为变”，这都同朱元璋强化君主专制的举措有着密切的关系。

明朝开国之初，朱元璋曾反复告诫周围的臣僚：“吾观史传所书汉、唐末世，皆为宦官败蠹，不可拯救，未尝不为之惋叹。此辈在人主之侧，日见亲信。小心勤劳如吕强、张承业之徒，岂得无之，但开国承家，小人勿用，圣人之深戒。其在宫禁，止可使之供洒扫、给使令、传命令而已，岂宜预政典兵！”（《明太祖实录》卷三一）他指出：“阉寺之人，朝夕在人君左右，出入起居之际，声音笑貌日接乎耳目，其小善小信皆足以固结君心，而便辟专忍其本性也，苟一为所惑而不之省，必将假威福、窃权势以干与政事。及其久也，遂至于不可抑，由是所乱者多矣。”（《明太祖实录》卷一一二）因此，不仅不能让宦官预政典兵，而且必须严加约束，说：“此辈自古以来，求其善良，千百中不一二见，若用以为耳目即耳目蔽矣，以为腹心即腹心病矣。驭之之道，但常戒敕，使之畏法，不可使之有功，有功则骄恣，畏法则检束，检束则自不敢为非也。”（《明太祖实录》卷四四）为此，朱元璋严禁宦官预政，并规定宦官不许读书识字，不许兼外朝文武职衔，不许穿戴外朝官员的冠服，官阶不得超过四品，不得与政府各部门有公文往来。还立下禁令，不许宦官骂詈、斗殴及不服本管矜束，凡有此类行为及“心怀恶逆、出不道之言者”，都要受到严惩，直至凌迟处死。朱元璋仍不放心，洪武十七年（1384年）又特制一块铁牌立于宫门之中，上刻“内臣不得干预政事，犯者斩！”十几个醒目的大字（《明史》卷七四，《职官志》）。有一天，有个久侍内庭的宦官，仗着老资格，议论政事，便被“即日斥还乡”，终身永不叙用。

然而，朱元璋定下的这些制度，并没有能全部严格执行。率先突破禁令、破坏这些制度的不是别人，正是朱元璋自己。

朱元璋是在龙凤十年（1364年）称吴王后开始使用宦官的，第二年他就曾差内使朱明前往徐达军中传达政令，龙凤十二年八月又“差内使李顺赍批”前往徐达军前交代有关处置通州降将之事（《弇山堂别集》卷八六，《诏令杂考》）。明朝建立后，朱元璋仍按以往的惯例，委派宦官参与国内外一些重大的政治、军事、经济活动。如洪武二年派宦官送高丽流寓之人归国；八年五月派宦官赵成往河州市马。到洪武中期特别是后期，随着皇权的空前扩张、君主专制的高度强化，朱元璋命宦官参与政事的次数更是显著增加。如洪武十年三月，他根据户部建议，派中官、国子生及部委官查核“征商不如额”的一百七十八处税课司局，“立为定额”（《明太祖实录》卷一一一）；十一年五月，派内使陈景及校尉至靖江王朱守谦处“提取为非之人”（《太祖皇帝钦录》，

李文忠像

台北《故宫图书季刊》第1卷第4期，第62页），十月派宦官吴诚往辰州卫指挥使杨仲名处“观方略”（谈迁：《国榷》卷六），十一月又令尚履奉御吕玉前去“观兵阅胜”（《明太祖实录》卷一二一）；十六年正月，派内使监丞梁民等人去琉球，赐中山王察度镀金银印，九月派内使梁珉持币往琉球市马，得马九百八十三匹而还；二十五年五月，派尚膳监太监而聂等至河州，以茶易马；二十六年二月蓝玉谋反案发后，多次派宦官秘密前往山西大同，向晋王朱㭎传达圣旨，如三月派而聂和驸马都尉梅殷传旨命晋王“把那三个侯砍碎了，家人、火者、成丁男子都砍了。家财头口交与王府；妇女、王府差内使起解”，四月又派内使刘察使“钦赍圣旨记事五件，说与第三子㭎知道”（《明太祖实录》卷八五）；二十八年十二月，派宦官赵达、朱福等出使暹罗斛，祭奠已故国王，并赐新国王文绮四匹。

朱元璋带头破坏自己制定的制度，他的后继者便效而仿之。明成祖朱棣由于在“靖难之役”中得到宦官的帮助，对宦官更是“多所委任”（《明史》卷三〇四，《宦官传》序），不仅命宦官监军、分镇地方，派太监郑和率舟师下西洋，还设置东厂，令宦官刺探臣民隐事。明宣宗朱瞻基更设置内书堂，令大学士陈山教小宦官读书，“用是多通文墨，晓古今，逞其智巧，逢君作奸”（《明史》卷三〇四，《宦官传》序），并让宦官代替自己在大臣的奏章上“批红”。到正统年间，宦官王振便乘明英宗年幼之机，擅权乱政，开了明代宦官专政之先河。

朱元璋既然深知宦官预政的祸害，何以又要让他们参与政事呢？这是因为，朱元璋登上帝位后，“收天下权以归一人”，特别是在洪武中期实行国家机构改革，集地方大权于中央，又集中央军政司法大权于君主之手，把封建专制中央集权制度推向新的高峰。而君主越是集权，就越是担心周围的大臣篡权。所以朱元璋总是以猜疑的眼光看待周围的臣僚，就连开国元勋徐达、重要谋士刘基也被“见猜”（《明史》卷一三九，《李士鲁传》），即使是他的亲侄朱文正、亲甥李文忠也因遭忌而死于非命。大臣既然不被信任，他必然要转而信任、重用与其日夜相处的宦官了。更因为，随着封建专制的高度强化，君主固然大权在握，却又庶务丛集，君主再高明，也不可能生出三头六臂，事事躬亲。朱元璋尽管勤劳有加，通宵达旦地处理政务，也还是觉得“密勿论恩，不可无人”（《明史》卷一三七，《安然传》），不得不设置四辅官、殿阁大学士以备顾问。明成祖更正式设置咨询议政的内阁。明宣宗又进一步命阁臣“条旨”，即代替皇帝拟旨，“于中外章奏，许用小票墨书贴各疏面上进”（黄佐、廖道南：《殿阁词林记》卷九，《拟旨》）。但是将这样重要的工作交给阁臣，又不放心，担心皇权的旁落。于是，便命司礼监的秉笔太监代替自己批红，“凡每日（章）奏文书，自御笔亲批数本外，皆众太监分批，遵照阁中票来字样，用朱笔楷书批之，间有偏旁偶讹者，亦不妨改正”（刘若愚：《酌中志》卷一六，《内府衙门职掌》），用以牵制阁臣。宦官拥有批红权，便可借助皇权的至上威严和怠政心理，窃取部分皇权，擅作威福，专权乱政了。

宦官专政，是君主专制的产物。而将君主专制推向高峰，并带头破坏禁令命宦官参与国内外重大政治、军事、经济活动的，正是朱元璋。因此，对后来的宦官之祸，朱元璋是难辞其咎的。

不过，我们还要看到，朱元璋强化君主专制，“权不专于一司，事皆朝廷总之”，不仅行政、司法，就连军权也牢牢掌握在皇帝手中。即使在明中期以后，虽然在各边镇设置镇守太监，在京营设置提督、坐营、监枪太监，使宦官染指军事权力，但这种权力并不完整，因为同他们一起掌握兵权的还有武将（总兵官、总督）和文官（巡抚），彼此互相牵制，最后均听命于皇帝。这同汉、唐时期大不相同。汉、唐时期，宦官势力极度膨胀，进而独揽军权，可以将皇帝变成自己的傀儡，甚至径自立君、弑君、废君。明代的宦官作为皇帝的家权，只有受到皇帝的宠信而代行皇权，才能作威作福，甚至染指部分军权，而一旦皇帝觉察到他们对皇权构成威胁，一翻脸即可将他们从权位的顶峰推下去，使之跌个粉身碎骨。所以明代的宦官专政，从王振、汪直、刘瑾到魏忠贤，尽管都曾权倾一时，最后都难逃覆灭的命运。正如王世贞评论王振、刘瑾等权宦的下场时所指出的：“夫（王）振、（刘）瑾至狼戾也，公卿台谏至狐鼠伏也，亿兆至鱼烂也，然而不为汉、唐之季者，高皇帝收天下之权以归一人，即狼戾如振、瑾者，一嚬而忧，再嚬而危，片纸中夜下而晨就缚，左右无不鸟散兽窜，是以能为乱而不能为变也。”（《弇山堂别集》卷九〇，《中官考》）

分封诸王的遗患

在元朝的废墟上建立的明朝，其政治制度受到元朝制度的诸多影响，分封制度即是其中之一。

元朝的分封制度是对宋朝制度的一种倒退与逆转。宋代皇子被封为王，封爵仅止及身，子孙不得世袭。宗室嫡庶均以“恩荫”之例入仕，以序而迁，与异姓贵官荫子入仕无异。宗室子弟均可入学应试，中式者可以为官作宦，与庶民子弟相同。元朝却将北方游牧民族的奴隶分封制度推行于中原地区，如郝经所说是“既封本国，使诸王世享，如殷周诸侯；汉地诸道，各使侯伯专制本道，如唐藩镇。又使诸侯分食汉地，诸道侯伯各有专属，则又如汉之侯伯焉”（《历代名臣奏议》卷六五，《治道》）。忽必烈所封诸王，均拥有军事、政治、经济的诸多特权，俨然成为朝廷派驻地方的军事、行政首脑。

无数的历史事实证明，分封制度必然酿成“尾大不掉”的恶果。但朱元璋却错误地认为，“周行之而久远，秦废之而速亡，汉晋以来莫不皆然”，“为长久之计，莫过于此”（《明太祖实录》卷五一）。为了确保朱家子孙能长坐江山，明朝建立后，朱元璋将元朝的分封制度稍加改革而予以保留。洪武三年（1370年）正式实行分封，谕廷臣曰：“天下之大，必建藩屏，上卫国家，下安生民。今诸子既长，宜各有封爵，分镇诸国。朕非私其亲，乃遵古今哲王之制，为久安长治之计。”

（《明太祖实录》卷五一）这次分封，按照前代嫡长子继承皇位、余子分封王爵的旧制，除长子朱标（马皇后无子，李淑妃所生的朱标、朱樉、朱棡和碽妃所生的朱棣、朱橚，从小皆由马皇后抚养长大，名义上都成了嫡出）已立为皇太子外，封了年长的九个儿子和一个从孙（亲侄朱文正之子）为王。所封诸王，“惟列爵而不临民，分藩而不赐土”，“然其冕服车骑邸第，下天子一等。公侯大臣伏而拜谒，无敢钧礼”（《明史》卷一一六，《诸王传》序），拥有极高的政治地位。藩王可以在其境内自行选任自己的官员。王府的相、傅还兼任所在行省或都司卫所的官职，从而可以对地方行政和军事事务进行干预或施加影响。此外，藩王还拥有三护卫的护卫军。诸王俨然成为皇帝派驻地方的政治代表。

朱元璋的分封，曾引起许多臣僚的忧虑和反对。洪武九年，山西平遥训导叶伯巨曾上书批评他“分封太侈”，说：“臣恐数世之后，尾大不掉，然后削其地而夺其权，则起其怨，如汉之七国、晋之诸王；否则恃险争衡，否则拥众入朝，甚则缘间而起，防之无及也。”（《明经世文编》卷八，叶居升：《万言书》）朱元璋勃然大怒，认为这是挑拨他和子孙的骨肉关系，令左右“速逮来，吾手射之！”（《明史》卷一三九，《叶伯巨传》）尔后，在洪武十一年、二十四年又进行两次分封。连同洪武三年的分封，朱元璋前后三次实际分封了二十三个儿子和一个从孙，总共二十四个藩王。

不过，这种分封制度毕竟是同朱元璋“躬览庶政”、强化集权的举措背道而驰的。因此，他虽然拒绝接受叶伯巨的批评，但还是对藩王的政治特权逐步加以限制。洪武九年，就在他为求“躬览庶政”而开始改革地方机构时，下令取消了王府相、傅官的兼职，规定王府官员的职权仅限于王府范围之内，不得干预地方事务。后来，又取消了藩王在其境内选用官员的权力，规定王府官员任满黜陟均由皇帝定夺。但是，为使诸王起到镇抚地方、藩屏王室的作用，朱元璋却进一步加强诸王的军事权力。洪武初年分封时，诸王的三护卫军并不足额，仅够侍从护卫而已。到洪武末年，各王府的护卫建制已渐健全，“护卫甲士，少者三千，多者至万九千人”（《明史》卷一一六，《诸王传》序）。封在北方边塞的藩王，兵力更加雄厚，如宁王所部“带甲八万，革车六千”（《明史》卷一一七，《诸王传》）。这些塞王，皆兼理当地都司卫所军务。燕、晋二王“尤被重寄，数命将出塞及筑城、屯田。大将如宋国公冯胜、颍国公傅友德皆受节制。又诏二王，军中事大者方以闻”（《明史》卷一一六，《诸王传》）。《皇明祖训》甚至规定：“凡王国有守镇兵，有护卫兵。其守镇兵有常选指挥掌之，其护卫兵从王调遣。如本国是险要之地，遇有警急，其守镇兵、护卫兵，并从王调遣”。“凡朝廷调兵，须有御宝文书与王，并有御宝文书与守镇官。守镇官既得御宝文书，又得王令旨，方许发兵；无王令旨，不得发兵。如朝廷止有御宝文书与守镇官，而无御宝文书与王者，守镇官急启王知，王遣使驰赴京师，直至御前闻奏。如有巧言阻当者，即是奸人，斩之毋惑”（《皇明祖训·兵卫》）。还规定藩王有起兵帮助朝廷讨伐奸恶的权力：“如朝无正臣，内有奸恶，天子密诏诸王统领镇兵讨平之。”（《皇明祖训·法律》）这样，诸王就由皇帝派驻地方的政治代表转变为军事代表，替皇帝监视和遏制手握重兵的武臣边将，防止武人割据和地方叛乱，并担负起讨伐朝中奸恶、藩屏王室的重任。

但是，历史的发展有其内在的逻辑，并不以人的主观意志为转移。叶伯巨在《万言书》中所预言的诸王“尾大不掉”之势，在洪武末年已露端倪。洪武二十五年四月皇太子朱标病卒，九月其子朱允炆被立为皇太孙。为了确保年仅十六岁的皇太孙来日能顺利继承和坐稳皇位，当年的年底，朱元璋借蓝玉案兴起大狱，株连屠戮了一批功臣宿将，将守边与征战的重任移交给镇守边地的塞王去承担。但是塞王所代替的并不仅仅是功臣宿将的征战，同时也代替这些功臣宿将成为朱元璋选定的接班人的威胁。其中，尤以镇守北平的燕王朱棣实力最为雄厚，野心也最大。这不能不引起朱允炆的忧虑。有次，当朱元璋对他表示："朕以御虏付诸王，可令边尘不动，贻汝以安。"他即反问道："虏不靖，诸王御之；诸王不靖，孰御之？"（尹守衡：《明史窃》卷三，《革除记》）但是，朱元璋似乎想不出什么可行的对策，除了密令驸马都尉梅殷辅佐皇太孙外，并没有采取其他措施。后来，与燕王互相牵制的秦王朱樉、晋王朱㭎分别于洪武二十八年三月和三十一年三月病死，燕藩独强，对朱允炆的威胁更大。但从晋王朱㭎病死到朱元璋去世仅有三个月时间，此时老迈的朱元璋已身患重病，他除在五月十二日给新嗣立的晋王朱济熺下了一道圣旨，令其"教陈用、张杰、庄德，预先选下好人马，隄备临阵时，领着在燕王右手里行"（《太祖皇帝钦录》，台北《故宫图书季刊》第1卷第4期，第111页），以防燕王发动政变外，就只能在《遗诏》中严令禁止诸王赴京奔丧，规定"王国所在文武衙门军士，今后一听（朝廷）节制，护卫官军王自分处"（《皇明诏令》卷三），以保证皇太孙能顺利继承皇位。

朱允炆继承皇位后，痛感藩王势大的威胁，采用太常卿兼翰林院学士黄子澄的计策实行削藩。燕王朱棣立即援引《祖训》的规定，打出帮助朝廷讨伐"奸恶"的旗号，起兵"靖难"，经过三年的皇位争夺战，攻入南京，夺取了皇位。朱元璋分封诸王以藩屏王室的意图，终于被严酷的现实所粉碎。

朱棣起自藩王，以武力夺取天下，深知藩王手握重兵的危害，即位后继续执行朱允炆的削藩政策。他首先将拥有雄厚兵力的塞王迁入内地，并削减其护卫兵力。同时，将军队的统率、指挥大权转移到都司卫所和边将武臣手中，剥夺藩王的驭将出征之权。他还制定诸多“藩禁”约束藩王，一旦违禁即严加惩处，甚至废为庶人。洪武末年藩王尾大不掉的局面，至此基本得到扭转。不过，朱棣却例外地授予其子汉王和赵王各三护卫。结果，他去世刚及两年，汉王朱高煦便效法其先例，举兵反叛。明宣宗御驾亲征、平定汉王之叛后，继续执行朱棣的政策，先后收夺诸王府的护卫。此后，王府不再设立护卫，只有个别藩王获赐护卫，属于特恩。正统、天顺之后，明廷又进一步加强对藩王的限制，如禁止诸王入朝、出城和互相往来，禁止宗室出任京职，等等。诸王便成为“徒拥虚名，坐縻厚禄”的寄生阶层，由“天枝”而沦为“弃物”了。这与朱元璋分封诸王的原意是大相径庭的，但却是分封制度所产生的必然结果。

从“天枝”到“弃物”

朱元璋坐上龙庭之后，分封诸子为王，在授予诸多政治、军事特权的同时，又授予众多的经济特权，以确保他们能过上优裕的生活。结果事与愿违，却使其“龙子凤孙”由“天枝玉叶”变成了一批“徒拥虚名，坐糜厚禄”的“弃物”。

“初，太祖大封宗藩，令世世皆食岁禄，不授职任事”（《明史》卷八二，《食货志》）。明制，皇子封亲王。亲王嫡长子年及十岁，封为王世子，长孙立为世孙，其余诸子年十岁，封为郡王。郡王嫡长子为郡王世子，嫡长孙授长孙，其余诸子授镇国将军，孙辅国将军，曾孙奉国将军，四世孙镇国中尉，五世孙辅国中尉，六世以下皆奉国中尉。洪武九年（1376年）规定：亲王岁支米五万石，钞二万五千贯；亲王子已受封郡王，米六千石，钞二千八百贯；郡王诸子年及十五岁，各赐田六十顷，以为永业，并除租税，“诸子所生之子，惟世守永业”（《明太祖实录》卷一〇四）。到二十八年，由于“子孙众盛”，“俸给弥众”，朱元璋决定“量减各王岁给，以资国用”，又重新规定：亲王岁给禄米一万石，郡王二千石，镇国将军一千石，辅国将军八百石，奉国将军六百石，镇国中尉四百石，辅国中尉三百石，奉国中尉一百石。并规定：“郡王嫡长子袭封郡王者，岁赐比始封郡王减半支给”（《明太祖实录》卷二四二）。这个规定虽然将亲王、郡王的俸禄减少了许多，但仍远远高于大臣的岁俸，比如一个亲王的岁禄就接近于十个一品官员岁俸的总和，一个郡王的岁禄也相当于两个正一品官员岁俸的总和。而且将原先规定郡王之子的镇国将军拨赐田六十顷作为其子子孙孙（包括辅国、奉国将军及镇国、辅国、奉国中尉）的永业，改为自镇国将军至奉国中尉每年各支付一千石至二百石的俸禄，也在无形中大大增加了国家的支出。岁禄之外，明廷对宗藩还有数量相当可观的各种赏赐，如宗室即位之赏、之国之赏、来朝之赏、生日之赏、有功之赏，等等。如洪武十年楚王朱桢之国武昌，赐黄金一千六百两、白金二万两、钞二万锭。二十年以征迤北战功，赐晋王朱棡和燕王朱棣钞各一百万锭（《弇山堂别集》卷六七，《之国之赏》）。宗藩的宫室和坟茔，也都由官府负责操办，至成化中期，各王府将军而下的宫室、坟茔改为官府给钱，自行建造。

宗室子弟从小就受到良好的教育，加上优越的生活条件，有些人长大成人后具有高强的武艺，或渊博的学识，表现出优异的才能。如燕王朱棣就以武艺高强，能征善战著称。周王朱橚爱好文学，能词赋，又喜研究植物，曾从河南的野生植物中选出四百一十四种可备救荒的植物，画成图谱，加以疏解，著为《救荒本草》，成为我国植物学史、农学史上的重要著作。其子朱有燉嗜学不倦，工书画，精词曲，著有《元宫词》百章（傅乐淑：《元宫词百章笺注》后序，书目文献出版社1995年版，第120—125页）。郑世子朱载堉，辞让爵位，潜心著述，在数学、物理、天文、历法、音乐、舞蹈和文学上都取得突出成就，尤以创制十二平均律而著称于世。

但是，过于优裕的生活又是一把双刃剑，容易导致宗藩的私欲膨胀，生活糜烂，而越礼非分，胡作非为。如秦王朱樉在西安，就令内侍到城内外寻访美女，“访其姓名，即娶入宫，如意则留之，否则杀之”

（《明兴野记》卷下）。还“将番人七八岁幼女掳到一百五十名，又将七岁、八岁、九岁、十岁幼男阉割一百五十五名”（《太祖皇帝钦录》，台北《故宫图书季刊》第1卷第4期，第96页），甚至“僭造龙衣龙床”（《明兴野记》卷下），曾受到朱元璋的切责，死后追谥为“愍”。晋王朱㭎在藩多不法，有人告发他图谋不轨，朱元璋大怒，要杀他，经皇太子求情，才免于死，后始幡然悔悟，谨守法纪。针对诸王的不法行为，朱元璋曾辑录历代藩王和他几个儿子的种种恶行，编为《御制纪非录》一书，颁赐诸王，令其“朝暮熟读，以革前非”（《御制纪非录》序）。

燕王朱棣通过“靖难”战争夺取帝位后，削夺藩王的政治、军事特权，藩王实际上已不再承担藩屏王室的责任和义务。到了明中期，对藩王的限制越来越多，藩禁越来越严。藩王就国后不再允许入京，甚至不准出城，“出城省墓，请而后许，二王不得相见”（《明史》卷一二〇，《诸王传》赞）。宗藩“虽生于皇家，适以囚禁之”（王士性：《广志绎》卷三），简直形同囚徒。

宗藩既“不授职任事”，也没有藩屏王室的责任和义务，又不许从事四民之业，但却有一分吃到老死的禄米，不必为生计发愁。他们饱食终日，无所事事，便把精力用来凌辱官府，欺压百姓，兼并土地，搜刮钱财，以供自己的骄奢淫逸，而成为社会的公害，国家的蠹虫。如谷王朱橞“夺民田，侵公税，杀无罪人”。伊王世子朱典楧“多持官吏短长，不如指，必构之去，既去复折辱之”，“府墙坏，请更筑，乃夺取民舍以广其居”。又“闭河南府城，大选民间子女七百余，留其姝丽者九十人。不中选者，令以金赎”（《明史》卷一一八，《诸王传》）。直到崇祯末年，宗藩仍未改其骄横贪残之性。南昌宁藩宗人之强猾者，辄结凶党数十人，各自为群，“白昼捉人子弟于市，或剥取人衣，或相牵讦讼破人产，行人不敢过其门巷，百姓相命曰‘鏖神’”（魏禧：《魏叔子文集》卷一一）。个别胆大的藩王，甚至从经济上的巧取豪夺，发展到在政治上觊觎神器。如汉王朱高煦、安化王朱寘鐇和宁王朱宸濠，都曾步燕王朱棣的后尘，举兵反叛朝廷，造成某个地区社会的动荡。

宗藩本来就妻妾成群，人口繁衍极快。亲王和某些郡王，在岁禄之外，可通过即位之赏、之国之赏、生日之赏、有功之赏等名目，或请或赐，不断扩增自己的庄田财富。而将军以下，特别是中尉，缺乏这种门路，就尽量多娶妻妾，多生子女，或者收养异姓，以增加禄米，从而更加速了宗室人口的繁衍。弘治五年（1492年）山西巡抚杨澄等人曾奏报，晋府的庆城王朱仲鏾，到当年八月就生育子女九十四人，孙一百六十三人。据王世贞的推测，大约每隔十九年，明宗室的人口就增加百分之五十。而据徐光启的推算，明宗室的人口每三十年左右即翻了一番。洪武时宗室人口仅五十八人，永乐时增至一百二十七人，到万历三十二年（1604年）又增至八万多人，估计到明亡之时当有十余万之众。随着宗室人口的激增，禄米的支出越来越多。以嘉靖三十一年（1552年）为例，全国田赋共征收米麦二千二百八十五万余石，而禄米支出就占到三分之一强。就一省而论，财政收支的逆差更为悬殊。如山西存留米麦一百五十二万石，而宗室禄米多达三百一十二万石，河南存留米麦约八十四万多石，而宗室禄米多达一百九十二万石，“是二省之粮，即无水旱蠲免，升合俱完，犹不足以供禄米之半”（《明经世文编》卷二一二，欧阳铎：《中尉女授宗室女宗婿名号疏》）。禄米数量增加如此之多，国家财政难以负担。早在洪武年间，有些亲王的禄米就未全额给足。从永乐年间开始，一些王府的禄米逐步改为米、钞折支。嘉靖四十四年（1565年）的《宗藩条例》更规定，郡王、将军三分本色、七分折钞，中尉四分本色、六分折钞。朝廷所定钞价远高于市价，这就在无形之中削减了宗室的禄米。尽管如此，朝廷仍然大量拖欠宗室的禄给。到万历三十四年（1606年），朝廷只好开“宗室之禁”，允许宗室子弟入学应试，除授官职。但这一改革为时过晚，对解决宗室的禄给和出路问题未能产生多大作用。许多将军以下的宗室成员衣食无着，“数日之中，不曾一食，老幼嗷嗷，艰难万状。有年逾三十而不能婚配，有暴露十年而不得殡埋，有行乞市井，有佣作民间，有流徙他乡，有饿死道路”（《明世宗实录》卷四九三），有的“不得不杂为贱役，或作为非僻”（王士性：《广志绎》卷三），有的甚至要起无赖手段，故意轻毙人命、凌辱尊长，以便“发高墙（凤阳宗室监狱）以邀口粮充饥寒”（张怡：《谀闻续笔》卷三）。

朱元璋利用国家财力厚待其“龙子凤孙”，让他们世世代代远离四民之忧劳，而安享逸豫的生活。但安逸的寄生生活，必然导致他们的腐朽没落，变成一无是用的“弃物”。结果，当明末农民大起义的风暴席卷而来时，这些明室宗藩大都显得卑怯无能，不是纵酒取乐，便是抱头鼠窜，很快便被时代的洪流所埋葬。后来，虽有几个藩王在南方官绅的拥戴下组建弘光、隆武、鲁监国、绍武、永历朝廷，但他们也都是扶不起的阿斗，最后无不落个土崩瓦解的结局。

无数的历史事实证明，凡是用金丝笼养金丝雀的方法，以国家资源厚待宗室子孙的，结果只能豢养出一批腐败无能的“弃物”。清承明制，到清末不也出现了八旗子弟这个腐朽透顶的寄生阶层吗？

“安民为本”“锄强扶弱”的治国之策

明朝建立后，社会秩序动荡不安。朱元璋在重建封建政权、强化君主专制中央集权统治的同时，也从地主阶级的长远利益出发，不断思考如何协调阶级关系，缓和地主与农民的矛盾，稳定社会秩序的问题。

亲身经历过元末农民战争的朱元璋，不时反思和总结历代王朝特别是元朝兴亡的历史教训，深刻认识到农民起义的强大力量，惊呼“所畏者天，所惧者民。苟所为一有不当，上违天意，下失民心，驯致其极而天怒人怨，未有不危亡者矣”（《明太祖实录》卷三二）。他一再引述儒家的名言说：“民犹水也，君犹舟也，水能载舟，亦能覆舟。”（《明太祖实录》卷五一）强调民对君既有依存的一面，也有制约的一面，指出君主不仅不能“轻民”，而且要“畏民”“敬民”，说：“朕则上畏天，下畏地，中畏人。”（《明太祖实录》卷八〇）基于这种认识，他继承和发展传统的民本思想，提出了“安民为本”的主张，认为“凡为治以安民为本，民安则国安”（《明太祖实录》卷一一三）。

那么，如何才能安民呢？古代中国以农立国，社会上存在着“富者”“强者”即地主及代表其利益的官吏与“贫者”“弱者”即农民两大对立的阶级。在朱元璋的心目中，理想的社会是“富者自安，贫者自存”，“富者得以保其富，贫者得以全其生”（《明太祖实录》卷四九）。也就是说，地主阶级能够保有他们的财富，过着富裕的生活，而农民也具备进行简单再生产的条件，能够维持一家人的温饱，可以继续生存下去。要实现这个目标，除了强化封建专制统治、恢复和发展社会生产之外，还必须协调地主与农民这两大对立阶级的关系，使富与贫、强与弱双方都能循分守法，和谐共存，不致激化矛盾，形成对抗，导致社会的分裂与动乱的发生。但是，在农民战争结束之后，“富者”“强者”即地主阶级及各级官吏，掌握着主要的生产资料和国家权力，处于强势的地位，是矛盾的主要方面。如不适当加以限制和约束，任其恣意妄为，肆意榨取和欺压农民，农民便无法自存。因此，为明王朝的长治久安和地主阶级的长远利益着想，朱元璋主张要“锄强扶弱”。明朝建立前夕，他在接见各郡新任的县官时，即明确对他们宣布：“自古生民之众，必立之君长以统治之。不然，则强者愈强，弱者愈弱，纷纷吞噬，乱无宁日矣。然天下之大，人君不能独治，必设置百官有司以分理之，锄强扶弱，奖善去奸，使民遂其所安，然后可以尽力田亩，足其衣食，输租赋以资国用。”要求他们认真贯彻“锄强扶弱”的政策，“勤于政事，尽心于民，民有词讼，当为辨理曲直”（《明太祖实录》卷二四）。清代官修《明史》，将朱元璋这个“锄强扶弱”之策称作“右贫抑富”，说：“（明太祖）惩元末豪强侮贫弱，立法多右贫抑富”（《明史》卷七七，《食货志》）。

根据“锄强扶弱”之策，朱元璋以法律形式肯定元末农民战争的部分成果，提高了劳动者的身份地位，并大大加重对地主官僚贪暴行为的防范与惩处。在唐律中，奴婢、部曲、杂户、官户的地位均低于良人，明代已不存在与良人不同的部曲，故明律没有与此相关的条文。关于奴婢，《大明律》明确禁止庶民之家存养奴婢，禁止官民之家阉割役使“火者”，禁止将他人迷失子女卖为奴婢，禁止冒认良人为奴。洪武二十四年（1391年），明廷还规定：“役使奴婢，公侯家不过二十人，一品不过十二人，二品不过十人，三品不过八人。”（龙文彬纂：《明会要》卷五三，《民政》）唐律中有关部曲的某些规定，《大明律》改为“雇工人”，但其法律地位高于部曲，介于良人与奴婢之间。佃农的地位也比元代大为提高。在元代，佃农与地主是一种主仆关系，地主打死佃农，仅处以“杖一百七，征烧埋银（丧葬费）五十两”便告了事。洪武五年，朱元璋下诏规定，佃户见田主，不论齿序，“行以少长之礼”，若在亲属，则不拘主佃，概从亲属之礼行之（《皇明诏令》卷二，《正风俗礼仪诏》）。明代父辈曰“尊”，兄辈曰“长”。佃户与田主的关系，由仆主升为少长，佃户虽然仍被置于地主的封建宗法统治之下，但比之往昔，身份地位毕竟有了提高。

与此同时，明律则降低了贵族官僚的特权地位。唐律规定，皇族、贵戚、达官如果犯罪均享有“八议”即八种减免刑罚的特权。除了犯“谋反”“谋大逆”等“十恶”重罪之外，几乎都可免受审判和刑罚。《大明律》则不然，只规定“凡八议者犯罪，实封奏闻取旨，不许擅自勾问，若奉旨推问者，开具所犯及应议之状，先奏请议，议定奏闻，取自上裁。其犯十恶者，不用此律”（《大明律》卷一，《名例律》）。还规定，文武官员犯公罪（因职务关系而致罪），只有笞刑可以听赎。如犯私罪（因自己私事而犯罪），“笞四十以下，附过还职；五十解见任别叙；杖六十，降一等；七十，降二等；八十，降三等；九十，降四等；俱解见任，流官于杂职内叙用，杂职于边远叙用；杖一百者，罢职不叙。若军官有犯私罪，该笞者，附过收赎；杖罪，解见任，降等叙用；该罢职不叙者，降充总旗；该徒、流者，照依地里远近，发各卫充军”（《大明律》卷一，《名例律》）。其余所有特权，一律取消。明律还严禁公侯之家侵占官民田地财产，接受投献、隐蔽赋役，禁止藩王侵占民田，并严禁官豪势要侵占他人田宅以及欺隐自己田地粮差的行为，禁止官员在现任处所置买田宅。如有违反，处罚都极严厉。

也正是基于“锄强扶弱”之策，“太祖好用峻法，于约束勋贵官吏极严”，而“未尝滥及平民，且多惟恐虐民”（孟森：《明清史讲义》上册，中华书局1981年版，第70页）。

根据“锄强扶弱”之策，朱元璋还改革土地制度，推行垦荒屯田。贫苦农民出身的朱元璋深知，广大农民之所以处于贫弱无告的困境，就是因为他们很少甚至没有最主要的生产资料土地。要“扶弱”“右贫”，就必须解决他们无地少地的问题。经过元末农民战争，原先为元政府控制的巨额官田和蒙汉地主贵族霸占的大量土地，部分为农民耕垦，更多的则变成无主荒地。明朝建立后，重新调整土地关系，规定“凡威取田宅者，归业主”（《宋濂全集》卷六六，《故岐宁卫经历熊府君墓铭》），凡是借助战争的暴力耕占的地主土地，一概归还原主。但是如果地主在农民战争期间死去或逃亡而抛荒的土地，被农民耕垦成熟的，则归农民所有，逃亡地主还乡后，“仰有司于附近荒田内，验数拨付耕作”（《皇明诏令》卷一，《大赦天下诏》）。对于大量无主荒地，朱元璋以免除三年的赋役甚至永不起科的条件，鼓励农民开垦。洪武三年（1370年），还采纳济南知府陈修及司农官的建议，将北方近城的荒地分给无田的乡民耕种，“户率十五亩，又给地二亩，与之种疏，有余力者不限顷亩，皆免三年租税”，“如王国所在（指藩王的封地），近城存留五里，以备练兵牧马，余处悉令开垦”（《明太祖实录》卷五三）。这个计丁授田的政策，也施行于南方某些地区，如苏州府太仓，“洪武年间见（现）丁授田十六亩”（《明经世文编》卷二二，周忱：《与行在户部诸公书》）。后来还规定，在陕西、河南、山东、北平等省及凤阳、淮安、扬州、庐州等府，允许农民尽力开垦荒地，官府不得征派赋税。洪武二十八年又规定，“凡民间开垦荒田，从其自首，首实三年后官为收科”（万历《大明会典》卷一七，《户部·田土》）。由于这些法令的施行，不仅逃亡地主遗下的田地被农民开垦为熟田的，得到官府的承认，而且有大量荒废的官民田被农民开发出来，通过向国家纳税服役，取得了合法的土地所有权。自耕农的数量因而迅速增加，成为推动农业生产恢复和发展的主要力量。此外，朱元璋还大力推行民屯、军屯和商屯，使大量的荒闲土地得到了开发。

朱元璋还根据“锄强扶弱”之策，实行轻徭薄赋，减轻百姓负担。他主张“藏富于民”，认为只有“民富”才能“国安”，“民富则亲，民贫则离，民之贫富，国家休戚系焉”（《明太祖实录》卷一七六）；只有“民富”才能“国富”，“民贫则国不能独富，民富则国不至独贫”（《明太祖实录》卷二五三）。即位之后，朱元璋就实行轻徭薄赋的政策，“不尽人之财使人有余财，不尽人之力使人有余力”（《明太祖实录》卷一六四）。明初的赋役法规定，民田一般亩征三升三合五勺，按当时亩产最低一石而论，为三十税一。徭役明初分为均工夫役、杂役和里甲正役三种。均工夫役只施行于江南地区，每田一顷出夫一人，在每年的农闲，赴京服役三十天。其他地区佥派徭役，也按“验田出夫”原则，每顷出一夫，到规定地点服役。杂役的名目极其广泛，按“验苗额之数”点差，同“验田出夫”差不多。里甲正役负责催办税粮，按户计役，逐年轮当。起初只施行于江南地区，将每百户编为一图，推举丁力田粮最多的一户担任里长，另推十户担任甲首，每年由里长带领一户甲首及其管领的九户人丁，负责催办一里的税粮，挨甲轮值，十年轮流当差一次。洪武十四年推向全国，改为“以一百一十户为一图，选其粮多者十户为里长，余百户为甲首。十年轮役，催办钱粮，追摄公事”（章潢：《图书编》卷八〇，《江西差役事宜》）。经过长期的战乱，元代的户口和土地簿籍大都丧失，保存下来的也同实际情况不相符合，豪强地主乘机隐蔽丁口和田产，逃避赋役，把负担转嫁到农民身上，官吏也上下其手，贪污舞弊，额外加重农民的负担。朱元璋下令在全国清查户口、丈量土地，于洪武十四年和二十年编制赋役黄册（户口清册，以黄纸做封面）和鱼鳞图册（土地清册，图画每块田地的方圆，重重叠叠，状若鱼鳞），作为征派赋役的依据。黄册编成后，将人户按了田的多寡划为三等，“除排年里甲依次充当外，其大小杂泛差役，各照所分上、中、下三等人户点差”（万历《大明会典》卷二〇，《户部·赋役》）。这样，除里甲正役外，其他徭役便都合并为杂役，均按丁粮的多寡佥派。这就在一定程度上减少了豪强地主隐瞒丁口田产、逃避赋役的状况，从而减轻农民的负担。

出身贫苦的朱元璋，深知物力之艰难，农民之辛苦，比较体恤民情，注意勤俭节约，惜用民力。凡是不急需的工程都尽量缓建，一般工程也尽可能安排在农闲时进行。他还常根据各地的具体情况，下令减免赋役，遇到灾荒，则施放赈济。这些措施，也在一定程度上减轻了农民的负担。

朱元璋“锄强扶弱”之策的种种措施实行二三十年之后，收到了良好的效果，加上他严惩贪官污吏，打击不法豪强（这也是“锄强扶弱”的重要举措），使社会矛盾得到了很大的缓和。特别是土地关系的调整，垦荒屯田的推行，使许多无地少地的农民获得土地，自耕农数量大增。加上轻徭薄赋的施行，推进农业生产的恢复和发展，使广大农民的生活得到改善，更是有力地缓解了当时主要的社会矛盾即阶级矛盾，使农村的社会秩序渐趋稳定。“山市晴，山鸟鸣，商旅行，农夫耕，老瓦盆中冽酒盈，呼嚣隳突不闻声”（朱彝尊：《明诗综》卷一〇〇，《南丰歌》），呈现一派国泰民安的祥和景象。民间甚至还流传着“道不拾遗”的传说，谓“闻之故老言，洪武纪年之末庚辰（建文二年，1400年）前后，人间道不拾遗。有见遗钞于途，拾起一视，恐污践，更置阶圯高洁地，直不取也”（祝允明：《野记》）。

“不禁贪暴，则民无以遂其生”

在我国封建社会，惩治贪污态度最为坚决、手段最为严厉、效果最为显著的，恐怕要数明太祖朱元璋。

朱元璋登基之后，继承的是元朝腐败的吏治遗产。元朝末年，“仕进者多赂遗权要，邀买名爵。下至州县簿书小吏，非财赂亦莫得进。及至临事，彻蠹政鬻狱，大为民害”（《明太祖实录》卷六九）。当时的官吏，大都不知廉耻为何物，想出各种名目捞钱，下属初次拜见要“拜见钱”，无事白要叫“撒花钱”（礼物），逢年过节要“追节钱”，过生日要“生日钱”，办件事要“常例钱”，往来迎送要“人情钱”，告个状要“公事钱”。就连负责监察、纠劾百官的台宪官，也大都是花钱买的官职，他们上任之后便大肆搜刮，设法捞回本钱，再赚上一大笔。经过元末农民战争的扫荡，这种腐败风气并未完全清除。明朝建立不久，朱元璋就察觉到，“所任之人，不才者众，往往蹈袭胡元之弊”（《御制大诰·胡元制治第三》），“掌钱谷者盗钱谷，掌刑名者出入刑名”（《御制大诰·谕官无作非为第四十三》），“天下诸司，尽皆赃罪”（《御制大诰·朝臣优劣第二十六》）。当时大规模的农民战争刚刚结束，全国呈现一派人口锐减、田畴荒芜、百业凋零、民不聊生的颓败景象。官吏的贪污腐化，不仅加重朝廷的财政负担，同时也使百姓的生活更加艰难，激起人民的强烈不满和反抗。不少平民百姓铤而走险，啸聚山林，形成小股的农民起义。司法部门讯问一些被俘的起义者为何造反时，他们都说是“有司贪墨，守御官军扰害，以故逃窜山林，群聚为盗”（《明太祖实录》卷一九〇）。因此，朱元璋痛下决心严惩官吏的贪贿之风。

登基不久，他就对大臣明确指出：“不禁贪暴，则民无以遂其生。”（《明太祖实录》卷二九）宣布要“严法禁”：“但遇官吏贪污蠹害吾民者，罪之不恕。卿等当体朕言。若守己廉而奉法公，犹人行坦途，从容自适。苟贪贿罹法，犹行荆棘中，寸步不可移；纵得出，体无完肤矣。”（《明太祖实录》卷三〇）他不仅这样说，而且确实也是这样做的。整个洪武年间，他先后采取一系列措施，展开了大规模惩治贪污的斗争。

第一，建立严格的官员考核和监察制度。考核分考满和考察两种。考满主要考核官员的政绩，“称职者升，平常者复职，不称职者降”（《明史》卷七一，《选举志》）。考察侧重于考核官员的素质品行，“贪污者付法司罪之，阘茸者（驽弱者）免为民”（万历《大明会典》卷一三，《朝觐考察》）。凡在考察中受到处分的，不复叙用。

对官吏的监督，主要依靠御史台（后改为都察院）、十三道监察御史及给事中六科等中央监察机构和提刑按察司的地方监察机构。此外，朱元璋有时还派官巡视各地，凡官吏贤否，军民利病，皆得廉问纠举。监察官员的品秩一般都不高，但对他们的要求特别严格。《大明律》规定：“凡风宪官吏受财，及于所按治去处求索、借贷人财物，若买卖多取价利及受馈送之类，各加其余官吏罪二等。”（《大明律》卷二三，《刑律·受赃》）

朱元璋还注意动员百姓对官吏进行监督，特地规定：“凡守令贪酷者，许民赴京陈诉。”（《廿二史札记》卷三三，《重惩贪吏》）还立下一条法令，规定自布政司至府、州、县官吏，若非朝廷号令，私下巧立名色，害民取财或有清廉直干、抚民有方者，许境内耆宿老人、遍处市井士君子等，联名赴京奏状。并规定，凡耆民人等赴京面奏官吏品行政绩的，虽无官府发给的路条，所在关津把隘去处问清缘由后，即应放行；阻挡者，予以斩首。

第二，制定律令，健全法制。朱元璋除下令制定《大明律》及《诸司职掌》等，对文武官员的职权、责任以及他们之间的各种关系作出明确规定，还先后颁布《祖训录》《臣诫录》《御制大诰》四编、《皇明祖训》等敕令文告和申戒公侯铁榜、府州县条例八事、到任须知三十一条等条规章程，对诸王和各级官吏所应遵守的事项加以详细说明，使之有章可循，有法可依。

朱元璋认为："吏治之弊莫甚于贪墨，而庸鄙者次之。"（《明太祖实录》卷一四八）他颁布的一系列法令条规，对官吏的贪污受贿行为，规定了极重的处罚："凡官吏人等犯枉法赃者，不分南北，俱发北方边卫充军"（《明史》卷九三，《刑法志》）；贪污"赃至六十两以上者，枭首示众，仍剥皮实草"（《廿二史札记》卷三三，《重惩贪吏》）；受财枉法者，一贯以下杖七十，每五贯加一等，至八十贯绞，受财不枉法者，一贯以下杖六十，每五贯加一等，至一百二十贯杖一百，流三千里；监守自盗仓库钱粮物，不分首从，并赃论罪，在右小臂上刺"盗官钱（粮、物）"三字，一贯以下杖八十，至四十贯斩首。至于官吏私借官府钱、粮、物，挪移出纳，冒支官粮，多收税粮斛面，隐瞒入官家产等等，也都规定很重的刑罚。就连因公乘坐官畜车船附载私物超过重量的，也要处罚。如乘坐官畜者，除随身衣杖外，私载物不得超过十斤，违者五斤笞十，每十斤加一等，罪止杖七十。此外，刑部还规定："官吏受赃遇赦免，受赃并追纳；其在赦前赃事发惧罪外避及革后发露，依律追究。"（《明太祖实录》卷七六）

第三，随时惩办与集中打击相结合。制定法令、健全法制固然重要，但更重要的还在于认真执行。朱元璋是有令必行的，一旦发现官吏有贪污行为，他立即严加惩处。罪行较轻的，通常在笞、杖之外，还处以谪戍、屯田、工役之刑。如徐州丰县丞姜礼，借口替犯人交纳赃款，挨家挨户敛民宝钞，全部装入自己腰包，被发付修城。洪武九年（1376年），“官吏有罪者，笞以上悉谪屯凤阳，至万数”（《明史》卷一三九，《韩宜可传》），其中绝大多数是犯赃官吏。罪行严重的，则处以墨面文身、挑筋、剁指刖足、阉割为奴、枷项游历、免发广西拿象、全家抄没发配远方为奴、迫令自杀、枭首、凌迟、族诛等各种非刑。户部尚书赵勉夫妻俩贪污，案发后被杀。工部侍郎韩铎上任不到半年，伙同其他官员，先后卖放工匠、克扣工匠伙食钱、盗卖芦柴木炭，私分入己，被杀身处死。凤阳府临淮知县张泰及县丞、主簿、典史与河南府嵩县知县及县丞、主簿、典史等人，接受逃军钱钞，逼令他人代充军役，案发后两县官员全被处死。尚书郎某依仗李善长的权势，“放肆奸贪”，朱元璋下令诛之，籍没其家。

除了平时的随时惩办，朱元璋还对贪官污吏进行几次集中的打击。如洪武四年的录（甄别）天下官吏、八年的空印案、十八年的郭桓案、十九年的逮官吏积年为民害者，声势都很浩大。空印案被杀的各衙门掌印官多达数百人，佐贰官倍之，受杖戍边者又数千人。郭桓案“自六部左右侍郎下皆死，赃七百万，词连直省诸官吏，系死者数万人。核赃所寄借遍天下，民中人之家大抵皆破”（《明史》卷九四，《刑法志》）。

值得注意的是，朱元璋惩治贪污，能不避亲属与勋贵。在封建社会，皇亲国戚和一帮勋臣权贵带头违法犯禁、贪污受贿，往往不受制裁，结果上行下效，法纪荡然。但朱元璋对皇亲国戚和勋臣权贵的违法行为，则不稍宽假，照样处刑。华云龙、朱亮祖都是开国功臣，位列公侯。华云龙私据元丞相脱脱第宅，役使军士大加修缮，奢丽特甚，并“僭用元宫中物”，即被撤职，死于从北平调京之途中。朱亮祖出镇广东，收受贿赂，强行释放被番禺知县道同逮捕的犯法土豪和亲戚，并诬陷道同致死，朱元璋下令召回朱亮祖，连同其子一并鞭死。驸马都尉欧阳伦，洪武末年几次派家奴周保到陕西布政司，令当地衙门派车为之贩运私茶。朱元璋不以至亲曲宥，下令赐欧阳伦死，周保等皆伏诛。

第四，表彰清官循吏，扶正压邪。朱元璋在严惩贪官污吏的同时，大力表彰清官循吏，奖惩结合，不专任法。陶垕仲以国子监生出任监察御史，纠弹不避权贵，劾酷吏刑部尚书开济至死，直声动天下。后擢任福建按察使，诛杀赃吏数十人，兴学劝士，抚恤军民，朱元璋下诏褒异。南雄府同知吉原会同镇抚陈艺审理县民陈、曾二人互讼军役之案，陈艺接受陈的贿赂，欲独坐曾罪，吉原不肯署案，陈艺竟诬陷并绑缚吉原赴京。朱元璋查明原委，认为吉原“执法无私”，提拔他做南雄知府，并赐钞百锭，命礼部赐宴遣还。河南按察司佥事王平与书吏高源按临属县孟津、宜阳，当地官员敛民财以贿，王平械其人并所赂上奏，朱元璋嘉其“得宪臣体”，命赏赐他文绮袭衣及钞百锭，赐书吏钞减半。后来，王平秩满入觐，朱元璋因其“廉介明敏，为政有声”，又擢其为都察院左佥都御史。由于旌表与惩治相辅而行，收到奖廉惩贪的效果，“由是长吏竞劝，一时多循吏之绩焉”（《明史》卷二八一，《循吏传》）。

经过二三十年的斗争，贪风受到抑制，吏治渐趋清明。《明史·循吏传》载：“一时守令畏法，洁己爱民，以当上指，吏治涣然丕变矣。下逮仁、宣，抚循休息，民人安乐，吏治澄清者百余年。”随着吏治的澄清，社会渐趋安定，休养生息政策得到贯彻执行，“流离暂怀归，沉痾渐苏醒”（孙蕡：《孙西庵集》卷四，《送虹县尹陈景明》），社会经济逐渐复苏和繁荣起来了。

抑制和打击豪强势族

朱元璋建立的大明王朝，是代表封建地主阶级的利益的。就帝位后，他不仅推行“凡威取田宅者，归业主”（《宋濂全集》卷六六，《故歧宁卫经历熊府君墓铭》）的政策，帮助逃亡地主恢复遭到农民起义打击的经济势力，而且提拔地主到各级政权机构做官，或者担任基层的里长和粮长，依靠他们来维持自己的专制统治。但是，出身于贫苦农民家庭、经历过元末农民战争的朱元璋，深知“不禁贪暴，则民无以遂其生”（《明太祖实录》卷二九）的道理，又反复告谕各地的富民，要求他们“循分守法”，“毋凌弱，毋吞贫，毋虐小，毋欺老，孝敬父兄，和睦亲族，周给贫乏，逊顺乡里”，与贫者和谐相处，“使富者得以保其富，贫者得以全其生”。他指出，富民只有“循分守法”，才能确保其“居田里，安享富税”（《明太祖实录》卷四九）。不过，一些豪强地主出于贪婪的本性，却把朱元璋的劝告置若罔闻，照样“欺凌小民，武断乡曲”，残暴地压榨农民，甚至“有田而不输租，有丁而不应役”（《明太祖实录》卷一五〇），逃避皇朝的赋税和徭役。为了维护朱家王朝和地主阶级的根本利益，朱元璋采取了各种措施，对豪强势族进行抑制和打击。

洪武年间，朱元璋在支持逃亡地主重返家园、恢复祖业的同时，又实行抑制兼并的政策。他规定，凡在元末农民起义期间，农民依靠战争的暴力剥夺地主的土地和房产，一律退还原主；但“各处人民曩因兵灾抛下田土，已被有力之家开荒成熟者，听为己业。其田主回还，仰有司于附近荒田内，验数拨付耕种”（《皇明诏令》卷一，《大赦天下诏》）。由于经过长期战争，地主死的死，逃的逃，出现大片荒闲的无主田地，明廷除了给无地的农民分配土地，还大力奖励垦荒，鼓励公侯大官和地主尽力耕垦。许多地主却又利用他们雄厚的财力，乘机多犁多占，兼并土地。洪武四年（1371年）当朱元璋得知他的家乡临濠出现这种现象，立即指示中书省臣：“今临濠之田连疆接壤，耕者亦宜验其丁力，计亩给之，使贫者有所资，富者不得兼并。若兼并之徒多占田以为己业，而转令贫者佃种者，罪之。”（《明太祖实录》卷六二）随后他将这种“验其丁力，计亩给之”的办法推向全国，规定逃亡地主返乡后，“若有丁力少而旧田多，不许依然占护，止许尽力耕到顷亩，以为己业。若有去时丁少，归则丁多而旧产少者，许令于附近荒田内，官为验其丁力，拨付耕种。敢有以旧业多余占护者，论罪如律”（《皇明诏令》卷二，《正礼仪风俗诏》）。

由于长期的战争，各地的人口、土地簿籍多已丧失，保存下来的往往也与实际情况不符，这给了地主逃避国家赋役、向农民转嫁负担以可乘之机。洪武三年，朱元璋诏籍全国户口，创设户帖。十四年又下令建立里甲制度，在此基础上编造赋役黄册。黄册“以户为主，详具旧管（原有）、新收（新增）、开除（减少）、实在（现存）之数为四柱式”，“税不可逋”。洪武二十年，又在全国普遍丈量土地，编制鱼鳞图册。鱼鳞册“以土田为主，诸原（平原）、坂（山地）、坟（水涯之地）、衍（下平之地）、下（低下之田）、湿（新垦田地）、沃（肥沃田地）、瘠（贫瘠田地）、沙（沙荒地）、卤（盐碱地）之别毕具”，“业不可隐”（《明史》卷七七，《食货志》）。朱元璋还制定一系列的律令，对隐瞒丁口和土地，逃避赋役的行为作出严厉的惩罚。规定人户以籍为定，若诈冒脱免，避重就轻者，杖八十。凡一户全不附籍、将他人亲属隐蔽在户不报，及相冒合户附籍、隐瞒自己或他人成丁人口不附籍，均严加惩处。还规定："诸人不得于诸王、驸马、功勋大臣及各衙门，妄献田土、山场、窑冶，遗害于民，违者治罪"；"各处奸顽之徒，将田地诡寄他人名下者，许受寄之家首告，就赏为业"；"将自己田地移丘换段、诡寄他人及洒派等项，事发到官，全家抄没"（万历《大明会典》卷一七，《户部·田土》）；典卖田宅必须过割，"不过割者，一亩至五亩，笞四十，每五亩加一等，罪止杖一百，其田入官"（《大明律》卷五，《户律·田宅》）。鉴于当时全国的田赋以浙江、江西和苏、松最多，"恐飞洒为奸"，朱元璋还在洪武二十六年特地规定，浙江、江西和苏、松之人不得担任户部官员，江浙和苏、松之人不得担任户部吏员。

对那些不遵守朝廷法令、损害皇朝利益的豪强势族，朱元璋则进行无情的打击。当时的江南地区，是地主经济最为发达的地区，豪强势族的实力最为横暴，朱元璋对其打击也最为严厉。明初派到江南的官吏有不少酷吏，就是这种政策的坚定执行者。如薛严守镇江，执法极严，"豪强为之屏迹"，不敢恣肆妄为。苏州太守王观，因当地拖欠税粮，就把全府的富豪都叫到府衙，迫令他们拿出家里的储积代为赔纳。朱元璋还借几起大案，牵连诛杀了许多豪强势族。如郭桓案"核赃所寄借遍天下，民中人之家大抵皆破"（《明史》卷九四，《刑法志》）。特别是胡惟庸党案和蓝玉党案，江南的豪强地主受株连的更多，仅吴江一县，罹祸的就"不下数千家"。富土镇的顾学文是元末江南首富沈万三的女婿，因受蓝玉党案的牵连而被灭族，"并尽洗富土之民，而夷其室庐"（同治《苏州府志》卷一四六，《杂记》）。这些豪强势族在政治上遭到打击后，他们的财产往往即被籍没入官，在经济上陷于破产。如归安沈梦麟，其子孙坐事谪戍，田亦入官。吴江莫礼曾任礼部侍郎，洪武末年受到党案的牵连，死于京师，举族被谪戍边地，第宅荡然。

除了诛杀，朱元璋还将许多豪强劣绅迁离故土，徙置他乡。在即位前后，他即开始执行这一政策，将张士诚、方国珍、陈友谅的部将和元朝的孤臣孽子以及依附他们的江南地主迁离故土。张士诚的僚属如余饶臣，杨基、徐贲等五百家，先后被徙置临濠；方国珍的官属刘庸等二百余人徙居濠州；元朝的遗老，如松江谢伯礼、华亭洪允诚、萧山载起云、昆山顾德辉父子等，被徙置濠梁；富民豪族，如苏州郁瑜“家素饶于财”，被迁置临淮，松江朱孟闻“家饶于赀”，被徙置濠梁，松江上海黄瓛“以农起家致富”，被徙居颍上。另外，朱元璋还仿效刘邦徙天下富民实关中的做法，迁徙各地的富户以实中都和京师。早在吴元年（1367年）十月，他就下令“徙苏州富民实濠州”（《明太祖实录》卷二六）。洪武二十四年七月又对工部大臣说：“昔汉高祖徙天下富豪于关中，朕初不取。今思之，京师天下根本，乃知事有当然，不得不尔。朕今欲令富民入居京师，卿其令有司验丁产殷富者，分遣其来。”（《明太祖实录》卷二一〇）工部按照这个指示，迁各地富民五千三百户于南京。为了防止徙置中都和南京的富民逃回原籍，明廷特地规定“富民私归者有重罪”（顾公燮：《消夏闲记摘抄》上）。朱元璋迁置富民，既是为了借助富民的力量来发展京师经济，“以壮京畿”，同时也是为了抑制地方豪强势力的过分膨胀，横行乡里，欺压百姓。

方孝孺谈及明初对豪强地主的打击说：“太祖高皇帝以神武雄断治海内，疾兼并之俗，在位三十年间，大家富民多以逾制失道亡其宗。”（《逊志斋集》卷二二，《参议郑公墓表》）。吴宽也说三吴地区在洪武之世，“豪民巨族，铲削殆尽”（《匏翁家藏集》卷五八，《莫处士传》）。在中国古代，封建帝王采取如此严厉的手段来抑制和打击豪强势族，这是十分罕见的。正是由于这些最腐朽的豪强势力遭到沉重的打击和有力的抑制，明初的土地比较分散，劳动者最基本的生产条件能够得到起码的保障，从而在一定程度上促进了生产力的发展，增加了国家的赋役收入。就这一点来说，朱元璋确是一位比较有远见的封建帝王。

对人才的网罗使用与摧残扼杀

一

明朝建立之前，朱元璋就非常重视网罗人才。明朝建立之后，他进一步提出："致治之道，在于任贤。"（《明太祖实录》卷六〇）他认为，"世乱则用武，世治宜用文"（黄溥：《闲中古今录摘抄》），"躬擐甲胄，决胜负于两阵之间，此武夫之事，非儒士所能。至若承流宣化，绥辑一方之众，此儒者之事，非武夫所能也"（《明太祖实录》卷三一）。因此，"世有贤才"是"国之宝也"（《明太祖实录》卷八一）。

登基就位后，朱元璋就大力推行荐举制，多方网罗人才。洪武元年（1368年）的《大赦天下诏》宣布："怀才抱德之士，久因兵乱，潜避岩穴。所在官司，用心询访，具实申奏，以凭礼聘，共图治效"；"各地起到贤良官吏，仰中书省、台、宪量才录用，老病残疾者，听从其便"（《皇明诏令》卷一）。旋又下诏求贤，并不时派官往各地访求贤才。洪武六年二月，甚至下令暂停科举，专行荐举人才。十八年八月虽恢复科举，但荐举之法仍并行不废。特别是十三年和十八年相继发生胡惟庸案和郭桓案，累计诛杀了六七万人，官员严重缺额，荐举人才的活动更加频繁，往往前诏刚下，后诏又来，而且已被荐举者又令转荐，形成一股规模空前的人才荐举的热潮。

在开展大规模的人才荐举的同时，朱元璋还制定了一系列相关的政策措施。

以礼敦遣。洪武元年，徐达下山东，明廷命所在州郡访取贤才及曾经仕元的闲居者，当地官吏严加催逼，只要是读书人，不管本人愿意与否，都强迫他们赴京应聘，弄得人心惶惶，特别是那些曾在元朝做过官的儒士更是疑惧不安。朱元璋闻讯，即令中书省往山东张贴榜文，宣布“所征人材，有不愿行者，有司不得驱迫，听其自便”（《明太祖实录》卷三一）。后来，他吸取这个教训，一再强调征召人才，一定要以礼相待。洪武十三年特命吏部再谕天下：“有司尽心询访，必求真材，以礼敦遣。”（《明太祖宝训》卷五，《求贤》）

严于简择。荐举之法大规模推行之后，各类人才通过各种渠道涌入京师，不免鱼龙混杂，泥沙俱下，出现“所荐者多非其人”、“至者往往名实不副”的现象。为此，洪武十五年明廷特地规定，所有被荐举者到达京城后，一律进行考试。考试由朝廷选拔有才识的文武大臣主持，分为“经行明修”“工习文词”“通晓四书”“人品俊秀”“言有条理”“晓达治道”六科，“六科备考者为上，三科以上为中，三科以下为下，六科俱无为不堪”，根据成绩量才授职。同时规定，“京官于秀才内各举所知，举中者量加升擢，不当者罚及举主”（《明太祖实录》卷一四七）。

惟才是与。朱元璋主张用人应该“惟才是与”。为此，他首先强调要破除唯资格论，说：“资格为常流设耳，有才能者当不次用之。”（《明史》卷一三八，《杨思义传附费震传》）。洪武十一年，朱元璋就将李焕文由西安知府、费震由宝钞提举擢升为户部侍郎，另有九十五名低级官吏提拔做郎中、知府、知州等官，费震随后又擢升为户部尚书。其次，朱元璋还反对任人唯亲。说：“国家用人，惟才是与，使苟贤无间于疏远，使不肖何恤于亲昵”（《明太祖实录》卷四八）。主张用人应不分南北，不问亲疏，只要有真才实学，都应该加以重用。根据这个原则，朱元璋起用了大批投降过来的故元官吏和陈友谅、张士诚、方国珍、陈友定等人的部属，元朝教官阮畯归附后，还累升至吏部尚书。

德行第一。朱元璋强调，荐举和任用人才要坚持德行第一的标准，“以德行为本，而文艺次之”（《明史》卷七一，《选举志》）。把是否忠于朱家王朝并具有优异道德品行，作为用人的首要的条件。他将人才分为几种：“材德俱优者，上也；材不及德者，其次也；材有余而德不足，又其次也；苟两者俱无，此不足论矣。若逐势变移，好作威福，言是而行非，此小人，不可用也。”（《明太祖实录》卷二五六）主张选拔人才首先要选用那些才德俱优的人，特别是像六部这种“总领天下之务”的重要部门，一定要选用“学问博洽、才德兼美之士”来掌管（《明太祖实录》卷四九）。其次才是那些才德有缺陷的人，先用德优于才的人，再用才有余而德不足的人，才德俱无的人不能任用。至于那种见风使舵、言是行非、飞扬跋扈、作威作福的小人，则坚决不用。

因才授职。朱元璋认为，“人之才智或有长于彼而短于此者，若因其短而并弃其长，则天下之才难矣”（《明太祖实录》卷一〇一），强调用人要“因材而授职”（《明太祖宝训》卷三，《任官》）。他多次宣布：“今令天下求才，其长于一艺者，皆在选列”；“凡军民怀一才一艺者，得以自效”；“在野贤才君子，果能练达治体、敷陈王道，许其赴京面奏”（《明太祖实录》卷一〇一、二五二、一四七）。有一年，四明人王桓和两位儒士应召入京。朱元璋问他们在家从事什么职业。一位儒士说在家务农，朱元璋问他禾、麦各有几节，为什么会有不同？他回答说：禾种于春，至秋收获，经历三个季节，因而有三节；麦子要经历四个季节才能收获，故有四节。朱元璋认为此人“能知稼穑之艰难”，即擢任知州。另一位儒士说在家行医，朱元璋问他是否知道苦蜜和甜胆？他回答说：蜜蜂采集黄连花粉，酿出的蜜是苦的；猿猴吃的野果多，胆汁是甜的。朱元璋认为此人“能格物”，擢任太医院使。王桓说在家教儿童读书，朱元璋问他喜好和厌恶什么样的人？他回答说：人之善者好之，不善者恶之。朱元璋认为他“能明理”，擢为国子学助教（朱国桢：《涌幢小品》卷八，《召问命官》）。宁夏人唐肃代父至贵州卫充任戍卒，入京自陈才艺。吏部根据朝廷曾有“凡选举毋录吏卒之徒”（《明太祖实录》卷二〇三）的规定，认为唐肃是个正军，不能擢用。朱元璋说自己下过“凡军民怀一才一艺者，得以自效”的诏令，“令既下而背之，是不信也；人有才而不用，是弃贤也”（《明太祖实录》卷二五二），下令提拔他做给事中。

宥过而用。朱元璋认为，人无完人，谁都难免会有过失，“苟因一事之失而弃一人，则天下无全人矣”（《明太祖实录》卷二二三）。一再告诫吏部大臣：“为国以任人为本，作奸者不以小才而贷之，果贤者不以小疵而弃之。奸者必惩，庶不废法；宥过而用，则无弃人。”（《明太祖实录》卷一八八）他屡次下令，起用犯过错误而被罢官的人。仅洪武七年十一月，一次就起用在凤阳屯田的犯罪官吏一百四十九人，“各授职有差”。太常寺卿吕本，因罪罚至功臣庙服役，不久被赦，任为北平按察司佥事，洪武十年又擢为礼部尚书。

由于政策措施比较得当，大量有用之才被荐举上来。被荐举的人数，一次少则数人、数十人，多则达到成百上千人。如洪武十五年九月，吏部就征召了各地推荐的经行明修之士三千七百余人至京。洪武二十三年，总计全年选天下耆民才智可用者一千九百余人。“以故山林岩穴、草茅穷居，无不获自达于上，由布衣而登大僚者不可胜数。”据《明太祖实录》的记载统计，洪武年间由荐举直接授官的，多达二千八百余人。其中，有尚书三人，侍郎五人，四辅官六人，大学士四人，通政使二人，副都御史二人，佥都御史四人，东宫官九人，谏院官四人，布政使二十人，参政十五人，参议二十八人，佥事五百三十四人，监察御史五十六人。至于被荐举初授较低而后渐次升任显职的，数量就更多了。其中，最后官至尚书的就达六十四人之多。（《明史》卷七一，《选举志》）《明史》说："明始建国，首以人材为务，征辟四方，宿儒群集阙下，随其所长而用之。自议礼定制外，或参列法从，或预直承明，而成均胄子之任尤多称职，彬彬乎得人焉。"（《明史》卷一三七，《刘三吾传》赞）所有这些，对于明初澄清吏治、稳定社会秩序、巩固封建统治、恢复和发展社会生产，无疑起了重要的作用。

二

朱元璋对人才的网罗和使用，尽管取得了显著的效果，但也存在很大的局限性。朱元璋强调用人以德行为第一的标准，这似乎与历代历朝的用人标准一样，但朱元璋极力强化封建专制统治，一心想让他的子孙能长坐江山，他的德首先指的是忠于朱家王朝的德，有利于巩固朱家王朝的专制统治，便成为他用人政策的出发点和归宿地。因此，随着封建专制统治的不断强化，一方面是一批有益于此的人受到提拔和重用，另一面则是一批有碍于此的人受到摧残和扼杀，所谓"惟才是与"的用人政策也因此大打折扣。

第一，随着封建专制的高度发展，全国文武官员的任用大权集中到皇帝一人手里，官员的晋升和黜陟完全取决于朱元璋的好恶，并不真正取决于自己的德才。任何人只有绝对忠于朱元璋，并为巩固朱家王朝的专制统治效力，才能得到提拔和任用，否则便不得进用，甚至会招来杀身之祸。如广信府贵溪县夏伯启叔侄两人，认为朱元璋曾为"红寇"（指红巾军），"知朕代元为君，意有不然"，各"截去左手大指"，拒绝为新朝效力，即被拿赴京师，下令处死。（《御制大诰三编·秀才剁指第十》）儒士高炳以通经被荐，任为工部员外郎，后又擢任太常少卿。不久因罪罢官还乡，过了五年又以通经被荐，被任命为江宁知县。未几又因“非公而事觉，罪犯徒年”，遂“妄心谤言，以唐律作流言以示人，获罪而身亡家破”（《御制大诰三编·作诗诽谤第十一》）。苏州人才姚叔闰、王谔，被人荐举于朝，但“二生以禄为薄，以酷取民财为厚”，交结本府官吏张亨等，拒绝赴京应聘。“事觉枭令，籍没其家”。朱元璋为此特地宣布：“‘率土之滨，莫非王臣’，成说其来远矣。寰中士大夫不为君用，是外其教者，诛其身而没其家，不为之过。”（《御制大诰三编·苏州人才第十三》）

第二，在强化封建专制统治的过程中，朱元璋迭兴大狱，又使不少有用之才遭到牵连诛杀。如“一变元风、首开大雅”的诗人高启，洪武二年被召与修《元史》，复受命教授诸王。翌年秋，受朱元璋召见，擢为户部右侍郎，他力辞还乡，教书自给。因“尝赋诗，有所讽刺，帝嗛之未发”，后来朱元璋便借他为苏州知府魏观作《郡治上梁文》一事，将其“腰斩于市”（《明史》卷二八五，《文苑传》）。同高启一起修撰《元史》的其他文人，如王彝、陶凯、高逊志、傅恕、张孟兼、张宣等，后来也皆获罪被杀或遭遣谪，就连曾当过朱元璋顾问、担任《元史》总裁官的翰林学士宋濂，退休后也因其长孙宋慎事涉胡惟庸党案，洪武十三年十一月举家连坐被刑。长孙宋慎及宋璲被处死，宋濂缘皇太子与皇后力救，被贬谪茂州，走到夔州忧愤成疾，不出二十日绝食而死（孙锵：《宋文宪公年谱》）。与高启并称为“吴下四杰”的著名诗人杨基、张羽、徐贲也都命运坎坷，未得令终。此外，“淹贯经史百家言”的文人王行、“词采灿然”的诗人孙蕡、“工画山水、兼善人物”的画家王蒙，都被牵连到蓝玉党案、胡惟庸党案而死。“精通六籍及释、老书”的文人赵介，无意仕进，屡次被荐，皆力辞不就，后亦“坐累逮赴京，卒于南京舟次”（《明史》卷二八五，《文苑传》）。供事内府的宫廷画家赵原，奉命画昔贤像，“应对失旨，坐法”；盛著奉命画天界寺影壁，“以水母乘龙背，不称旨，弃市”（徐沁：《明画录》卷二）。类似事例，不胜枚举。洪武十九年，方孝孺在致友人的信中，曾悲愤地写道：“近时海内知名之士，非贫困即死，不死即病。”（《逊志斋集》卷一〇，《与郑叔度》）

第三，朱元璋推行文化专制，士子只能尊孔读经，钻研八股，不得妄议军国重事，思想受到严重的束缚。他们“一旦逢年，名利婴请，入则求田问舍，出则养交持禄，其于经济一途蔑如也”（《明经世文编》许誉卿序）。加之专制统治的严酷，“为士者以混迹无闻为祸，以受玷不录为幸，以屯田工役为必获之罪，以鞭笞捶楚为寻常之辱”（《明经世文编》卷八，叶居升：《万言书》）。因此，为避免罹罪惹祸，士子们便大多闭眼不看现实，闭口不议朝政，结果刚正之气日消，柔媚之风日长，贤明之士日少，庸鄙之士日多。所有这些，无不严重地阻碍着人才的成长。朱元璋不时哀叹：“朕自即位以来，虽求贤之诏屡下，而得贤之效未臻！”“朕临御三十年矣，求贤之心夙夜孜孜，而鲜有能副朕望。任风宪者无激扬之风，为民牧者无抚字之实。”（《明太祖实录》卷一三一、二二九）但这又怪得了谁呢！

一方面努力网罗和重用人才，另一方面又无情地摧残和扼杀人才，这就是洪武年间朱元璋用人政策的两个方面。这两个方面是既互相矛盾而又彼此统一的，统一在维护与巩固朱家王朝专制统治这一点上。为了强化朱家王朝的专制统治，朱元璋需要网罗大批人才为其所用，同时也就必然要毫不留情地摧残和扼杀有碍于此的大批人才。这不是朱元璋个人言而无信、出尔反尔的品质问题，而是封建社会晚期君主专制统治必然产生的社会问题。

大打折扣的谏诤

一

在一些人的眼里，朱元璋是个凶狠残暴的专制君主，容不得不同意见，臣民对他的所作所为只能噤若寒蝉，根本不存在谏诤之事。其实，朱元璋还是重视并鼓励谏诤的。洪武十二年（1379年）十一月，他在奉天殿视朝完毕，就对身旁的翰林待制吴沉说："人主治天下，进贤、纳谏二者，真切要事也。"（《明太祖实录》卷一二七）认为纳谏与进贤，是关系到治国成败的两个重要因素。

早在龙凤二年（1350年），朱元璋任命俞中、郭士信、栾秉德为参谋，即问他们："魏征可复见乎？"俞中答道："若有唐太宗，魏征见矣。"朱元璋连连点头称"善"（《明兴野记》卷上）。龙凤十二年，他对左右群臣强调；"治国之道，必先通言路。"（《明太祖实录》卷一五）要求群臣如有建言，务必向他详细陈述。登基就位后，朱元璋进一步总结历代王朝兴亡的教训，看到商汤以改过不吝而为三代盛王，唐太宗屈己从谏而致贞观之治，商纣王饰非拒谏而亡，唐玄宗为奸臣所蔽酿成安史之乱，从中悟出"兴亡之道在从谏咈谏"的道理，一再诏求直言，要求大臣访察民间利病，何事当兴，何事当革，"具为朕言"（《明太祖实录》卷九二），就是专事纠察的宪台官，见到朝廷政事有何缺失，也“皆得言之”（《明太祖实录》卷六三）。

但是，尽管求言之诏屡下，却应者寥寥。洪武九年，朱元璋曾无限感慨地对侍臣说：“朕乐闻嘉谟，屡敕廷臣直言无讳，至今少有启沃朕心者！”侍臣搪塞说：“陛下聪明天纵，孜孜为治，事无缺失，群臣非不欲言，但无可言者。”（《明太祖实录》卷一〇六）为了打破这种沉闷的局面，朱元璋反复向群臣说明谏诤的意义，指出昏庸之主，吝一己之非，拒天下之善；全躯保禄之臣，或缄默不言，或畏威莫谏，塞其聪明，昧于治理，最后必将导致国家社稷的倾覆。他再三鼓励群臣直言进谏，说：“若君有过而臣不言，是臣负君；臣能直言而君不纳，是君负臣。”（《明太祖实录》卷三〇）“臣不谏君，是不能尽臣职；君不受谏，是不能尽君道。臣有不幸，言不见听而反受其责，是虽得罪于昏君，然有功于社稷人民也。”（《明太祖实录》卷二九）

为了鼓励与推动臣民的谏诤，朱元璋特地采取了许多措施。一是规定臣民皆许直言政事得失。朱元璋宣布：“凡军民利病、政事得失，条陈以进。下至编民卒伍，苟有所见，皆得尽言无讳。”（《明太祖实录》卷一七一）《祖训录·皇明祖训》更规定：“今后大小官员并百工技艺之人，应有可言之事，许直至御前奏闻。其言当理，即付所司施行，诸衙门毋得阻滞，违者即同奸论。”二是为言事者保密。洪武十年，朱元璋专门发布一道命令：“天下臣民，凡言事者，实封直达御前。”（《明太祖实录》卷一一三），并成立一个“掌内外章疏敷奏封驳之事”的机构通政司，负责递送臣民密封的奏章，以防泄密。据载，“洪武、永乐年间，实封皆自御前开拆，故奸臣有事即露，无幸免者”（陆容：《菽园杂记》卷九）。三是言而有实则奖，言而无实不罪。朱元璋宣布：“臣民凡有谏诤，有善者则奖而行之，言之非实亦不之罪，惟谗佞而谀者，决不可容也。”（《明太祖实录》卷一六一）洪武年间，特别是洪武早期和晚期，不少臣民响应朱元璋的号召上书言事，可行的他即付之施行，有的官吏还因此受到奖赏或提拔。如谏院右司谏石时中、判禄司左司副夏守中“公直敢言”，朱元璋赐给他们每人钞十锭。工部奏差张致中上言三事，朱元璋从之，擢为宛平知县。江西南丰典史冯坚上言九事，朱元璋读了奏章，认为除调易边将一事不妥外，其余八事都付之施行，命擢为左佥都御史。秦州儒学训导门克新，秩满入觐。朱元璋向入觐的学官询问经史及民间政事得失，其他官员应对皆不称旨，只有门克新敢于指陈时弊，“直言无隐”，被擢为左春坊左赞善，后又升为礼部尚书。

二

在朱元璋的倡导和一系列措施的推动下，有不少臣民上书言事，指陈时弊，倡议革新，为朱元璋所采纳。如洪武三年，靖海侯吴祯奉命前往浙东收集方国珍台、温、明三郡旧部，以抵御倭寇。三郡的一些无赖恶少，随意诬指平民、富家为方国珍旧部，搞得人心惶惶。宁海知县王士弘向朝廷上了一个实封奏章反映情况，朱元璋阅后“即日诏罢之”，使三郡的人心迅速稳定下来。洪武十三年，太原、大同二府上奏，反映官府自宋金以来向当地煮碱为盐的民户征收盐课，洪武五年朝廷因二郡地瘠民贫，下令免征。现今户部又打算恢复盐课，恐民力不堪。朱元璋“是其言”，命户部悉蠲免之。洪武十八年，国子祭酒宋讷献守边策，建议效法汉代赵充国屯田戍边之法，择将于北部边疆实行屯田，训练士卒，督令耕作，防敌入犯，朱元璋“嘉纳之”，将前已施行的军屯更大规模地推广于沿边各地。洪武二十四年，嘉兴府通判庞安破获一个贩卖私盐的案件，将私盐贩子解送京师，并根据《大明律》“应捕人给赏”的规定，把缴获的私盐赏给捉到罪犯的人。但户部认为庞安的处理违反根据皇帝敕令所形成的“例”，下令把赏给捉拿罪犯者的私盐没收入官，并责取罪状。庞安不服，给皇帝上书，说律是万世之常法，例为陛下一时之旨意，以一时之例破坏万世之法，是失信于天下。朱元璋“诏论如律”，否定户部意见，维持原判。洪武二十九年，苏州崇明县宝庆观道童孙守常上书，反映当地十年前改建城池，侵用官民田地，但却照旧征收被占田地的租税，要求尽行免除，朱元璋下诏悉蠲免之。类似事例，多不胜举。

值得注意的是，当时还有不少耿直之士，记取朱元璋“臣不谏君，是不能尽臣职”，“言不见听而反受其责，是虽得罪于昏君，然有功于社稷人民”的谕旨，敢于对朱元璋犯颜直谏，甚至不惜为此献出自己的性命。有一次，监察御史欧阳韶侍班，碰上朱元璋大发脾气要杀人，他快步走上殿廷，下跪劝阻，高呼：“陛下不可！”朱元璋果然“从之”。有一次，监察御史周观政监守奉天门，“以防邪僻”。宦官领着一班女乐要进宫，他即予阻挡，宦官说是奉皇上之命而来，他还是不让进。宦官非常恼火，大步冲入宫门，过一会又走出宫门，对周观政说：“御史且休，女乐已罢不用。”他仍气鼓鼓地说：“必奉面诏！”这话传进宫里，朱元璋竟然走出宫门，对周观政说：“宫中音乐废缺，欲使内家肄习矣。朕已悔之，御史言是也！”（《明史》卷一三九，《韩宜可传附周观政传》）洪武中期，青文胜出任龙阳（今湖南汉寿）典史。当地连年遭受洞庭湖水泛滥的灾害，每年却要承担三万七千石的租赋，百姓交纳不起，累计欠赋达数十万石，官府严加催逼，“毙于敲朴者相踵”。他两次诣阙上书，请求朝廷蠲恤，皆未获准。青文胜决计以死相谏，又起草了一封谏书，掖在袖子里，诣阙敲响登闻鼓，然后在鼓下自杀。朱元璋闻讯大惊，终于“诏宽龙阳租二万四千余石，定以为额”（查继佐：《罪惟录》列传卷一三上，《青文胜》）。

有的官员因进谏忤旨获罪，但被重新起用后仍直言谏诤。韩宜可在洪武初年被荐举为山阴（今浙江绍兴）教谕，后累官至监察御史。当时，丞相胡惟庸、御史大夫陈宁、中丞涂节深得朱元璋宠信。他认为这三个人都是佞臣，不宜重用，竟当着三人的面交给朱元璋一份弹劾他们的奏章，结果以“排陷大臣”的罪名被关进大牢。不久获释，出任陕西按察司佥事。他听说有万余名受到笞刑以上处分的官吏，被贬谪凤阳屯田，又上书谏诤，说刑罚是为了“禁淫慝，一民轨”，应该分别情节轻重、因公还是因私加以甄别，“以协众心”。这次，朱元璋“可之”，采纳了他的谏言。后来，韩宜可入京朝觐，碰上朝廷把一批籍没入官的罪犯家眷赐给诸司官员，他拒不接受，并上书极论：“罪人不孥，古之制也。有事随坐，法之滥也。况男女，人之大伦，婚姻逾时，尚伤和气，合门连坐，岂圣朝所宜！”（《明太祖实录》卷一三九，《韩宜可传》）朱元璋又“是其言”，接受了他的意见。

臣民的谏诤，多少减少或缩小朱元璋一些决策的失误，匡正了某些时弊。更重要的是，一些耿介之士，还把谏诤看作是自己应尽的职责，是忠于社稷、忠于君主的义举，即使以言触祸，也视为分内之事。他们这种不怕坐牢、不怕杀头、敢于直言谏诤的精神，还对后人产生了深远的影响。在朱元璋之后，每当昏庸之君在位，常常有人冒着杀身之祸犯颜直谏，要求革新朝政，改弦易辙。而且往往是这个人刚刚受刑或被杀，另一个人又站出来继续谏诤。近代明清史大家孟森，对此曾发出这样的感慨：“明一代虽有极黯之君，忠臣义士极惨之祸，而效忠者无世无之，气节高于清世远甚。”（《明清讲义》上册，中华书局1981年版，第75页）清代即使是被某些人热衷吹捧的“康雍乾盛世”，也是万马齐喑，根本不允许也没有人敢于犯颜直谏，哪有因此而身被极惨之祸的忠臣义士呢？

三

不过，朱元璋尽管重视并提倡谏诤，亟盼魏征的再现，但洪武年间的谏诤之风比起唐代的贞观年间却差得甚远，魏征之类的诤臣也未能再现，这是朱元璋强化封建专制统治的一个必然结果。

朱元璋为了使自己能“躬览庶政”，实现专制统治，对国家机构实行一系列改革，集军、政、司法大权于一身。他对监察制度的改革，也是以扩张皇权为指归的。中国古代的监察制度，原本具有监上与控下两种职能。唐代的监察机构分为三个系统，御史为监察官，主掌风宪，行纠弹官邪之责；谏官为言事官，主掌规谏讽喻，司谏正君失之任；给事中为封驳官，主掌封还皇帝失宜的诏令和驳正百官有违误的奏章。三个系统组成一个严密的监察网，上至最高君主，下至百官臣僚，都在监控范围之内。到宋代，随着君主专制的加强，台谏的职权趋于合一，御史台与谏院合称“台谏”，但其监控的对象仍包括君主在内，给事中也是如此。明朝建立之前，朱元璋在至正二十七年（吴元年，1367年）设立御史台，基本上继承宋代的“台谏”合一体制。洪武十三年罢除御史台，因臣僚久无谏诤，又置谏院宫，不久复废。洪武十五年设立都察院，又设谏院，旋又废除，重新恢复“台谏”合一体制，由监察御史一身兼掌言事与察事两权。由于职权混一，没有专职的谏官，实际上是导致台权吞并谏权，使都察院变成只控下而不监上的机构。所以在洪武年间，尚有韩宜可、周观政等监察御史直言谏诤，后来便很少有御史谏诤的事了。朱元璋还设置六科给事中，但规定其职权是专门封驳六部的章奏，剥夺了其封驳皇帝诏令之权。经过这番改革，明代的监察机构就完全变成皇帝钳制、监控臣僚的工具，谏诤之风也就大大削弱了。

不仅如此，朱元璋对臣民谏言是否采纳，是以是否有利于强化封建专制统治作为取舍的标准的。他认为有益于此的，就加以采纳，并给予奖赏，不利于此的则拒绝采纳，甚至严厉打击。他说臣民的谏诤，“有善者则奖而行之”，“惟谗佞而谀者，决不可容也”，所谓“善者”与“谗佞者”就是以是否有利于封建专制的强化来划线的。具体事例，多不胜举。

洪武九年，朱元璋因星变诏求群臣言事。山西平遥训导叶伯巨上万言书，批评朱元璋“分封太侈”、“用刑太繁”、“求治太速”。分封制度是与封建专制中央集权制度背道而驰的，但朱元璋却偏偏认为分封诸子为王可以起到“藩屏王室”的作用。他看到万言书中说分封诸子为王会形成“尾大不掉”之势，导致严重的后果——“臣恐数世之后，尾大不掉，然后削其地而夺之权，则起其怨，如汉之七国、晋之诸王；否则恃险争衡，否则拥众入朝，甚则缘间而起，防之无及也”（《明经世文编》卷八，叶居升：《万言书》），认为叶伯巨挑拨他和子孙的骨肉关系，便大发脾气，厉声喝令左右：“速逮来，吾手射之！”叶伯巨被捕后，中书丞相乘朱元璋高兴的时候，奏请将他关进刑部大狱，后来死于狱中。

洪武十五年，朱元璋应僧人金碧峰之请，设置僧、道录司的机构，任命僧侣、道士充任官职。大理寺卿李仕鲁认为这是弃圣学而骛外道，上书劝朱元璋崇儒辟佛。连续上书三十次，朱元璋均未采纳。他痛哭流涕地对朱元璋说：“臣言不入，何以臣为？愿还陛下笏，放归田里！”也遭到拒绝。他一气之下，把手中的朝笏扔到地上。朱元璋下不了台，当场即令武士把他摔死在台阶之下。礼科给事中陈汶辉也对设置僧、道录司提出谏诤，朱元璋“目以为迂”，也不采纳。后来，陈汶辉改任大理寺丞、大理寺少卿，又多次为几起冤案申辩，并为李善长之狱喊冤。此后，有个内戚犯法，山东布政司副布政使张甲未报请皇帝审批就诛杀之。朱元璋大怒，下旨命陈汶辉处决张甲。陈汶辉认为处分过重，封还御旨，拒不执行。朱元璋一时性起，派御前指挥逮捕陈汶辉，押赴刑部问罪。行至金水桥边，陈汶辉投水自杀。

此外，朱元璋在强化封建专制的过程中滥用严刑酷法，迭兴大狱，也极大地挫伤了臣僚谏诤的积极性。在严刑酷法之前，臣僚朝不保夕，人心惶惶。人们为免触犯禁忌，罹罪惹祸，便大都闭眼不看现实，闭口不议朝政。许多官吏更是不求有功，但求无过，不关心民间疾苦和朝政得失。这样，全躯保禄之臣日多，切中时弊的谏诤也就日少。朱元璋召见群臣，征询民事得失，他们往往沉默不语，或支吾了事。有一次，他召见各地儒学训导，询以民间疾苦，一个答说："臣为学正，以教导为业，民事无闻。"另一个答以："臣守职常在学，未尝出外，于民事无所知。"朱元璋气得大骂："诈也！"（《明太祖实录》卷二一九）下令把他们流放到极边之地。朱元璋也因此常常埋怨臣僚的庸鄙，哀叹道："海内贤哲之士"，"虽求之日切，而至者恒寡"，"求贤之意未称"。（《明太祖实录》卷一三二）但这又怪得谁呢？只能怪朱元璋自己。

总之，朱元璋封建专制的强化，使他对谏诤的倡导和谏言的采纳大打折扣。他在位期间的一些决策失误，也就因此未能及时得到纠正，为后世留下了不少遗患。封建专制主义的危害，在此已暴露无遗。

明中都的营建与废弃

许多人知道明朝有南、北两京，却不一定知道明初朱元璋曾在他家乡凤阳营建一个中都。

洪武元年（1368年）正月，朱元璋在应天（今江苏南京）称帝后，就面临着在哪里建都的问题。都城的选择，一般都把政治、军事、经济和地理条件等各种因素综合起来加以考虑。应天是他发展壮大的基地，此地龙蟠虎踞，形势险要，而且地处经济发达的江南地区，经济条件十分优越。但它的地理位置偏于东南，距离对元朝作战的北方前线太远，不便朝廷部署军事和指挥、调动部队，是个很大的缺陷。加上历史上在此建都的东吴、东晋和南朝的宋、齐、梁、陈六朝，又都是短命王朝，朱元璋认为很不吉利。所以他迟迟未能拿定主意，是否就在这里定都。

不久，徐达率领北伐大军攻占山东、河南，大臣都说“君天下者宜居中土”，汴梁是宋朝故都，劝朱元璋在那里定都。朱元璋随后亲到汴梁，改汴梁路为开封府，并与徐达商讨部署下一步的作战计划，顺便对这个城市作一番考察。考察结果，他觉得开封地处中原，“四方朝贡，道里均适”，决定在此建都，但又感到这个城市无险可守，是个“四面受敌之地”（《明太祖实录》卷三四），决定把应天也定作都城，实行古已有之的两京制度。八月，下诏以应天为南京，开封为北京。

就在诏书颁布的第二天，北伐军攻占大都。到第二年八月，明军又次第攻克山西、陕西等地，将北方地区纳入版图。随着形势的变化，建都的地点是否要进行调整呢？朱元璋召集臣僚进行讨论。多数大臣鉴于北方元朝的残余势力尚未消灭，仍主张在中原建都，并提出定都长安、洛阳、开封和北平（今北京）等几种方案。朱元璋听完各种意见后说："所言皆善，惟时不同耳。"（《明太祖实录》卷四五）认为大臣们的话虽然都有道理，但却不适应当前形势。长安、洛阳、开封虽系周、秦、汉、魏、唐、宋诸朝的故都，但明朝刚刚建国，民力未苏，如果在那些地方建都，供给力役都要依赖江南，势必加重江南人民的负担；北平虽有元朝的宫室可以利用，但如定为都城，仍需进行一番改造修建，还是要耗费不少人力、物力。因此，他另外提出一个在南京和他家乡凤阳建都的方案，说南京"长江天堑，龙蟠虎踞，江南形势之地，真足以立国"，可作为都城，但它"去中原颇远，控制（北方）良难"，而离中原稍近的凤阳"前江后淮，以险可恃，以水可漕"，以之作为中都，可以补救定都南京之不足（《明太祖实录》卷四五、八〇）。朱元璋征求臣僚的意见，李善长等一大批龙飞淮甸的淮西勋贵自然都表示赞同。洪武二年九月，朱元璋正式下诏在凤阳营建中都。

明中都皇城午门遗址

朱元璋的这道诏令只提到定都南京和中都，没有提到开封，但也没有取消开封作为北京的地位，这就形成了中国历史上罕见的三个都城并立的局势。不过，他最看重的还是中都。礼部尚书陶凯向他请示，询问：三个都城有三个城隍神主，将来合祀，以哪个神主为首？他回答说，现在以我所在都城即南京神主为首，“若他日迁中都，则先中都之主”（《明太祖实录》卷七九）。事实上，他是准备在中都建成后，把都城迁去，在家乡长久居住的。正如他后来在《龙兴寺碑》里所说的：“洪武初，欲以（凤凰）山前（指凤阳）为京师，定鼎四方。”（《凤阳新书》卷八）其实，凤阳并不具备建都的经济、地理条件。在起义初期，当郭子兴准备在滁州称王时，朱元璋曾出面劝阻：“滁，山城也，舟楫不通，商贾不集，无形胜可据，不足居也！”（《明太祖实录》卷一）凤阳也不比滁州好到哪儿去，这里地处丘陵地带，形势曼衍，无险可据，加上土地贫瘠，商贾不集，也不是理想的定都之地。朱元璋所以要在家乡建都，实出于根深蒂固的小农意识。贫苦农民出身的朱元璋，同所有古代社会的农民一样，具有强烈的安土重迁和乡土、宗族观念。在击灭张士诚之前，濠州一度为张士诚的部将所占，他曾发出“我有国无家可乎”的慨叹（《明史》卷一三〇，《韩政传》）。起义期间，他主要依靠同自己有乡里、宗族关系的淮西将臣打天下。明朝建立后，他不仅给予淮西将臣大量封赏，使之成为王朝的新贵，而且想把家乡建成都城，和这帮淮西勋贵一道衣锦还乡，齐心协力，共同巩固明朝的统治，以共享安乐。

正是由于“圣心思念帝乡，欲久居凤阳”（《凤阳新书》卷七，《致仕指挥尹令再疏》），朱元璋一反往常崇尚节俭的做法，要求把中都建得非常雄壮华丽。不仅圜丘、方丘、日月社坛、山川坛和太庙要“上以画绣”（谈迁：《国榷》卷一），连一些石构建筑也要雕饰奇巧，使用龙凤、海水、云朵的纹饰。诏书发布后，他特地在凤阳设立行工部，具体负责营建工作，并命已退休的丞相李善长和大将汤和、吴良及工部尚书薛祥等人前往督工。将近九万工匠、几十万军士、民夫和罪犯，参加了中都的营建工作。经过四年的辛勤劳作，中都的营建“功将告成”，一座崭新的都城，已初具规模，矗立于皖东大地。

洪武八年四月初二，朱元璋满怀喜悦地前往中都，准备“验工赏劳”。不料，他在视察宫殿时，苦于工役繁重、食不饱腹的工匠，却在殿脊上搞了据说可招来鬼神作怪的“厌镇法”，以发泄他们的怨恨情绪。朱元璋虽下令尽杀搞厌镇法的工匠，但这个事件还是使他受到强烈的震动。他开始意识到元朝的统治刚被推翻，民困未苏，而统一战争尚在进行之时，就大规模营建中都，并要求建得非常雄壮华丽，是个重大的失误。离开中都之前，他在圜丘祭告天地，特地向皇天后土请罪，说：“此臣之罪有不可免者。”（《明太祖集》卷七，《中都告祭天地祝文》）

四月二十九日，朱元璋闷闷不乐地回到南京，又得知刘基已在本月十六日去世的消息，心情越发沉重。刘基是朱元璋夺取天下的重要谋士，也是敢言直谏的重臣，因此而结怨李善长、胡惟庸等淮西勋贵。他是在当年正月吃了左丞相胡惟庸所派医生下的毒药，三月被朱元璋送回浙东老家养病的。刘基之死，使朱元璋想起他在洪武四年正月所说的“中都曼衍，非天子居也”（《国榷》卷四）的忠告。刘基反对在凤阳建都，虽然主要是从地理条件考虑，但朱元璋从刘基被毒死这件事看到淮西勋贵势力的膨胀，为自己的皇权深感忧虑。登基之后，朱元璋在倚重淮西勋贵的同时，尽管也对他们采取了一系列措施，以防功高震主，威胁到自己的宝座，但是，这些淮西勋贵根本不听约束，不仅恃功骄恣，屡屡干出越礼犯分的勾当（如定远侯郭英竟私自役使营建中都的工匠为自己建造宅第），而且极力排斥、打击非淮西籍的大臣。在毒死刘基之前，他们曾将山西籍的中书省左丞杨宪倾陷致死。看来，乡党并不都是忠诚可靠的，如果在凤阳建都，淮西勋贵利用家乡盘根错节的宗族、乡里关系扩张势力，势必对皇权构成严重的威胁。朱元璋于是决心抛弃乡土观念，在返回南京的当天，诏罢中都役作。九月，下诏改建南京的大内宫殿，要求“但求安固，不事华丽，凡雕饰奇巧，一切不用”，“台榭苑囿之作，劳民费财之事，游观之乐”决不为之（《明太祖实录》卷一〇一）。这意味着迁都中都的计划已被彻底放弃。朱元璋从此未再返回凤阳老家。他的用人之策，也从倚重淮西乡党逐步转向任用五湖四海。

洪武十五年修建的南京鼓楼

洪武十年十月，南京大内宫殿改建完成。洪武十一年正月，朱元璋下诏改南京为京师，同时恢复开封府的建制，去掉北京的称号。犹豫十年之久的建都问题，算是暂时解决。永乐年间，明成祖改北平为北京，迁都于此，而改京师为南京，明朝的南、北两京，至此遂为定制。

“自从出了朱皇帝”

“自从出了朱皇帝，十年倒有九年荒。”这是凤阳花鼓《凤阳歌》中一句著名的唱词。这首《凤阳歌》是怎样产生，又怎么传遍大江南北的？追根溯源，还得从洪武年间朱元璋大量移民于凤阳的事情说起。

凤阳是朱元璋的故乡。元朝末年，由于连年不断的旱蝗瘟疫之灾和战争的破坏，加上大量的乡民加入朱元璋队伍外出征战，随后跃升为新朝的文官武将，移往他乡，凤阳呈现一派人口稀少、田野荒芜的破败景象。龙凤十二年（1366年）朱元璋还乡祭祖扫墓返回应天时，曾对中书省臣感慨地说：“吾往濠州，所经州县，见百姓稀少，田野荒芜。”（《明太祖实录》卷二〇）

为了改变家乡的面貌，攻灭张士诚后，朱元璋于吴元年（1367年）十月“徙苏州富民实濠州”，迫降方国珍后，又于吴元年十二月“徙方氏官属刘庸等二百余人居濠州”（《明太祖实录》卷二六、二八）。明朝建立后，朱元璋于洪武二年（1369年）九月下达“以临濠为中都”的命令，又开始大规模地移民实中都。他下令，将罪犯发往凤阳屯田或做工。如洪武五年诏“今后犯罪当谪两广充军者，俱发临濠屯田”，八年令“目今凡杂犯死罪者，免死输作（罚做苦工）终身；徒流罪限年输作；官吏受赃及杂犯私罪当罢职役者，谪凤阳屯种；民犯流罪者，凤阳输作一年，然后屯种”（《明太祖实录》卷七一、九七）；后又令“官吏有罪者，笞以上悉谪屯凤阳”，到洪武九年达到“万数”（《明史》卷一三九，《韩宜可传》）。数量更多的是迁徙平民百姓至凤阳屯田，如洪武三年六月迁入苏、松、嘉、湖、杭五县无田产之民四千余户，六年十月迁入山西弘州等州县民八千二百三十八户、三万九千三百四十九口（《明太祖实录》卷五三、八五）。规模最大的一次移民，是洪武七年迁徙江南民十四万人至凤阳屯田，“以（李）善长同列侯吴良、周德兴督之”（袁文新：《凤阳新书》卷五）。直到洪武九年十一月，还迁入山西及真定民无产业者，数量不明（《明太祖实录》卷一一〇）。估计整个洪武年间，迁入凤阳府的移民数达二三十万。其中，来自江南的移民占多数。

被强令迁徙的移民，基于安土重迁的传统观念，是不愿离开故土的。明政府每次都得出动官兵，强行押解，“遣之者不以道，械系相疾视”（胡翰：《胡仲子集》卷九，《吴季可墓志铭》）。到达凤阳后，拨给他们屯种的土地，都是王公侯伯、官府、卫所和当地土民不屑一顾的不毛之地，“田上则者，归之军，归之功勋矣；中则者，土民括其一，佃户括其一；惟留下则处瘠，乃得以实编民之耕”，“旱地惟是缦种，无有井渫，无有吊槔，无有翻车，但靠天时，雨则稻之年，地无污漫则二麦之候。遇大雨，当大旱，而民争食树皮”（《凤阳新书》卷七，柯仲炯：《中都五美帖》）。这些移民编入里甲，分得土地后，虽可免除最初三年的税粮，但却要承担营建中都宫殿的繁重徭役。起初，他们还怀着一线希望，切盼中都在建成后会逐渐繁荣起来，他们作为首善之区的子民，生活也将得到改善。洪武八年朱元璋下令罢废中都，使他们的一线希望彻底破灭。但是中都虽废，宫殿的营建虽已停止，却又开工改建皇陵、修建十王四妃坟和大龙兴寺，移民的徭役负担仍很沉重。皇陵改建完工后，过往的官员前往祭祀，他们又要和当地百姓一起承担往来迎送的驿传徭役，“朝为轿夫矣，日中为杠夫矣，暮为灯夫矣。三夫之候，劳而未止，而又为绰夫矣。肩方息而提随之，稍或失御，长鞭至焉”（《凤阳新书》卷七，柯仲炯：《中都五美帖》）。明朝后期，江北四府三州每三年在凤阳举行一次文武乡试，每次为期七十天。移民与当地百姓还要承担各种杂役，“郁隆污淖，结愲供事，而无人色”，“谚语谓之‘三年一剥皮’”（康熙《临淮县志》卷七）。更要命的是，明中期以后由于吏治败坏，水利年久失修，凤阳地区“十年九荒，非旱则雨”，黄河夺淮的局面日益严重，“黄水蹑淮，渐逼凤泗”（《凤阳新书》卷四），使淮河经常泛滥成灾。加上不断发生的蝗旱灾害，更使凤阳人民陷入痛苦的深渊。

安徽凤阳明皇陵

这种状况，自然要引起移民对故土的怀念，特别是占多数的江南移民更是无时无刻地思念他们富庶的家乡。但是，明政府严格禁止移民外逃，《大明律》规定：“凡民户，逃往邻境州县躲避差役者，杖一百，发还原籍当差。其亲管里长、提调官吏故纵，及邻境人户隐蔽在己者，各与同罪。（《大明律》卷四，《户律》）这些移民便在每年秋收之后，身背花鼓，手拿小锣，成群结队地外出谋生。他们一路演唱凤阳花鼓（又称秧歌）乞食，回到故乡扫墓探亲，到第二年春天再返回凤阳。隆庆、万历年间的周朝俊，曾在《红梅记》传奇中描述凤阳人在扬州打花鼓卖艺的情景：

【内打花鼓介】

【丑叫介】

【杂扮一男子、一妇人打锣鼓上】

【丑】你是哪里人？

【杂】凤阳人。

【丑】你打一通我听。

【杂唱】紧打鼓儿慢筛锣，听我唱个动情歌。唱得不好休要赏，唱得好时赏钱多。

【鼓一通介】

后来，有些人还从凤阳乞食到北方，把凤阳花鼓传播到北方。明末清初的魏裔介，曾在一首《秧歌行》里描写道：

凤阳妇女唱秧歌，年年正月渡黄河。
北风吹雪沙扑面，冬冬腰鼓自婆娑。
衣衫褴褛帕在首，自言出门日已久。
前年寿州无雨泽，今年泗州决河口……
我唱秧歌度歉年，完却官租还种田。
南来北往如飞燕，如此艰辛实可怜！

——《兼济堂诗集》卷二

花鼓图（明末清初）顾龙绘

凤阳花鼓就这样随着逃荒者的足迹，传遍了大江南北而闻名全国。到了清代，凤阳十年九荒的局面并没有改变。特别是到乾隆中期以后，清朝的统治已逐步走向衰落，吏治败坏，贪风盛行，土地兼并不断加剧，自然灾害频繁发生。如乾隆十八年（1753年）“淮水溢，坏民舍”（《清史稿》卷四〇，《灾异志》），到第二年连临淮城基都被冲掉。第三年，凤阳又再次发生大水。人民生活困苦不堪，但迫于清朝文字狱的高压统治，敢怒而不敢言。凤阳的花鼓艺人，为了发泄人民对清朝统治的不满与愤懑，就采用借骂前朝皇帝来诅咒当朝统治者的手法，编了一首《凤阳歌》四出演唱：

说凤阳，道凤阳，凤阳原是好地方。
自从出了朱皇帝，十年倒有九年荒。

大户人家卖田地，小户人家卖儿郎，
惟有我家没有得卖，肩背锣鼓走街坊。

——玩花主人辑：《缀白裘》卷六

这首《凤阳歌》的广泛流传，遂使明朝的开国之君朱元璋背上了黑锅，成为“十年倒有九年荒”的罪魁祸首。其实，朱元璋在洪武朝始终将“户口增，田野辟”视为治国之急务，并采取一系列措施推动社会生产的恢复与发展，从而为明代经济的发展繁荣奠定了坚实的基础。弄清《凤阳歌》产生的历史背景，人们自然明白，歌词里的“朱皇帝”不过是清朝爱新觉罗皇帝的代名词。指桑骂槐，此之谓也。

胡惟庸党案的真与假

胡惟庸是以“谋危社稷”即谋反的罪名被杀的。此案前后延续十几年，共计诛杀三万多人，对明初的政治产生了重大影响。有人认为，胡惟庸党案是彻头彻尾的冤假错案，事实果真如此吗?

胡惟庸其人

要了解胡案的真相，还得从胡惟庸其人说起。

胡惟庸（？—1380年），定远人，是朱元璋打天下时依靠的淮西勋贵集团的重要人物。他“为人雄爽有大略，而阴刻险鸷，众多畏之”（《献征录》卷一一，王世贞：《胡惟庸》）。早年曾在元朝做过小官，龙凤元年（1355年）在和州投奔朱元璋，任元帅府奏差，寻转宣使，除宁国主簿，进知县，迁吉安通判，擢湖广佥事。他给大同乡、左相国李善长送了三百两黄金，于吴元年（1367年）被召任太常少卿，不久又升为太常卿，成为一名中央机构的官员。洪武三年（1370年）正月，升任中书省参知政事，跨进了权力中枢的门槛。

当时的中书省左丞相李善长，是朱元璋的大同乡，他投奔朱元璋较早，一直充当大管家的角色，朱元璋称吴王后，任右相国（后改为左相国），“涉历艰险，勤劳簿书”。但他为人“外宽和，内多忮刻”（《明史》卷一二七，《李善长传》），“有心计而无远识”（朱国祯：《皇明开国臣传》卷二，《韩国李公》），朱元璋不是很满意。登基称帝时，朱元璋对是否让他出任新朝的丞相一时拿不定主意。恰在此时，李善长因事惹恼了朱元璋，受到朱元璋的指责，杨宪联合凌说等四个检校，攻击李善长“无宰相才”。朱元璋征求谋士刘基意见，刘基认为“李公勋旧，且能辑和诸将”，朱元璋最后还是表示：“我既为家主，善长当相我，盖用勋旧也。”（《国初事迹》）洪武三年（1370年）上半年，李善长病倒，左丞相徐达又长期在外征战，中书省无人主持政务，朱元璋又动起换相的念头，并提出杨宪、汪广洋、胡惟庸三个人选，找刘基商量。刘基说杨宪“有相才无相器”，汪广洋“此褊浅，观其人可知”，胡惟庸“此小犊，将偾辕而破犁矣”（《诚意伯文集》卷首，黄柏生：《诚意伯刘公行状》），朱元璋只好作罢。洪武四年正月，李善长因病退休，右丞相徐达正以大将军身份备边北平，不与省事，朱元璋遂以汪广洋为右丞相，胡惟庸为右丞。洪武六年，汪广洋因整天喝酒，“浮沉守位”，“无所建白”，被贬为广东行省参政，朱元璋一时找不到合适的丞相人选，胡惟庸以右丞身份独专中书省事。他使尽浑身解数，极力逢迎巴结朱元璋，“晨朝举止便辟，即上所问，能强记专对，少所遗，上遂大幸爱之”（《献征录》卷一一，王世贞：《胡惟庸》），于当年七月被擢任右丞相，洪武十年九月又升为左丞相。

随着权势的扩张，胡惟庸结党营私，排斥异己。胡惟庸的乡土观念极重，他本来就是利用乡土关系给李善长行贿而由外放调任京官的。洪武初年，当他风闻朱元璋准备换相，以山西阳曲人、御史中丞杨宪代之，即对李善长说：“杨宪为相，我等淮人不得为大官矣。”（《国初事迹》）独专省事乃至任相之后，更利用乡土关系巴结拉拢淮西将臣。他不仅将自己的侄女嫁给李善长的侄子李佑，同李善长结成亲戚，还力图与另一大同乡徐达结好。徐达鄙薄他的为人，未予理睬，他又贿赂徐达的看门人，“使为间以图达”。这个看门人向徐达告发，“达亦不问，惟时时为上言惟庸不可过委，过委必败”（《献征录》卷五，黄金：《魏国公徐公达》）。有些淮西武将违法乱纪，受到朱元璋的惩处，胡惟庸更乘机拉拢，结为死党。如濠人、吉安侯陆仲亨自陕西返回京城，擅用驿马，被罚到山西代县捕盗，五河人、平凉侯费聚奉命抚治苏州军民，沉溺酒色，被罚到西北招降蒙古，又无功劳，受到朱元璋的严厉切责，胡惟庸遂“阴以权利胁诱二人。二人素戆勇，见惟庸用事，密相往来”（《明史》卷三〇八，《胡惟庸传》）。对于非淮西人，胡惟庸则极力加以排斥、打击。任中书参政后，他和其他淮西勋贵都一致站在李善长一边，合力排挤杨宪。杨宪在洪武二年九月调任中书省右丞，七月升为左丞，至洪武三年七月终于被李善长攻倒而被杀。李善长退休后，胡惟庸又把矛头指向刘基。后来，他又对朱元璋说过杨宪、汪广洋和胡惟庸都不堪任相，自然引起胡惟庸的仇恨。刘基又反对营建中都，更激起一心梦想衣锦还乡的淮西勋贵的不满。此前，刘基曾得罪过李善长，被李善长进谗而回老家闲住一段时间。他自知在淮西勋贵当权的朝廷难以立足，所以当朱元璋说可让他任相时，坚决推辞，并自请告老还乡。即使这样，胡惟庸仍不放过，“挟前憾，使吏讦基”，诬告他看中有王气的谈洋想作自己的墓地，因“请立巡检逐民”（《明史》卷一二八，《刘基传》），使之被革掉岁禄，入京请罪，不敢再回老家。后来，胡惟庸为相，刘基忧愤成疾，朱元璋命胡惟庸派医生去看，胡惟庸竟指使医生毒死了刘基。江西金溪人吴伯宗廷试第一，授吏部员外郎，与修《大明日历》。胡惟庸派人拉拢，吴伯宗不肯俯就，他就找个罪名把吴伯宗贬到凤阳。后来吴伯宗上书论时政，“因言惟庸专恣不法，不宜独任，久之必为国患”（《明史》卷一三七，《吴伯宗传》），才被朱元璋召回。

胡惟庸还大肆贪污受贿。当年他拿出三百两黄金给李善长行贿，说明他外放做地方官时并不清廉。独专中书省事后，各地想升官发财的官吏和失职的功臣武夫纷纷投奔胡惟庸，争相给他送金帛、名马、玩好，多至“不可胜数”。后来胡惟庸案发后，有人告发他“赃贪淫乱，甚非寡欲”，说“前犯罪人某被迁，将起，其左相扰取本人山水图一轴，名曰夏珪《长江万里图》”，朱元璋命人查验，果然在胡惟庸的赃物中找到了这幅《长江万里图》（《明太祖集》卷一六，《跋夏珪长江万里图》）。

胡惟庸独相数年，利用乡土关系拉拢淮西勋旧，和他的门下故旧僚佐，结成一个小帮派，仗恃李善长的支持，骄横跋扈，专恣擅权，“生杀黜陟，或不奏径行。内外诸司上封事，必先取阅，害己者则匿不以闻”（《明史》卷三〇八，《胡惟庸传》），甚至“僭用黄罗帐幔，饰以金龙凤文”（《明太祖实录》卷二四三），政治野心已膨胀到了极点。

胡惟庸的所作所为，显然已突破当时礼法制度所许可的底线，这是任何一个封建君主都不能容忍的。他的末日，很快也就到来了。

胡惟庸党案的爆发和延续

朱元璋原先也有极为浓厚的乡土观念，他不仅主要依靠淮西将臣打天下，还想依靠淮西将臣治天下，故而有中都的营建。但是洪武八年中都营建工匠“厌镇”事件发生后，他即决定抛弃乡土观念，从倚重淮西乡党逐步转向任用五湖四海。与此同时，随着自己逐渐坐稳了龙椅，朱元璋开始思谋改革国家机构，以便扩张皇权，强化专制集权，“躬览庶政”。

洪武九年六月，朱元璋下令撤销行中书省，改置布政司、都司和按察司，将地方的行政、军政和司法大权集中到中央，中书省的权限因而扩大，相权与君权的矛盾更加突出。接着，他便采取一系列措施来限制和削弱中书省的权力。当年闰九月，下令取消中书省的平章政事和参知政事，“惟李伯昇、王溥等以平章政事奉朝请者仍其旧”（《明太祖实录》卷一〇九）。这样，中书省只留下右丞相胡惟庸和右丞丁玉，而丁玉已在当年正月率师至延安防边，到七月才返回京师，中书省实际上只留胡惟庸一人在唱独角戏。第二年五月，又令李善长与亲甥李文忠共议军国重事，“凡中书省、都督府、御史台悉总之，议事允当，然后奏闻行之”（《明太祖实录》卷一一二）。六月，“诏军民言事者，实封达御前”，又“命政事启皇太子裁决奏闻”（《明史》卷二，《太祖纪》）。九月，擢升胡惟庸为左丞相，命汪广洋为右丞相，又将丁玉调任御史大夫，将中书省的佐理官员全部调空。洪武十一年三月，更“命奏事毋关白中书省”（《明史》卷二，《太祖纪》），彻底切断中书省与中央六部及地方诸司的联系，使中书省变成一个空架子。下一步，便是选择适当的时机撤销中书省，以便独揽大权，“躬览庶政”了。为防止突然事件的发生，洪武十二年七月，朱元璋还将李文忠从陕西调回京师，提督大都督府事，以加强对军队的控制。

胡惟庸眼看自己的权势受到抑制和削弱，深感焦虑和不安。他知道，如果中书省被撤销，丞相的官职也将被废除，他苦心经营的一切都将尽付东流。于是，便与御史大夫陈宁、中丞涂节策划谋反。陈宁是湖广茶陵人，元末做过镇江小吏，后投奔朱元璋，累官至中书参政，洪武三年坐事出知苏州。此人有才气，但性特严酷，“尝烧铁烙人肌肤”，人称“陈烙铁”。经胡惟庸的保荐，调任御史中丞，寻升右御史大夫、左御史大夫。“及居宪台，益务威严”，曾受到朱元璋的切责。其子陈孟麟几次劝谏，陈宁竟将他活活捶死。朱元璋说：“宁于其子如此，奚有于君父耶！”陈宁闻听此言，惶恐不安，“遂与惟庸通谋”（《明史》卷三〇八，《陈宁传》），并拉了同在御史台共事的涂节入伙。胡惟庸与陈宁曾在中书省偷阅“天下军马籍”。他还在家中宴请陆仲亨和费聚，至酒酣时屏退左右，“告以己意，且令其在外辑军马以俟”。他又拉拢同乡毛麒之子、都督佥事毛骧，令其取卫士刘遇宝及亡命之徒魏文进等为心膂，说：“吾有用尔也！”接着，又叫兄婿李佑之父、李善长之弟、太仆寺丞李存义，去拉拢李善长。不久，胡惟庸的儿子在市街上策马狂奔，撞到一辆大车上，身受重伤，不治而亡。胡惟庸不分青红皂白，一怒之下杀了马车夫。朱元璋大怒，要他偿命，但并未将他逮捕。胡惟庸即刻派人“阴告四方及武臣从己者”（《明太祖实录》卷一二九），准备起事谋反。

胡惟庸的阴谋正在紧锣密鼓地进行。不料，洪武十二年九月，占城使臣入明朝贡，中书省未及时报告朱元璋，被宦官告了一状。朱元璋怒责中书省臣，胡惟庸与汪广洋委过于礼部，礼部又委过于中书省，双方互相推卸责任。朱元璋于是“尽囚诸臣，穷诘主者”。十二月，涂节揭发胡惟庸毒死刘基之事，并说“广洋宜知状”。朱元璋审问汪广洋，汪广洋矢口否认，被贬往海南。途中舟次太平，朱元璋又追究其早年当江西参政时曲庇朱文正、在中书省时又不揭发杨宪的罪责，赐敕诛之。汪广洋被杀后，他的小妾跟着自杀。朱元璋查明此妾是被籍没入官的陈姓知县的女儿，按规定只能给功臣（即武将）之家而不能给文臣，又下令严加追查。胡惟庸及六部堂官属官全被捉进大牢，严刑拷打，逼取口供。第二年正月，涂节窥伺朱元璋的旨意，料想胡惟庸必死无疑，便告发胡惟庸与陈宁阴谋造反之事。差不多与此同时，被贬为中书省吏的御史中丞商暠，也做了类似的揭发。经过一番审讯，下令将胡惟庸和陈宁处死。廷臣认为“节本预谋，见事不成，始上变告，不可不诛”（《明史》卷三〇八，《胡惟庸传》），乃下令“并诛节，余党皆连坐”，并宣布胡惟庸的罪状是："窃持国柄，枉法诬贤，操不轨之心，肆奸欺之蔽，嘉言结于众舌，朋比逞于群邪，蠹害政治，谋危社稷。"（《明太祖实录》卷一二九）。接着，朱元璋下令撤销中书省，废除丞相，由自己直接管理国家大事。从此，"勋臣不与政事"（《明史》卷一三〇，《郭英传》），淮西勋贵除继续领兵作战外，一般不再担任行政职务。

此后，朱元璋就以胡案为武器，抓住一些大臣的违法事件，搞扩大化，对淮西勋贵及其子弟展开大规模的诛杀。他采取捕风捉影的手段，不断扩大胡惟庸的罪状。当时，由于倭寇问题与日本交涉未果，明廷断绝与日本的外交关系。洪武十九年十月，朱元璋将胡惟庸的罪名升级为私通日本，说胡惟庸曾与明州卫指挥林贤密谋，授意林贤犯法，将其贬往日本。三年后，再将其取回，乘机借日本精兵四百名，藏在日本贡使如瑶的贡舶之内，借朝贡之名，入明助胡惟庸作乱。于是又先后将一批心怀怨望，骄横跋扈，可能对皇权构成威胁的文武官员，都牵连进胡案，处以死刑。对江南地区的许多豪强势族，也乘机加以株连，杀了不少人。洪武年间，蒙古为明朝劲敌。洪武二十三年五月，朱元璋又将胡惟庸的罪名升级为私通蒙古，说胡惟庸当初准备谋反时，曾私派封绩前往漠北，带信给北元，"着发兵扰边"（《昭示奸党录》，转引自钱谦益《牧斋初学集》卷一〇四，《太祖实录辨证》四）。后来，胡惟庸案发，封绩不敢回来。洪武二十一年，蓝玉北征，在捕鱼儿海（今贝尔湖）将其俘获，押解回国。但李善长又加以包庇，"匿不以闻"，直到此时才被揭发出来。而在此前一个月，朱元璋曾审讯因犯罪应徙边的李善长私亲丁斌，丁斌供出李善长之兄李存义往时交结胡惟庸之事。朱元璋下令逮捕李存义父子，他们又招供说胡惟庸几次派人或亲自劝说李善长助其谋反，李善长虽"惊不许，然颇心动"，最后表示："吾老矣。吾死，汝等自为之。"李善长的家奴卢仲谦等，也告发李善长与胡惟庸

“通赂遗，交私语”。朱元璋于是又将胡惟庸的罪名升级为串通李善长谋反，并给李善长扣上“知谋逆不举发，狐疑观望怀两端，大逆不道”的罪名，将李善长赐死，杀其妻女弟侄七十余口（《明史》卷一二七，《李善长传》）。陆仲亨、唐胜宗及费聚等同时坐胡案被杀。

胡惟庸党案前后延续十几年，先后诛杀了三万多人，其中公侯一级的就有二十二人。一案株连如此之广，自然要引起臣民的怀疑和议论。为了让人知道胡惟庸等人的“罪状”，朱元璋特地将刑讯逼供所得的口供集为《昭示奸党录》，予以公布。

胡案并不全是冤假错案

由于朱元璋严酷的封建专制统治，胡案事发后，时人大多不敢加以记载。而辑录案犯供状的《昭示奸党录》后来又佚失不存，仅在个别史著如钱谦益的《太祖实录辨证》中抄录了个别段落，难以窥其全貌。时过境迁之后，史实的真相已被淹没，许多史家只能根据某些史书一鳞半爪的记载，加上自己的揣测，来加以叙述。于是便出现了歧疑迭出、真假混淆的诸多记述，令人莫衷一是。比如，雷礼在《国朝列卿记》卷一《胡惟庸传》中引《国琛集》的记载云：“太监云奇，南粤人。守西华门，迩胡惟庸第，刺知其逆谋。胡诳言所居井涌醴泉，请太祖往视。銮舆西出，云虑必与祸，急走冲跸，勒马衔言状。气方勃崒，舌驶不能达。太祖怒其犯跸，左右挝捶乱下，云垂毙，右臂将折，犹奋指贼臣第。太祖乃悟，登城眺顾，见其壮士披甲伏屏帷间数匝，亟返棕殿，罪人就擒。”将胡惟庸罪行的揭发归功于所谓云奇告变，与《明史》所记涂节、商暠告变迥异。因此，明清以来有不少史学家不断搜集史料，排比考订，力图探明史实的真相。其中，考订最力、影响最大的，当属吴晗1934年6月发表在《燕京学报》第15期的《胡惟庸党案考》。

《胡惟庸党案考》一文，通过细致的考订，指出所谓云奇告变、如瑶贡舶、封绩使元以及胡惟庸勾结李善长通倭款虏诸事纯系向壁虚构，可谓确论。但吴晗的翻案有点过头，连胡惟庸被捕之前的谋反罪行也一概否定，有的学者更进而认定“胡惟庸谋反的故事是编造的”（吕景琳：《洪武皇帝大传》，辽宁教育出版社1994年版，第361页），这却是令人难以赞同的。

吴晗在《胡惟庸党案考》中，先是否定促成胡惟庸决心起事谋反的动机。他举出史籍关于胡惟庸案发前决心谋反的两种记载，一是《明史·胡惟庸传》：“会惟庸子驰马于市，堕死车下，惟庸杀挽车者。帝怒，命偿其死。惟庸请以金帛给其家，不许。惟庸惧，乃与御史大夫陈宁、中丞涂节等谋起事，阴告四方及武臣从己者。”一是《献征录》卷一一所录王世贞撰《胡惟庸》：“会其家人为奸利事，道关榜辱关吏。吏奏之，上怒，杀家人，切责，丞相谢不知乃已。又以中书违慢，数诘问所由。惟庸惧，乃计曰：‘主上鱼肉勋旧臣，何有我耶！死等耳，宁先发，毋为人束，死寂寂。’”然后写道：“同样地是叙述同一事件，并且用同一笔法，但所叙的事却全不相符，一个说是惟庸子死，一个说是，惟庸家人被诛。”（《吴晗史学论著选集》第1卷，人民出版社1988年版，第463页）他未明言何种说法对，何种说法错，或者二说皆错，但其言外之意非常明确，那就是二说既然不相符合，就都不可信。因为紧接着，作者这样写道：“根据当时的公私记载……在胡案初起时胡氏的罪状只是擅权植党”，“我们找不出有‘谋反’和‘通倭’‘通虏’的具体记载。……到了洪武二十三年后胡惟庸的谋反便成铁案”。（《吴晗史学论著选集》第1卷，第478、463页）意思是说，在洪武十二年九月胡惟庸被捕入狱直至十三年正月被杀，朱元璋并没有给他加上谋反的罪名，后来编造所谓“通倭”“通虏”的罪状，直到洪武二十三年后才将胡惟庸的谋反弄成铁案。这种说法，与史实并不相符。因为洪武十二年正月杀胡惟庸后，朱元璋宣布胡惟庸的诸多罪状，其中就有“谋危社稷”四个字。“谋危社稷”指的就是“谋反”，属于不可赦免的十恶大罪之首。《大明律》卷一《名例律》及卷一八《刑律》，对“十恶”大罪中的谋反罪，都明确注明：“谓谋危社稷。”

那么，究竟如何评判胡惟庸党案呢？胡惟庸党案是明初皇权与相权矛盾冲突的产物。胡惟庸独专省事、继而任相之后，不仅在经济上贪污受贿，而且在政治上拉帮结派，打击异己，飞扬跋扈，擅专黜陟，藏匿于己不利的奏章，侵犯了皇权，最后发展到策划谋反，他的被杀是罪有应得，咎由自取。而朱元璋大兴党狱，是为了加强君主专制的中央集权。胡案一发生，他就借机搞扩大化，“余党皆连坐”，这些被株连的“余党”有的是冤死鬼。此后，他将罪名步步升级，用以打击一部分恃功骄横、飞扬跋扈的功臣，这些则纯粹是冤假错案了。因此，就整个案件来说，是真真假假，有真有假，真假混淆，混沌不清。对此，我们必须进行细致的辨析，分清其中的真假，看看哪部分属于真案，哪部分属于假案。只有这样，我们才能对整个案件的作用和影响做出正确的评价，既看到朱元璋通过此案清除了部分骄横跋扈的功臣，有促进社会安定、经济恢复和发展的积极作用，又看到朱元璋所制造的大量冤假错案，诛杀了大批无辜的将臣，造成政治恐怖、人人自危、“多不乐仕进”（《廿二史札记》卷三二，《明初文人多不仕》）的消极影响。

真假混淆的蓝玉党案

蓝玉党案共计大约杀了一万五千人，是洪武年间影响深远的另一大案。吕景琳曾发表《蓝玉党案考》一文，认为此案“是完完全全的一个假案，不但牵连而死的一二万人是无辜的，就是蓝玉本人也是没有谋反的行动和策划”（《东岳论丛》1994年第5期）。事实的真相究竟如何呢？

蓝玉的功与过

蓝玉（？—1393年）是淮西勋贵集团的重要人物，为洪武年间拜为大将军的三员骁将之一（另两位是徐达、冯胜），曾为明王朝的建立和巩固立下了赫赫战功。

蓝玉，定远人，是开平王常遇春的小舅子。他生得高大威武，面颊红紫。投奔朱元璋队伍后，初隶常遇春帐下，临敌勇敢，所向克捷。常遇春多次对朱元璋夸奖他的战功，他因此由管军镇抚累升至大都督府佥事。洪武四年（1371年）从傅友德入川，讨伐明昇夏政权，攻克阶州（今甘肃武都西）。第二年从徐达北征，先出雁门，败元兵于土剌河。洪武七年，帅师攻拔兴和（今河北张北），俘获北元国公帖里密赤等五十九人。十一年，同西平侯沐英一起征讨西番洮州（今甘肃临潭东南）等处少数民族的叛乱，擒其首领三副使。翌年，班师还朝，被封为永昌侯，岁禄二千五百石，子孙世袭。十四年，以征南左副将军从颍川侯傅友德出征云南。在曲靖，擒获北元平章达里麻，进而包围昆明，元梁王把匝剌瓦尔密投滇池自尽。旋又西进，迭克大理、鹤庆、丽江、金齿、车里、平缅等地。“滇池悉平，玉功为多”（《明史》卷一三二，《蓝玉传》），朱元璋下令增其岁禄五百石，并册封其女为蜀王妃。蓝玉从此跨进了皇亲国戚的行列，备受朱元璋的器重。

洪武二十年，蓝玉以征虏右副将军从大将军冯胜出征纳哈出，驻师通州（今北京通县）。闻知有支元军驻屯庆州（今内蒙古巴林左旗西北），蓝玉在大雪的掩护下，亲率轻骑袭破之，杀死北元平章果来，擒其子不兰溪以还。寻会大军进至金山（在辽河北岸），在金山西侧扎营驻屯。由于此前朱元璋派遣归降的纳哈出旧属乃剌吾前往招抚，纳哈出见大军压境，亲率数百骑至蓝玉军营约降。蓝玉设盛宴款待，亲自为他敬酒。纳哈出一饮而尽，又斟酒回敬蓝玉，蓝玉却脱下自己身上的汉族服装，对他说：“请服此而后饮！”纳哈出认为这是对他的侮辱，拒不接受，蓝玉也不肯喝他敬的酒。双方争执不下，纳哈出把酒泼到地上，用蒙古语指示随行部下，准备脱身离去。在座的郑国公常茂，抽刀砍伤了纳哈出的臂膀。都督耿忠一看大事不妙，忙招呼身边的士卒，簇拥着纳哈出去见冯胜。纳哈出的部众，纷纷溃散。冯胜“以礼遇纳哈出，复加慰谕，令耿忠与同寝食”（《明太祖实录》卷一八二），并派人招抚其溃散的部众，然后下令班师。此役冯胜虽收降有功，但有人告发他“窃取虏骑”，“娶虏有丧之女”（《明太祖实录》卷一八四），加上指挥失当，班师途中丢失了殿后的都督濮英三千人马，被收夺大将军印。尽管蓝玉违反朱元璋“因俗而治”的民族政策，朱元璋还是“命玉行总兵官事，寻即军中拜玉为大将军，移屯蓟州”（《明史》卷一三二，《蓝玉传》）。

纳哈出的归降，使北元失去东部屏障，汗庭直接暴露在明朝大宁诸卫的兵锋之下，“虏心惶惑”，统治更加不稳。经过一段时间的准备，洪武二十一年三月，朱元璋命蓝玉为征虏大将军，统帅十五万大军北征，“以清沙漠”。蓝玉帅师至捕鱼儿海（今贝尔湖）东南哈剌哈河岸边，侦知北元嗣君脱古思帖木儿驻帐捕鱼儿海东北方向八十多里处，令王弼率前锋部队出击，自己率大军继后。当时正值水草匮乏，加上大风猛刮，黄沙蔽天，北元军队毫无防备。明军出其不意发动突然袭击，杀北元太尉蛮子等，余众悉降。脱古思帖木儿与太子天保奴等数十人上马逃窜，蓝玉率精骑追奔数十里，不及而还。这次战役，俘获脱古思帖木儿次子地保奴、爱猷识理达腊妃及公主以下百余人，又追获吴王朵儿只、代王达里麻及平章以下官属三千人、男女七千七百人，并宝玺、符敕、金牌、金银印诸物，马驼牛羊十五万余，焚其甲仗蓄积无数。不久，又袭破北元丞相哈剌章的营盘，获其人畜六万。朱元璋得到蓝玉的捷报大喜，赐敕褒劳，“比之卫青、李靖”（《明史》卷一三二，《蓝玉传》）。班师还朝后，又晋封为凉国公。蓝玉一生的事业，至此达到辉煌的顶峰。

洪武二十二年，蓝玉奉命至四川督修城池。翌年，帅师赴湖广、贵州平定几个少数民族土司的叛乱，朱元璋增其岁禄五百石，诏令还乡。洪武二十五年三月，又令其赴西北督理兰州、凉州、庄浪、西宁、甘州、肃州诸卫军务，加强边防。四月，蓝玉为追捕逃寇祁者孙，未经朝廷准许，擅自率兵征讨罕东（一说在今甘肃敦煌，一说在今酒泉西南，一说在今青海西宁西北）的西番（藏族）诸部。就在这一个月，（四川西昌）建昌卫指挥使、故元降将月鲁帖木儿发动叛乱，朱元璋命蓝玉移师往讨，但考虑到他远在甘肃，路途遥远，又命都督佥事聂纬权代总兵官，义子、中军佥都督徐司马和四川都指挥使瞿能为左、右副手，率所部及陕西步骑兵先行征讨，待蓝玉到达后，聂纬、徐司马与瞿能皆为之副。五月初，蓝玉抵达罕东，部将建议："莫若缓以绥之，遣将招谕，宣上威德，令彼以马来献，因抚其部落，全师而归。"蓝玉不听，派都督宋晟等率兵徇阿真川，番酋哈昝等逃遁。追袭祁者孙，也不及而还。不久，接到朱元璋命其移师讨伐月鲁帖木儿的诏令，他还想深入西番之地，取道松叠前往建昌（今四川西昌）。"会霖雨积旬，河水汛急，玉悉驱将士渡河，麾下知非上意，多相率道亡"（《明太祖实录》卷二一七）。蓝玉不得已，才由陇右前往建昌。六月，待他抵达建昌，月鲁帖木儿已被瞿能击败，逃往柏兴州。十一月，蓝玉进攻柏兴州，遣百户毛海以计诱擒月鲁帖木儿及其子，尽降其众。蓝玉派人将月鲁帖木儿解送京师伏诛，因奏"四川之境，地旷山险，控扼西番。连岁蛮夷梗化，盖由军卫少而备御寡也"，建议增置屯卫，籍民为军守之，并请求移兵讨伐长河西、朵甘、百夷。朱元璋没有同意，他认为"其民连年供输烦扰，又以壮者为兵，其何以堪"，不可再籍兵以困边民；蓝玉部队所率部队"兵久在外，不可重劳"，况且往征长河西、朵甘、百夷，"此非四十万众不行"。他命令蓝玉："今尔所统之兵，选留守御，余令回卫。尔即还京。"（《明太祖实录》卷二二二）蓝玉只得下令班师。

蓝玉为明王朝的建立和巩固立下了赫赫战功，但这个粗鄙的武夫也因此逐渐滋长居功自傲的思想。史载："中山（王徐达）、开平（王常遇春）既没，数总大军，多立功。太祖遇之厚，寝骄蹇自恣"（《明史》卷一三二，《蓝玉传》）。为了满足自己不断膨胀的贪欲，他违法乱纪，"畜庄奴、假子数千人，出入乘势渔猎。尝占东昌民田，民讼之，御史为置狱按问，玉捶楚御吏。及征北还，私其驼马珍宝无算"（《明太祖实录》卷二二五）。还令家人"中云南盐万余引，倚玉势先支”（孙宜：《洞庭集·大明初略四》）。又“于本家墙垣内起盖房舍，招集百工技艺之人，在内居住，与民交易”（朱国桢：《皇明大训记》卷一）。据说洪武十三年胡惟庸案发时，曾发现“玉尝与其谋”，朱元璋考虑到他是常遇春的妻弟，“以开平之功及亲亲之故，宥而不问”。但是，蓝玉“素不学，性复狠愎，见上待之厚，又自恃功伐，专恣横暴”（《明太祖实录》卷二二五），更是越礼犯分，“床帐、护膝皆饰金龙，又铸金爵以为饮器。……马坊、廊房采用九五间数”（《明太祖实录》卷二四三）。北征归来，夜至喜峰口，关吏没有及时打开关门迎纳，便纵兵毁关而入。“又人言其私元主妃，妃惭自经死，帝切责玉”。朱元璋原拟封他为梁国公，“以过改为凉，仍镌其过于券”。但蓝玉却不知悔改收敛，“侍宴语傲慢，在军擅黜陟将校，进止自专”（《明史》卷一三二，《蓝玉传》），并“遣人入朝，觇伺动静”（《明太祖实录》卷一九三）。奉命理兰州、凉州诸卫军务时，又违背朱元璋在西番藏族聚居地区借茶马贸易“以系番人归向之心”的羁縻政策，为追捕逃寇祁者孙，擅自带兵进入罕东的藏族聚居之地。

蓝玉正是由于骄蹇自恣，违法乱纪，越礼非分，最终走上谋反的道路，而招来杀身之祸的。

蓝玉党案的爆发

蓝玉的所作所为，不能不引起朱元璋深切的关注和忧虑。

洪武二十五年四月底，年仅三十八岁的皇太子朱标在久病之后去世。朱标的长子朱雄英前已夭折，次子朱允炆是朱元璋的第三个孙子。九月，按照嫡长制的继承原则，朱元璋诏立朱允炆为皇太孙，作为将来的皇位继承人。此时的朱元璋已届六十五岁高龄，而朱允炆只有十六虚岁，性格又酷似乃父，仁柔宽厚。朱元璋担心自己百年之后，这个年轻的继承人心慈手软，控制不住局面，如果那些久经战阵、老谋深算的军中大将，凭借他们是开国元勋，不服调遣，后果不堪设想。而朱标去世时，燕王朱棣自北平来朝所说的一番话，更加深朱元璋的忧虑。朱标的元妃常氏是常遇春的女儿，而蓝玉则是常遇春的妻弟。由于这层亲戚关系，蓝玉对皇太子朱标自然非常关心。洪武二十一年蓝玉出征纳哈出归来，曾问皇太子："主上诸子中，殿下度谁最爱者？"皇太子答曰："莫若燕王。"蓝玉说："臣亦知之。臣闻望气者言，燕地有天子气，殿下审之。"但皇太子却说："燕王事我甚恭。"（何乔远：《名山藏》卷六，《典谟记》）并没有将这话放在心上。后来，蓝玉的话传到燕王耳朵里，燕王恨死了蓝玉。皇太子一去世，燕王入京朝见，便到处散布说："诸公侯纵恣不法，将有尾大不掉忧。"（夏燮：《明通鉴》卷一〇）朱元璋因此对那些手握重兵的开国功臣也就更加疑忌。他不禁想起，在命蓝玉征讨月鲁帖木儿之前，曾急召蓝玉进京面授征讨方略。蓝玉和十几个部将陛辞时，他让诸将先走一步，想留蓝玉单独面授机宜。他连呼三声，竟没有一个将领离开，只见蓝玉举起衣袖一挥，这些将领便都赶忙退出。朱元璋想不到蓝玉在诸将中竟有如此威势，对他更是深怀疑忌。这也是命义子徐司马为副总兵，以监视蓝玉的原因之一。此后，朱元璋对蓝玉的一举一动也更加关注。

没有多少城府的蓝玉对此却浑然不察。洪武二十五年十一月，他由建昌进至柏兴州，最后平定月鲁帖木儿之叛，奏请朝廷允其率兵前往长河西、朵甘、百夷，想以更多的战功谋求太子太师职衔。但朱元璋没有批准，而是令其班师。蓝玉闷闷不乐地回到成都，想起其亲家靖宁侯叶昇于八月因交通胡惟庸被杀，怀疑是叶昇的口供指认他为胡党，故而引起朱元璋的猜忌，说："前日靖宁侯为事，必是他招内有我名字。我这几时见上位好生疑忌，我奏几件事，都不从。只怕早晚也容我不过，不如趁早下手做一场。”（《逆臣录》卷一）遂下决心谋反。十二月二十八日，朱元璋下诏命宋国公冯胜、颍国公傅友德兼太子太师，曹国公李景隆、凉国公蓝玉兼太子太傅，开国公常昇、全宁侯孙恪兼太子太保，詹徽为太子少保兼吏部尚书，茹常为太子少保兼兵部尚书。蓝玉的太子太师梦破灭，随即加紧了谋反的策划活动。闰十二月初一，他备酒席宴请前来成都接他回京的中军都督佥事谢熊、随同征讨月鲁帖木儿的副手徐司马和中军都督聂纬及四川徐都督、周都指挥、陕西王都指挥、随征西安右卫蒋指挥、西安前卫赵指挥、西安后卫向指挥、华山卫张指挥、徐指挥、秦山卫朱指挥等将领，进一步商议谋反之事。同时，派部将联络陕西卫所的将领，让他们收集人马，准备接应他的谋反（《逆臣录》卷一）。闰十二月底，蓝玉与谢熊离开成都，顺长江东下，沿途又在武昌、九江、安庆联络当地的一些卫所将领，布置接应其谋反之事（《逆臣录》卷五）。

洪武二十六年正月初十前后，蓝玉回到南京。此时 ，朱元璋因受不住皇太子病死的打击，患了“热症”“病倒”（朱元璋：《周巅仙人传》）。蓝玉认为“天下兵马都是我总着”，正是下手的好机会，于是密遣亲信，暗中联络景川侯曹震、鹤庆侯张翼、舳舻侯朱寿、东莞伯何荣、后军都督府同知祝哲、中军都督府同知汪信等和自己过去的老部下，把他们召至自己私宅密谋策划。在夜阑酒酣之际，蓝玉煽动说：“如今天下太平，不用老功臣。以前我每（们）一般老公侯都做了反的，也都无了。只剩得我每几个，没由来，只管做甚的，几时是了？”（《逆臣录》卷一）诸将分头搜罗士卒和马匹、武器，最后定在当年二月十五日朱元璋外出耕籍田时起事。正月二十八，蓝玉派人去找准备担任谋反主力的府军前卫步军百户李成。二月初一，李成匆匆赶到蓝玉邸宅，蓝玉对他下达了起事命令："我想二月十五日上位出正阳门外劝农时，是一个好机会。我计算你一卫里有五千在上人马，我和景川侯两家收拾伴当家人，有二三百贴身好汉，早晚又有几个头目来，将带些伴当，都是能厮杀的人，也有二三百都通些，这些人马尽勾用了。你众官人好生在意，休要走透了消息。定在这一日下手。"（《逆臣录》卷二）

蓝玉的密谋，早被锦衣卫的特务察觉。未等蓝玉等人动手，锦衣卫指挥蒋献已向朱元璋告发。此时，经过明军的屡次打击，明朝的劲敌北元已被击溃，陷于分裂状态，北部边防比较巩固，朱元璋决定再次大开杀戒，彻底铲除那些可能对朱家天下构成严重威胁的开国老将，确保年轻仁柔的皇太孙将来能坐稳江山。当年二月初二，他将冯胜、傅友德、常昇、王弼、孙恪等从山西、河南召回京师。二月初八，蓝玉入朝，即下令将其逮捕，第二天投入锦衣卫大牢，第三天以"谋反"罪将其处死，夷灭三族。朱元璋随即借机搞扩大化，以蓝党的罪名，把一大批淮西老将及其子弟加以牵连诛杀，并将刑讯逼供得出的口供辑为《逆臣录》，公布于众。至九月，为了安定人心，宣布赦免胡惟庸、蓝玉余党。事实上，赦免令颁布后，诛杀仍在进行。整个蓝玉党案总共大约杀了一万五千人，包括一公、十三侯、二伯。航海侯张赫已死，也追坐蓝党，革除爵位。过了一年，颍国公傅友德、定远侯王弼也追坐蓝党赐死。又过一年，宋国公冯胜也以蓝党罪名被杀。"及洪武末年，诸公、侯且尽，存者惟（耿）炳文及武定侯郭英"（《明史》卷一三〇，《耿炳文传》）。活跃于明初政治舞台的淮西勋贵势力已被完全铲除。洪武二十九年九月，为了安抚那些对他不构成威胁的尚存武臣，朱元璋将已退休的武臣二千五百余人召至京师，赏给每人一大堆银子钞币，让他们"还乡抚教子孙，以终天年"（《明太祖实录》卷二四七）。十月，又给他们各进秩一级。

蓝玉党案是明初皇权与军权矛盾冲突的产物。朱元璋为了使自己及其子孙能“躬览庶政”，拼命扩张皇权，不仅把军权集中到君主手中，而且要求所有的武臣都“事君以忠”，绝对服从君主的调遣与指挥。但是，一批开国功臣特别是淮西勋贵“迨身处富贵，志骄气溢，近之则以骄恣启危机，远之则以怨望扞文网”（《明史》卷一三二，《蓝玉传》赞），终于导致蓝玉党案的爆发。朱元璋通过此案打击了一部分骄横跋扈的功臣，自然有其积极的意义，但大规模的诛杀，又必然造成大量的冤狱，以至“勇力武健之士芟夷略尽，罕有存者”（《明史》卷一三二，《蓝玉传》），其消极的影响也不容忽视。朱元璋死后，燕王朱棣起兵“靖难”，建文帝朱允炆无将可用，先后起用年迈的老将耿炳文和没有作战经验的膏粱子弟李景隆为大将军，带兵北上讨伐，结果均遭败绩，就是一个突出的例证。朱允炆的皇位被篡夺，也就势所必然了。

蓝玉谋反的事实难以推翻

蓝玉党案结案后，朱元璋公布的该案案犯供状，现存两个手抄本，分别藏在国家图书馆和北京大学图书馆。前者名为《蓝玉党供状》，不分卷，已收入《北京图书馆古籍珍本丛刊》史部·杂史类，由书目文献出版社出版；后者名为《逆臣录》，分为五卷，已经王天有、张何清点校，由北京大学出版社出版。吕景琳细读《逆臣录》之后，在《蓝玉党案考》一文中指出：一，这部供词汇编没有本案首魁蓝玉和二号人物曹震的口供，表明两名主犯根本没有招供。二，谋反的时间众说纷纭，口径不一。三，说蓝玉曾参与胡惟庸、李善长谋反，纯属胡编乱造。四，蓝玉被捕前二十八天，先后接待千余人，门庭若市，令人不可思议。五，说蓝玉选择在皇帝耕籍田之日动手谋反，是根本不可能的。因此，他认为“蓝玉案是完完全全的一个假案”。

吕景琳所说的前四条，确实存在。第一条所说的没有本案两名主犯的供状，确是《逆臣录》的一个重大缺陷。但案件的判决，主要取决于证据而不是口供，所以此条似乎尚不足以构成推翻本案的充足理由。至于第二、三、四条所说问题的出现，则是由《逆臣录》的性质所决定的。朱元璋的《御制<逆臣录>序》即已明确指出，这部《逆臣录》是“特敕翰林，将逆党情词辑录成书”的。它既然是案犯口供的汇编，供词中出现口径不一、互相矛盾乃至荒唐怪诞的现象，也就不足为怪了。何况，这些口供又是在刑讯逼供的情况下取得，并经过翰林院官员的加工整理，表述的自然不全是客观的真实情况。也就因此，书中的许多供词，既有歧异迭出、互相矛盾的一面，又有大同小异、千篇一律的另一面。所以，根据这几条，可以断定受到牵连而被杀的一二万人是无辜的，但却不足以否定蓝玉本人及其几个同伙的谋反罪行。

吕景琳所说的第五条，被认为是否定蓝玉谋反罪行的最有力的证据。吕景琳认为，按照明代的礼制，皇帝耕籍田的日子虽定在仲春二月，至于二月的哪一天，要由钦天监临时“择日”。即使择定了日期，朱元璋也未必亲自前往，他可以派官员代行，“去不去的随意性很强”。朱元璋“诸事慎之又慎，行踪诡秘”，即使决定前往南郊祭祀或躬耕，也“不可能提前广为宣泄”，“一般人决无可能较早知道享先农耕籍田的日期，更不可能预测朱元璋今年去不去躬耕籍田”。因此，“具体谋反日期露出了马脚”，“这件最确凿的事实却恰恰成了蓝玉案中的最大漏洞和最有力的反证”。

这条理由实际上是经不起推敲的。耕籍田的具体日期虽由钦天监择定，但绝非临时决定，而是提前一段时间择定，因为耕籍田并非只是皇帝本人或委派代行官员的个人行动，而是牵涉到一大批百官耆宿的集体行动。“其耕籍仪：祀先农毕，太常卿奏请诣耕籍位，皇帝至位，南向立，公、侯以下及应从耕者各就耕位。户部尚书北向进耒，太常卿导引皇帝秉耒三推，户部尚书跪受耒。太常卿奏请复位，南面坐。三公五推，尚书、九卿九推，各退就位。太常卿奏礼毕。太常卿导引皇帝还大次，应天府尹及上元、江宁两县令率众人终田。是日宴劳百官耆宿于坛所。”（《明太祖实录》卷三九）参加耕籍田的，不仅有皇帝，还有三公九卿、太常卿和应天府尹、上元及江宁县令，此外还有耆宿庶民等。这样一个大规模的祀礼，显然需要提前进行认真细致的筹备，这就需要尽早择定具体的日期，并事先通知从耕的各位官员耆宿。而提前预测短期的天气变化，就当时的科学水平来说，是可以办到的。吴元年（1367年）十一月十二日，朱元璋半推半就地接受文武百官的奉表劝进，决定登基就位、建立大明王朝后，开始着手进行各项筹备工作。登基的具体日期，是朱元璋与谋士刘基商量后决定的。刘基精通象纬之学，当时身兼太史令，正主持历法的制定工作。他利用丰富的天文气象知识，预测来年的正月初四是个大晴天，是朱元璋登基的吉日。十二月二十二日，朱元璋祭告上帝皇祇说：“是用明年正月初四，于钟山之阳，设坛备仪，昭告帝祇，惟简在帝心：如臣可为生民主，告祭之日，帝祇来临，天朗气清；如臣不可，至日当烈风异景，使臣知之。”（《明太祖实录》卷二八下）在举行这个祭告仪式的前两天，应天连降雨雪，但到正月初一，大雪却突然停止，到初四日果然是个大晴天。我们无法确定，刘基是在什么时候预测到来年正月初四是个大晴天的，但应该不会早于吴元年十一月十二日，晚于十二月二十二日，如果是前者则预测到五十一天后的天气，如果是后者也预测到十一天后的天气变化。据《逆臣录》的记载，揭发蓝玉定于二月十五日耕籍田之日动手谋反的案犯中，苏庆、王逊、陈继、吴贰、汤泉和王德交代是在“洪武二十六年正月内失记的日”得知这个具体日期的（《逆臣录》卷二、三），马聚、戴成和陈贵交代是在当年正月十二日（《逆臣录》卷二），张仁交代是在正月十四日（《逆臣录》卷四），潘福荣和陈铭交代是在正月二十五日（《逆臣录》卷三），单庆和李成交代是在二月初一（《逆臣录》卷二）。其中，能明确说出得知耕籍田的具体日期的，最早是在正月十二日，从这一天到二月十五日为三十三天，最晚则在二月初一，从这一天到二月十五日为十四天，这在当时的条件下，专掌气候观测历法制定工作的钦天监，是完全能够办到的。

至于耕籍田的日期确定后，朱元璋是亲自前往还是遣官代行，这要看皇帝政务是否繁忙、身体健康状况如何而定，而不是随心所欲，想去就去，不想去就不去。而且在皇帝亲往躬耕抑或遣官代行之事决定之后，还须及时通知掌管操办耕籍田礼仪的太常卿，以便就相关礼仪是否变动（如遣官代行，“太常卿奏请诣耕籍位，皇帝至位，南向立”，“户部尚书北向进耒，太常卿导引皇帝秉耒三推，户部尚书跪受耒。太常卿奏请复位，南面坐”这一系列礼仪就须作相应的改动，因为代行礼仪的官员是不能“南向立”、“南面坐”的，户部尚书也不必“跪受耒”）、安全保卫是否应该加强（如皇帝亲往，必须提前清道，并加强沿途及先农坛周边的警戒和保卫力量）做出决定和安排。蓝玉虽然不是参加耕籍田的三公九卿，但蓝党的核心骨干詹徽时任吏部尚书，却是必须参加耕籍田的九卿之一，他事先知道耕籍田的日期并得知皇帝将亲往参加，将消息告诉蓝玉，所以蓝玉选择在皇帝耕籍田之日动手，并不是什么奇怪的事。后来，朱元璋果然在这一天亲自前往南郊躬耕籍田，正是这一推断的最好证明。因此，许多案犯所交代的“具体谋反日期”，不是蓝玉案的“最有力的反证”，而是它的最有力的铁证。我们切不可因为朱元璋在此案中牵连诛杀大批无辜的武臣，就连蓝玉的谋反事实也加以抹杀、否定。

“居安虑危”的忧患意识

洪武元年（1368年）正月初四，朱元璋在应天（今江苏南京）登基创立明朝后，满朝的大臣个个喜不自禁，沉浸在一片欢乐之中。他们都以为，经过十几年的浴血战斗，总算夺取天下，从此可以享受荣华富贵，庇荫子孙了。

但朱元璋的心情却大不相同。他从十几年来经历的种种艰险困苦中感受到创业之难，也更忧虑将来的守业之难，常常为明王朝的长治久安而“寝不安枕，忧悬于心”。早在吴元年（1367年）七月，他就提醒周围的大臣：“古之贤君常忧治世，而古之贤臣亦忧治君。然贤臣之忧治君者君常安，而明主之忧治世者世常治。今土宇日广，斯民日蕃，而予心未尝一日忘其忧。”（《明太祖实录》卷二四）登基的第二天，他即告诫群臣：“创业之初，其事实难，守成之后，其事尤难”，“朕念创业之艰难，日不暇食，夜不安寝”。第三天，登基庆宴刚一结束，他又召见群臣，语重心长地告诫说：“处天下者当以天下为忧，处一国者当以一国为忧，处一家者当以一家为忧。且以一身与天下国家言之，一身小也，所行不谨，或致颠厥，所养不谨，或生疢疾，况天下国家之重，岂可顷刻而忘警畏耶？”（《明太祖实录》卷二九）洪武二年三月，他又对臣僚尖锐地提出“居安虑危，处治思乱”的问题，警告他们不要被胜利冲昏头脑，忘乎所以。

为了帮助大臣提高认识，朱元璋经常和他们一起研究，共同总结历代治国的得失，指出："安生于危，危生于安"，安危治乱是可以互相转化的，"安而不虑则能致危，危而克虑则能致安"。导致这种转化的关键，是掌权执政者能否居安虑危，处治思乱，谨慎从事，"安危治乱，在于能谨与否耳"（《明太祖实录》卷一二七）。他以人之驾车作比喻，说车辆所以能平安地通过险峻崎岖的道路，是因为驾车者小心谨慎；所以会在平展坦荡的大道上翻车，是由于驾车者的疏忽大意。"忧患之来，常始于宴安也。明者能烛于未形，昧者扰蔽于已著。事未形扰可图也，患已著则无及矣。"（《明太祖实录》卷五八）因此，朱元璋反复告诫臣僚："人常虑危乃不蹈危，常患虑乃不及患"（《明太祖实录》卷一九六）。为了引起人们的警戒，登基不久，他就下令设置专人，每天五更之时，在京师城门的谯楼上吹起画角，高声唱道：

为君难，为臣又难，难也难；

创业难，守成更难，难也难；

保家难，保身又难，难也难！

在"居安思危"思想的指导下，朱元璋要求群臣力戒骄傲，勤谨理政。他一再告诫群臣："自昔有国家者，未有不以勤而兴，以逸而废。勤与逸，理乱盛衰所系也。"（余继登：《典故纪闻》卷五）这是因为，"凡事必预备然后有济"。如果平时兢兢业业，勤于政务，对可能出现的忧患就能及时察觉，并采取相应的措施，把它消灭于未形之际；否则，荒怠政务，毫无准备，临时应付，必将酿成大祸，导致国家的败亡。比如种庄稼，如果及早疏浚河渠，遇到久旱不雨，可以引水浇灌，不必忧虑，如果等到天旱地干，禾苗枯焦，再想修渠灌溉，就为时晚矣。因此，作为掌权执政者，必须克勤克慎，"事虽微而必虑，行虽小而必防"（《明太祖实录》卷一二七）。要做到这一点，又必须克服骄傲自满的情绪。"丧乱之源，由于骄逸。"掌权执政者一旦骄傲自满，以为天下太平，可以高枕无忧，势必耽于逸乐，疏怠政务，贻患无穷。“古之君臣，居安不忘警戒，盈满常惧娇纵，兢兢业业，日慎一日，故能始终相保，不失富贵。”（《明太祖实录》卷二九）

“己不正则无以正人。”朱元璋深明此理，处处以身作则。他特地命儒臣将《尚书》的《无逸》篇抄录在宫殿的壁上，朝夕省阅，警戒自己。平时总是孜孜不倦，亲预朝政，未尝有丝毫的懈怠。朱元璋曾对大臣描述自己日夜操劳的情况，说：“朕自即位以来，常以勤励自勉，未旦即临朝，晡时（即申时，等于现在的下午三点到五点）而后还宫。夜卧不能安席，披衣而起，或仰观天象，见一星失次，即为忧惕。或度量民事，有当速行者，即次第笔记，待旦发遣。”（《明太祖实录》卷一一五）“每旦星存而出，日入而休，虑患防危，如履渊冰，苟非有疾，不敢怠惰。以此自持，犹恐不及。”（《明太祖实录》卷一三〇）这些话并不夸张，《天潢玉牒》就说他“四鼓而兴，未明而朝，日昃（太阳偏西）始罢。稍闲暇，辄与诸儒讲论经史，晡时复听政，至昏乃还宫。隆寒甚暑，未尝少变。体或不豫，亦强出视朝。凡有陈论者，无间卑贱皆引见。四夷有小警，则终夕不寐，深思弭患之宜”。据史书的记载，从洪武十八年九月十四日至二十一日，八天之内，朱元璋就批阅内外诸司奏札一千六百六十件，处理国事三千三百九十一件，平均每天要批阅奏札二百多件，处理国事四百多件。仅此一端，即可想象他是多么勤谨和繁忙。据传，朱元璋曾写了这样一首诗描述自己的辛劳：

百僚未起朕先起，百僚已睡朕未睡；

不如江南富足翁，日高丈五犹拥被。

朱元璋的第十七子宁王朱权，在《宫词七十首》里也曾描述他父亲的勤政说：

宵旰常存为国心，大庭决政每亲临。

退朝镇日凭绨几，御笔常书丹扆箴。

封建社会的皇位实行世袭制。要想求得王朝的长治久安，仅仅在位的当朝皇帝具有忧患意识是不够的，还必须让继位的后代子孙具有忧患意识才行。朱元璋从历代王朝的兴衰治乱中，就敏锐地悟出这个道理：“自古帝王，以天下为忧者，惟创业之君、中兴之主及守成贤君能之。其寻常之君，不以天下为忧，反以天下为乐，国亡由此而始。”（《明太祖实录》卷四五）他担心自己的儿子从小生长深宫，过着优裕的生活，会沾染上骄奢逸乐的恶习，将来继位后，变成“不以天下为忧，反以天下为乐”的“寻常之君”，葬送掉大明王朝，因此非常重视对他们的教育，培养他们的忧患意识。早在吴元年八月，朱元璋出宫祭祀山川，祀毕就叫随行的几个儿子步行还宫，说：贵则必骄，逸则忘劳，这是人之常情。扈从的将士，半夜起床，辛勤护驾，到现在都还没吃早饭。你们就自己步行回宫，尝一尝长途跋涉的辛劳，将来不至于染上骄惰的恶习。十月，他又叫世子朱标、次子朱樉前往凤阳家乡谒祀祖宗陵墓，说：你们几个孩子生于富贵，没有吃过什么苦头。按人之常情，习于宴安者，必生骄惰，况且你们来日都将有国有家，不可不戒。现在你们回一趟老家，游历一下京城附近郡县的山川田野，可通过路途之艰险懂得鞍马之勤劳，了解小民之生业，知道衣食之艰难，观察民情之好恶，了解风俗之美丑，到祖宗陵墓所在地访问父老乡亲，了解我当年起兵和渡江的情况，铭记在心，知道我创业之不易啊。登基之后，朱元璋对皇太子和诸王的教育抓得更紧，经常告诫他们：“昔有道之君，皆身勤政事，心存生民，所以保守天下。至其子孙，废弃厥德，色荒于内，禽荒于外，政教不修，礼乐崩弛，则天弃于上，民离于下，遂失其天下国家。为吾子孙者，当取法于古之圣帝哲王，兢兢业业，日慎一日，鉴被荒淫，勿蹈其辙，可以长享富贵矣。”（《明太祖宝训》卷二，《教太子诸王》）有一次，朱元璋去钟山，叫侍御仆从打前站，见一个小仆人也跟随而来，就记下来。第二天，他把这个小仆人找来，对皇太子和诸王说：这个小童仆和你们的年龄差不多，已能奔走服役。你们不能因为自己年幼，就怠惰不学，应当朝夕发奋，勤励好学。朱元璋还常以自己废寝忘食、勤奋理政的事例来教育皇太子，要他“体而行之”。洪武五年十二月，皇太子刚满十八岁，朱元璋就对省台府臣下达命令，叫以后诸司所奏之事，“皆启皇太子知之”，让他熟悉政务。第二年九月，又命诸司：“今后常事启皇太子，重事乃许奏闻。”洪武十年六月，又令“自今大小政事皆启太子处分，然后奏闻”，并面谕皇太子：“自古以来，惟创业之君历涉勤劳，达于人情，周于物理，故处事之际鲜有过当。守成之君，生长富贵，若非平昔练达，临政少有不缪者。故吾特命尔日临群臣，听断诸司启事，以练习国政。惟仁则不失于躁暴，惟明则不惑于奸佞，惟勤则不溺于安逸，惟断则不牵于文法，凡此皆以一心为之权度。”（《明太祖实录》卷一一三）

忧患，是中华民族的优秀传统。早在《周易》中，就有“安而不忘危，存而不忘亡，治而不忘乱”之说。后来，《左传》也称：“居安思危，思则有备，有备无患。”春秋战国时代，许多政治家、思想家更进一步告诫：“生于忧患而死于安乐。”（《孟子・告天下》）“于安思危，危则虑安。”（《战国策・楚策四》）此后，人们不断总结治国理政的经验教训，进一步加深对居安思危的认识。唐贞观年间，魏征即明确指出：“自古失国之主，皆为居安忘危，处治忘乱，所以不能长久。”（吴兢：《贞观政要》卷一〇，《灾祥》）他在《谏太宗十思疏》中，语重心长地告诫唐太宗：“念高危则思谦冲而自牧，惧满盈则思江海下百川，乐逸游则思三驱以为度，忧懈怠则思慎始而敬终。”正是由于具备忧患意识，朱元璋才能像唐初的贞观君臣那样，兢兢业业，勤奋理政，因此走向繁荣昌盛。

“威德兼施”的民族政策

中国自古是多民族的国家，除了汉族，还有众多的少数民族。如何处理好国内的民族问题，不仅关系到王朝的命运，而且关系到我们这个多民族国家的命运。

朱元璋建立明朝后，针对当时民族矛盾还很尖锐、少数民族聚居的边疆地区尚待统一的状况，制定了“威德兼施”的民族政策。他认为：“治蛮夷之道，必威德兼施，使其畏感，不如此不可也”（《明太祖实录》卷一四九），“盖蛮夷非威不畏，非惠不怀，然一于威则不能感其心，一于惠则不能慑其暴，惟威惠并行，此驭夷之道也”（《明太祖宝训》卷六，《怀远人》）。“威”是指军事上的征服、镇压，即所谓“以威服之”；“德”是指政治上的恩怀、德惠，即所谓“以德怀之”。威德兼施，两手并用。

朱元璋的“威德兼施”政策包含着极其丰富的内涵，主要有“克诘戎兵”“怀之以恩”和“因俗而治”等内容。

一，“克诘戎兵”。即强调武力在震慑少数民族方面所起的作用。朱元璋认为：“上世帝王创业之际，用武以安天下，守成之时，讲武以威天下。”（《洪武圣政记·新旧俗第七》）他反复强调：“当平康之时，克诘戎兵，内以安国家，外以控四夷。”（《明太祖实录》卷六七）为此，明王朝在立国之初，即大力加强军队和国防建设。

元朝的统治被推翻之后，不甘心丧失统治阶级和统治民族地位的蒙古上层贵族，拒不归附于明，时刻妄想卷土重来，恢复其对中原的统治。因此，朱元璋对他们侧重于军事打击，多次出动大军深入蒙古草原与之作战，并在长城内外遍置卫所，部署重兵，屯田戍守，构筑一道坚固的防线。一旦遇到蒙古的袭扰，立即调动兵力，随时给予反击。对其他少数民族，朱元璋则侧重于政治上的招抚，只有云南的故元梁王把匝剌瓦尔密和大理段氏拒不接受招抚，明廷才出动大军加以讨伐。尔后，明朝便在这些少数民族聚居的边境地区广设卫所，驻兵屯田，以防叛乱的发生，维护国家的统一。

二，“怀之以恩”。在威德兼施的两手中，朱元璋特别重视“德怀”一手的作用，强调：“自古帝王之得天下，不在地之大小，而在德之修否。”（《明太祖实录》卷七六）“蛮夷之人……若抚之以安静，待之以诚意，谕之以道理，彼岂有不从化哉？此所谓以不治治之，何事于兵也！”（《明太祖宝训》卷六，《怀远人》）因此，在大力加强武备、“以威服之”的同时，朱元璋特别重视政治上的恩抚、德怀，力争“以德怀之”。

对北方的蒙古，朱元璋虽侧重于军事打击，但从未放弃政治上的恩抚。他多次对北元发动招抚攻势，反复申明：“如蒙古、色目，虽非华夏族类，然同生天地之间，有能知礼义，愿为臣民者，与中夏之人抚养无异”（《皇明诏令》卷一，《谕中原檄》），“朕既为天下主，华夷无间，姓氏虽异，抚字如一”（《明太祖实录》卷五三）。宣布元顺帝父子如能归附，“当效古帝王之礼，俾作宾我朝”；北元官吏如能倾心来归，“不分等类，验才委任”；其宗王驸马、部落臣民等，如率众来归，“当换给印信，还其旧职，仍居所部之地，民复旧业，羊马孳畜，从便牧养”（《明太祖实录》卷五三）。后来，许多北元宗戚和官吏率部归降或战败被俘，明廷都赐给大量财物，并量才擢用，委任官职，甚至赐以姓名。不少故元官吏，归降后在地方出任知府、知县，在中央做到侍郎、尚书。如世家宝在元末任集贤院学士，守胶东登、莱等郡，洪武元年投降明朝，被授为大理寺少卿，寻改礼部侍郎，翌年升任刑部尚书。至于在军队任职的，数量就更多了。起初有的是由明朝换给印信，仍领旧部，原地屯戍，有的是另授新职，迁入内地驻防。到洪武二十一年，朱元璋命中军、左军两都督府移文所属都司："凡归附鞑靼官军，皆令入居内地，仍隶各卫编伍。"（《明太祖实录》卷一八八）此外，在亲军中甚至还有蒙古军队和军官。如洪武五年，"置蒙古卫亲军指挥使司，以答失里为佥事"（《明太祖实录》卷七一）。

对其他地区的少数民族，明廷的德怀主要表现为施行贡赐、互市以及发展当地社会经济和文化教育的政策。凡是边疆地区少数民族的僧俗诸王、羁縻卫所长官和土司头目朝觐入贡，明廷都根据"厚往薄来"的原则，给予高出贡物价值数倍的赏赐。朱元璋特地叮嘱礼部大臣，少数民族首领入京朝觐者，"赉予之物宜厚，以示朝廷怀柔之意"（《明太祖实录》卷一五四）。鉴于边疆地区经济比较落后，"民未熟化"，朱元璋还提出一条安抚原则，叫做"严明以驭吏，宽裕以待民"（《明太祖实录》卷五四）。所谓"严明以驭吏"，就是慎重选择守边将领或官吏，对他们严加约束，令其善待蛮夷，不许滋扰百姓。"宽裕以待民"，就是要体恤民情，减轻边地少数民族的负担。当时少数民族地区的赋役一般都定得较轻，而且多是缴纳当地的土产，遇到灾荒逋赋，也多下令蠲免。

三，"因俗而治"。因俗而治是指因袭、保留少数民族原有的政治制度、生产和生活方式、风俗习惯、宗教信仰不变。在政治上，当边疆少数民族归附之后，明廷便册封其首领为官，或赐予封号，令其治理本地或本部，以听从朝廷号令，但保留当地的政治结构和经济结构不变。如在南方和西南地区建立土司，在东北蒙古族兀良哈部聚居地建立朵颜等三个羁縻卫所，在西北撒里畏兀儿等族聚居地建立安定、阿端、曲先、罕东等四个羁縻卫所，在藏族聚居的藏区则羁縻卫所与土司并设，僧俗并封，均以当地的少数民族首领担任官职，治理本部，明廷对其内政不加干预。

明廷还尽量照顾边疆少数民族的生产生活方式和风俗习惯。朱元璋主张："凡治胡虏，当顺其性。"（《明太祖实录》卷五九）明廷最初对归附的蒙古族，一般都是就近安置在水草肥美之地，从事游牧生活。还强调要尊重蒙古、色目人的风俗习惯，不主张他们改用汉姓汉名。对其他地区的少数民族，在归附之后也让他们留居原地，保留其原来的生产和生活方式。有些地方的少数民族因发动大规模的反明起义，明廷在出兵镇压之后，便将他们悉数迁出，易地安置。不过，这种情况并不太多。

藏族地区盛行藏传佛教，教派众多。明廷充分尊重藏族人民的宗教信仰，"因其俗尚，用僧徒化导为善"（《明史》卷三三一，《西域传》）。朱元璋沿用元朝赐给藏族高僧封号的办法，册封众多教派的首领为大国师、国师等，同时在西宁、河州等地设立僧纲司、汉僧纲司和番僧纲司，以检束僧人。他还亲自为西宁番僧三剌和西宁卫镇抚李喃哥等所建的佛刹分别赐名，前者称瞿昙寺，后者称宁番寺。此后，僧徒争建佛寺，明廷"辄赐以嘉名，且赐敕护持"（《明史》卷三三〇，《西域传》）。

所谓"威德兼施"，乃是历代封建帝王惯用的一种古老的治世法则。但是，过去的封建帝王，除唐太宗等少数人之外，在运用这个法则时，往往只注意政治上的威服，很少注意政治上的德怀、恩抚，从而导致民族矛盾的激化，难以收到积极的效果。朱元璋则不然，他不仅提出“华夷无间”“抚字如一”的主张，而且非常重视怀柔手段的运用，能够根据不同民族的具体情况，因时制宜，因俗而治，并辅之其他羁縻和恩抚措施，从而使尖锐的民族矛盾得到缓和，把众多的民族基本统一起来，置于一个强有力的中央政权管辖之下。这不仅有利于明朝统治的巩固，而且有助于加强各民族之间的政治、经济、文化联系，从而起到加强和巩固国家统一的积极作用。但不知何故，人们对朱元璋民族政策的评价却不高。其实，同前后两个王朝即元、清开国君主的民族政策相比，朱元璋的民族政策无疑是较为开明的。元朝统一中国后，把辖境内的各民族按照被征服的先后划分为蒙古、色目、汉人和南人四个等级，公开实行民族歧视与压迫的政策。清朝入关后，也实行与之相类似的政策，划分满洲、蒙古、汉军和汉人四个等级，不但不以平等待汉人，而且也不以平等待蒙古、汉军和其他族人。不仅如此，清朝还以暴力强迫广大汉人剃发易服，改从满族的生活习俗。但朱元璋完全没有这种划分民族等级的做法，实行因俗而治，让各个少数民族保留自己的生产生活方式、风俗习惯和宗教信仰。孰优孰劣，是不言自明的。

以“不征”为特征的和平外交

许多人一提起明初的外交活动，就想到“海禁”，把它等同于闭关锁国，进而否定朱元璋的外交政策。其实，明初的海禁，是适应明代君主专制中央集权的强化，把海外贸易控制在官方手里，禁止私人从事海外贸易，不等于闭关锁国。而朱元璋外交政策是以“不征”为特征的和平外交政策，其总目标是“与远迩相安于无事，以共享太平之福”（《明太祖实录》卷三七），期盼与周边各国和平相处。这种外交政策，还是应该肯定的。

元朝初年，一度实行穷兵黩武的对外扩张政策。成吉思汗曾大举西征，并东征高丽（今朝鲜）。忽必烈建立元朝后，也多次发兵攻打日本，安南（今越南北部）、缅甸、占城（今越南南部）、爪哇（今印度尼西亚爪哇岛）等国。元朝发动的这些战争，不仅遭到被侵略国家的顽强抵抗，而且极大地消耗自己的人力、物力和财力，加重人民的负担，激起人民的强烈不满，福建等地便因此爆发过起义。朱元璋总结并吸收历史上的这些教训，强调外国如不自量力，兴兵侵犯我国，一定要给予迎头痛击，但如果外国不来侵犯，则不可无故兴兵去侵犯他国。当时，明王朝刚刚建立，国内的统治还不稳固，统一的大业尚未完成，百业凋零的经济有待复兴，需要有一个和平安定的国际环境。因此，朱元璋决定对外采取以“不征”为特征的和平政策。洪武四年（1371年），他郑重告谕各部大臣："海外蛮夷之国，有为患于中国者，不可不讨；不为中国患者，不可辄自兴兵。……朕以诸蛮夷小国，阻山越海，僻在一隅，彼不为中国患者，朕决不伐之；惟西北胡戎（指蒙古），世为中国患，不可不谨备之耳。卿等当记朕言，知朕此意。"（《明太祖实录》卷六八）洪武六年，他编纂《祖训录》，特地将这个政策录载其中，要求后代子孙世代遵行。

明王朝建立后，朱元璋在洪武元年（1368年）十二月，分别遣使出访高丽、安南，并致书于周边各国，通报他已即位改元，取代元朝的统治，希望与各国重新建立外交关系，开展贡赐贸易。国书说明他的外交政策为："朕……已承正统，方与远迩相安于无事，以共享太平之福。"（《明太祖实录》卷三七）后来，又陆续遣使出访日本、占城、爪哇、琐里（在今印度科罗曼德尔海岸）、暹罗（今泰国）、真腊（今柬埔寨）、三佛齐（今印度尼西亚苏门答腊岛巨港一带）、渤泥（今文莱）、琉球（今日本冲绳岛）、缅国（今缅甸）和西洋诸国，重申明朝的外交政策和建交愿望，并赐赠诸国王金绮缎纱罗。洪武三年，在给爪哇国王的国书中，他进一步申明："朕仿前代帝王，治理天下，惟欲中外人民，各安其所。"（《明史》卷三二四，《爪哇传》）洪武五年，接见来访的高丽民部尚书张子温，他再次表示愿与各国和平相处的态度，说："昔日好谎的君主如隋炀帝者，欲广土地，枉兴兵革，教后世笑坏他，我心里最嫌。"（郑麟趾：《高丽史》卷四三，《恭愍王世家》）朱元璋还设法同中亚地区的帖木儿汗国、远在地中海东部的拂菻（东罗马帝国）建立联系。洪武二十一年，明军在捕鱼儿海（今贝尔湖）战役中俘获一批撒马儿罕（在今乌兹别克斯坦）商人，朱元璋立即派鞑靼王子剌剌等护送他们回帖木儿汗国，后又"累遣使诏谕"。元朝末年，有个拂菻国人捏古伦前来中国经商，元亡之后滞留未返。朱元璋得到消息，在洪武四年召见捏古伦，请他携带一封书信回国，交给拂菻国王，希望双方能互通往来。后来，又正式遣使出访拂菻，再次表达同拂菻建交往来的愿望。洪武年间，明朝使臣的足迹，遍及周边邻国，"足履其境者三十六，声闻于耳者三十一。风殊俗异，大国十有八，小国百四十九"（张燮：《东西洋考》卷一一，《艺文考》）。

朱元璋的外交活动，得到周围邻国的热烈响应。洪武二年六月，安南国王首先遣使前来朝贡，因请封爵；八月，高丽国王派遣礼部尚书等奉表入明，祝贺朱元璋即帝位，贡方物，请封爵；九月，占城国王派遣大臣入明朝贡。日本、暹罗、真腊、琉球、吕宋（今菲律宾吕宋岛）、爪哇、琐里、三佛齐、苏门答腊、览邦（今苏门答腊岛南部南榜一带）、淡巴（一说在今马来半岛的丹帕湖一带，一说在苏门答腊岛的甘巴河流域）、百花（今爪哇岛西部）、湓亨（今马来西亚彭亨州）、缅国、柯枝（今印度西南海岸柯钦）、大葛兰（一说在今印度南部西海岸的奎隆，一说为今奎隆南的阿廷加尔）纷纷遣使来访，同明朝建立外交关系。相距遥远的拂菻也遣使入贡。帖木儿汗国当时正图谋攻灭西方的伊儿汗国和北边的钦察汗国，也对明朝采取"称臣纳贡"的做法，在洪武二十年首次遣使入明，贡马十五匹、骆驼两只，"自是频岁贡马驼"。

在十五、十六世纪以前，人类对世界的认识具有很大的局限性，已知的世界是世界的某个地区，因而往往把自己国家或所在地区当作是世界的中心。钱钟书曾指出："古希腊、罗马、阿拉伯人著书各以本土为世界中心。"（《管维篇》第四册，中华书局1979年版，第1556页）中华文明源远流长，在华夏民族形成的过程中，便产生一种华夏民族优于夷狄的思想和夷夏之分的文化心态。自秦汉实现大一统之后，历代王朝的对外关系便是奠基于"夷夏之辨"基础上的以中国为中心的宗藩关系即朝贡关系。中国的君主作为“天下共主”，居内以制夷狄。与中国建交的周边各国，仍然保留自己的君主和完整的国家机构，但作为藩属国，必须接受宗主国的册封，向宗主国“称臣”“纳贡”。中国的君主，不干预藩属国的内政，而是按照儒家礼治思想，以德柔远，并根据“薄来厚往”的原则，对贡纳给予丰厚的回赐，以图建立一种和谐稳定的国际秩序。

朱元璋的外交活动，延续着这种传统的宗藩模式。他仿照历代王朝封建君主的作法，以“天下共主”的姿态履行其职责。一是颁诏封主。先后于洪武二年册封安南、高丽、占城国王，十六年颁诏册封琉球中山王，十八年又册封琉球山南王和山北王。二是用儒家的礼治思想规范藩属国国王的行为。藩属国的内政完全自主，朱元璋一概不加干预，但要求藩属国行事必须遵守儒家的德治思想，推行仁义礼乐，与民兴利除害，使民各得其所。洪武二年十月，朱元璋接见来访的高丽总部尚书成准得，询问其国内情况，成准得说：“俗无城郭，虽有甲兵而侍卫不严，有居室而无听政之所，王专好释氏，去海滨五十里或三十里，民始有宁居者。”朱元璋便写了一道玺书，让他带给高丽国王。玺书除劝告高丽国王筑城郭、建厅事、修武备之外，特别强调：“历代之君，不问夷夏，惟备仁义礼乐，以化民成俗。今王弃而不务，日以持斋守戒为事，欲以求福，失其要矣。……先王之道，与民兴利除害，使其生齿繁广，父母妻子饱食暖衣，各得其所，则国祚永长。修德求福，莫大于此，王何不为此而为彼哉？”（《明太祖实录》卷二六）同样，基于儒家的德治思想，朱元璋对藩属国的纳贡，也要求按照古制三年或比年一贡，贡品也不必过多，能够表达诚敬之心即可，以免劳民伤财。鉴于高丽贡物往来过于频繁，洪武五年即令中书省告谕高丽：“令遵三年一聘之礼，或比年一来，所贡方物止以所产之布十四足矣”，并令中书省以此意“谕之占城、安南、西洋锁里、瓜哇、渤泥、三佛齐、暹罗斛、真腊等国”（《明太祖实录》卷七六）。洪武七年三月，更诏中书省及礼部，重申“古者中国诸侯于天子，比年一小聘，三年一大聘。九州之外，番邦远国则每世一朝。其所贡方物不过表诚敬而已。……今遵古典而行，不必频繁。其移文使诸国知之。”（《明太祖实录》卷八八）三是调解国际纠纷。朱元璋认为：“朕为天下主，治乱持危，理所当行。”（王祎：《王忠文集》卷二，《谕安南占城二国诏》）。因此，周边国家发生纠纷，他便遣使进行调解。洪武初年安南与占城发生战争，洪武十六年琉球中山王、山南王与山北王为争雄关而互攻，他都遣使前往调解。

但是，在同周边国家建交不久，朱元璋就发现，他这个“天下共主”的诏敕实际并不能产生多大效用。不论是已册封还是未曾册封的藩属国，对明朝这个宗主国并不那么诚敬。关于三年或比年一贡的规定，尽管他三令五申，有些国家为图丰厚的回赐，照样年年入贡，甚至一年数贡。更有甚者，有的已经册封过、同明朝关系最为密切的国家，还接连发生令朱元璋深感激愤的事件。这迫使他不能不采取务实的态度，来处理国与国之间的关系。

最早臣服明朝的，是与中国接壤的安南。洪武二年六月，朱元璋即册封陈日煃为安南国王。翌年，陈日煃故去，其侄陈日熞嗣立，朱元璋又封他为安南国王。但仅过一年有余，陈叔明杀陈日熞自立，并于洪武五年二月遣使进贡，试探明朝的态度。礼部主事发现发文的国王名字不对，“前王仍陈日熞，今表曰陈叔明”。礼部诘问安南使臣，使臣招供：“盖叔明逼死日熞而夺其位”。朱元璋大怒，“却其贡不受”（《明太祖实录》卷七二）。随即颁诏以春秋大义谴责陈叔明的“篡夺”行为，要求他“更弦易辙”，“择日贤亲贤命而立之”，“不然，十万大军水陆俱进，正名致讨以昭示四夷，而其毋悔”（《宋濂全集》卷二，《谕安南国王诏》）。翌年，陈叔明遣使入明谢罪、请册，并说明陈日煃系病卒。朱元璋明知有诈，但基于自己宣布的“彼不为中国患者，朕绝不伐之”的外交政策，他还是表示让陈叔明“且以前王印视事”的态度，说“俟能保安疆境，抚辑人民，然后定议”（《明太祖实录》卷七八）。

洪武十二年九月，占城国王遣使入明朝贡，中书省未及时奏报，从而引发胡惟庸党案及废除丞相、罢撤中书省的一连串重大事件。为了集中力量解决内部问题，稳定国内局势，朱元璋对国际关系采取了更为宽松的政策。第二年正月，在《谕安南来使敕》中，他首次表示要与安南划疆而治：“且安南，中国虽称僻居遐荒，实是密迩；虽日密迩，地不足以广疆，人非我用。在昔中国之君虽曰统，朕思限山阻川，实为疆制，若我中国有道内安，四夷守分，何欲事大之来者？……尔等归告陈叔明，安分高枕，虽不来朝，亦也无虞”（《明太祖集》卷八）言外之意十分明确，只要安南保证边境的安定，对陈叔明的篡逆行为，甚至是不来朝，他都可以置之不问。

洪武十四年六月，安南国王陈炜（陈叔明之弟）遣使入贡，分别给靖江王、广西布政司和中书省贡献礼品。中书省已于去年撤销，安南国王此举显然是有意给朱元璋难堪。恰在此时，广西“思明府来言，安南脱、峒二县攻其永平等寨”，而安南却反咬“思明府攻其脱、峒、陆、峙诸处”。朱元璋以其诈，命还其贡，以书诘责陈炜，言其作奸肆侮，生隙构患，欺诳中国之罪。复敕广西布政司，“自今安南入贡并毋纳”（《明太祖实录》卷一三七）。明朝与安南几乎走到断交的地步。此后，安南仍持续入贡，直到洪武二十七年明朝得知陈炜早已为国相黎一元所杀，才却其贡，以示对其弑君行为的惩戒。三十年二月，朱元璋派行人陈诚、吕让出使安南，谕其以所侵之地归还思明府，但黎一元坚执不从。朱元璋召群臣集议对策，“或以其抗命当讨”，他仍决定“姑待之”（《明太祖实录》卷二五〇），坚持了“不征”的既定国策。

与中国接壤的高丽，也是较早臣附明朝的国家。高丽在元代为蒙古的武力所征服，与蒙古王室实行联姻，元廷还一度在高丽设立征东行省加以控制，使之成为一个半独立的附属国。至正末年，高丽乘元朝势衰之机，曾停用至正年号，恢复旧有官制，并与张士诚、方国珍通使往来，力图摆脱元朝的控制。明朝建立后，高丽国王王颛于洪武二年八月遣使入明朝贡，朱元璋遣使册封王颛为高丽国王，允其“仪从本俗，法守旧章”（《明太祖实录》卷四四）,正式建立宗藩关系。尽管当时高丽还同北元保持往来，但朱元璋还是采取了比较宽容的态度，不仅遣返滞留明境的高丽流民，允许高丽士子参加明朝的科举考试，免征高丽贡使私带入境货物及高丽入境海船的税金，而且对高丽内部事务从不插手。因此，这个时期与高丽的关系还是比较融洽的。

但到洪武五年，明朝与高丽的关系开始发生变化。当年，高丽出身的明朝孙姓内侍，在出使高丽期间不知何故突然死亡，且高丽国王曾派人入明打探山东、北平的军事情报。十二月，朱元璋召见高丽使者，警告说：“我如今征不征（高丽）不敢说。”（《高丽史》卷四三，《恭愍王世家》）双方关系渐趋冷淡。当时，退居漠北草原的北元，一直在拉拢、争取高丽。洪武七年，王颛“为其下所弑”而“暴毙”，左侍中李仁任立王颛年仅十岁的私生子辛禑为王，执行依附北元的政策，杀害明朝使臣，并遣使出访北元及其辽东守将纳哈出，改行北元宣光年号。洪武十一年，爱猷识理达腊死去，北元声势更加衰微，高丽才又改用洪武年号，要求明朝准其继续入贡。朱元璋便索取高额岁贡，想迫使高丽断交。辛禑于洪武十七年分四次交贡马九千匹，朱元璋才于次年遣使册封他为高丽国王，但双方关系仍未得到彻底改善。洪武二十年，明军迫降北元将领纳哈出，将元朝统辖的辽东地区归入版图，当年年底，朱元璋开始考虑与高丽划定边界，命户部咨高丽国王："以铁岭以北、东、西之地旧属开元，其土著军民女直、 鞑靼、高丽人等，辽东统之；铁岭之南旧属高丽，人民悉听本国管辖。疆境既定，各安其守，不得复有所侵越。"（《明太祖实录》卷一八七）翌年三月，明朝便在铁岭设置卫所。辛禑却硬说"文、高、和、定等州本为高丽旧壤"，要求将铁岭划入高丽。朱元璋断然拒绝，指出"高丽地壤旧以鸭绿江为界，从古自为声教"，"令复以铁岭为辞，是欲生衅矣"（《明太祖实录》卷一九〇）。辛禑停用洪武年号，于洪武二十一年发兵侵入辽东。双方关系再度恶化。

辛禑发兵侵犯辽东的举措遭到高丽右军都统使李成桂等人的反对。李成桂劝阻无效，遂发动兵变，废黜辛禑，复用洪武年号，后又废黜左军都统使所立的辛禑之子辛昌，另立王瑶，自拜左侍中，主持朝政。洪武二十五年，李成桂再废王瑶，自立为王，寻求与明朝改善关系。朱元璋对这一系列的政变不加干预，嘱咐礼部侍郎说："高丽限山隔海，僻处东夷，非我中国所治，且其间事有隐曲，岂可遽信。尔礼部移文谕之，从其自为声教。果他顺天道，合人心，以安东夷之民，不启边衅，使命往来，实彼国之福也。"（《明太祖实录》卷二二一）并对来访的高丽使臣表示："尔恭愍王（王颛）死，称其有子，请立之。后来又说不是，又以王瑶为王孙正派，请立之，今又去了。（李成桂）再三派人来，大概要自做王。我不问，教他自做。自要抚绥百姓，相通往来。"（[朝]河崙等：《李朝太祖实录》卷二）不过，朱元璋对李成桂仍心存疑虑。当李成桂请求明朝给予册封，要求更改国号，并提出朝鲜与和宁两个名称，请朱元璋代为选择。朱元璋迟迟不予册封，只是用代择朝鲜的国号以表示对李成桂即位的承认。此后，由于朝鲜招诱辽东的一些女真部落，元代移居辽东的一些朝鲜人迁回朝鲜，朝鲜使臣私交明朝藩王以及表笺文书用词不当等问题，双方仍不时发生摩擦和冲突。洪武三十一年四月，五年都督府及兵部上奏，由于朝鲜“叠生衅隙”，请命出兵讨伐。朱元璋还是表示：“朕欲止朝鲜生衅者，将以安民也。兴师伐之，固不为难，得无殃其民乎？但命礼部移文咨之，彼若不悛，讨之未晚。”（《明太祖实录》卷二五七）仍然坚持“不征”之策。

不仅对互相接壤的邻邦坚持“不征”的和平外交政策，即使有的海外国家侵犯了中国的利益，朱元璋也是设法通过外交途径，采取和平方式加以解决。如洪武三十年八月，礼部报告三佛齐派间谍把明朝的使臣裹胁到该国，并阻遏过往商旅，致使“诸国之意，遂尔不通”。朱元璋并没有兴师动众，出兵问罪。他听说三佛齐归瓜哇统属，便叫礼部写信给暹罗国王，请他转达瓜哇，要求瓜哇从中斡旋，“以大义告于三佛齐”，表示三佛齐“如能改过从善”，明朝“则与诸国咸礼遇之如初，勿自疑也”（《明太祖实录》二五四）。

日本是中国一衣带水的近邻，同中国的关系原先一直非常友好，但在元代出现了波折。蒙古统治者在十三世纪三十年代征服高丽后，南下灭金图宋，开始策划远征日本。元世祖忽必烈在位期间，两次发兵攻打日本，均遭败绩，从此与日本断绝往来。一些日本武士和商人来华贸易，往往暗藏武器，顺利时同中国做生意，不顺利就动用武力，进行掳掠。中国古代称日本为倭奴国，日本海盗也就被称为倭寇。不过，从元世祖到元英宗统治时期，由于海防比较稳固，倭寇的骚扰尚未形成巨患。元泰定帝即位后，海防日渐废弛，日本各地的封建主为扩大自己的势力和满足自己的奢侈欲望，积极组织境内的浪人（在战争中丢掉军职而破产沦落的武士）、商人，到中国沿海从事走私和抢劫活动，中国一些失去生计的流民则导倭入寇，与之坐地分赃，倭患问题因而日趋严重。为此，元朝曾多次实行短暂的海禁。直到至正二十三年（1363年）八月老将刘暹在蓬州（今山东蓬莱）给入犯的倭寇以有力打击，倭寇的嚣张气焰才有所收敛。明朝建立之初，“乘中国未定，日本率以零服寇掠沿海”（金安清：《东倭考》）。被朱元璋消灭的张士诚、方国珍，其余众多亡命海上，导倭入寇，倭患又日益严重起来。

面对这一形势，朱元璋决定从军事和外交两个方面入手，来解决倭患问题。洪武元年，他一面令朱亮祖镇守广东，在沿海要害之地设置卫所，加强防守，一面致国书于日本，表示他“方与遐尔相安于无事，以共享太平之福”的愿望，希望能与日本建立睦邻友好的外交关系。接着，他三次遣使赴日交涉，要求日本当局制止倭寇的寇掠活动，但都没有结果。于是下令与日本断交，“专以海防为务”（《明史》卷三二二,《日本传》）。首先，是在沿海地区遍设卫所，广修城池。据不完全统计，从辽东直到广东的一万四千多里海防前线，洪武年间先后共建立五十八个卫、八十九个守御千户所，此外还有二百个左右的巡检司和一千多个城池、寨堡、烽堠、墩台等。同时，籍张、方旧部及沿海之民为兵，增强沿海卫所兵力。估计整个沿海前线的卫所，共驻守着四十多万部队。第二，大造战船，加强水军建设。早在洪武初年于都城建立水军各卫时，就着手建造战船。洪武三年七月建立水军等二十四卫，规定每卫配备战船五十艘，共计配备了一千二百艘战船。到洪武二十三年四月，又“诏滨海卫所每百户（所）置船两艘，巡逻海上盗贼，巡检司亦如之”（《明太祖实录》卷二〇一）。按照这个规定，每个百户所和巡检司各配备战船两艘，每个千户所有二十艘，每个卫有战船一百艘，沿海五十八个卫、八十九个守御千户所当拥有七千五百八十艘战船，加上二百个巡检司拥有四百艘战船，合共拥有战船近八千艘。

第三，建立赏罚制度，鼓励将士奋勇杀敌。在加强海防的同时，朱元璋还施行海禁，禁止沿海居民私自下海，并在浙江、福建、广东等地实行迁界，将沿海附近海岛上的居民迁入大陆，以防内部奸民私通倭寇。通过这些措施，明廷建立起陆上坚守与近海巡逻相结合的一套防御体系。入犯的倭寇往往未及登岸，就遭到明朝水军的追剿围击，葬身于汪洋大海之中，没有酿成大患。

朱元璋晚年，于洪武二十八年将由《祖训录》进一步修订而成的《皇明祖训》刊布于世。在《皇明祖训》的《祖训首章》中，他再次重申以“不征”为特征的和平外交政策为子孙必须世代遵守的基本国策，并具体开列朝鲜、日本、大琉球、小琉球（一说指台湾，具体地理位置待考）、安南、真腊、暹罗、占城、苏门答腊、西洋（今印度南部）、湓亨、白花、三佛齐、渤泥等15个“不征”之国的名单。

朱元璋登基之初，一面继承传统的理念与制度，构建与周边国家的关系，一面又吸收元朝穷兵黩武、四处征伐惨遭失败的教训，制定以“不征”为特征的和平外交政策。这两个方面其实是互相矛盾的，因为作为宗主国的最高君主，以“天下共主”的身份，居内以制夷狄，必须握有征伐之权，才能有效地控驭藩属国。而实行“不征”之策，就意味着放弃对外的征伐之权，难以惩治藩属国违礼越制的不轨行为了。不久，当朱元璋发现虚幻的宗藩理念与现实存在巨大的差距之后，他继续坚持“不征”之策，只能从实行情况出发，以务实的态度来处理明朝国与周边国家的关系。这样一来，他的身份也就由“天下共主”回归到大国之君，藩属国也随之由“臣”提升为“宾”，使双方的关系由垂直的君臣关系变为横向的国与国的并行关系。所谓朝贡，也不再是宗主国控驭藩属国的一种手段，而变成一种藩属国对宗主国表示诚敬的礼仪形式。事实也正是如此，朱元璋在与周边国家的交往中，实际上已承认并接受各国的独立地位，“从其自为声教”，不加干预，即使出现违背儒家信条的弑君行为，最多也就是谴责一番，最后还是默认既成事实，令其“安分高枕”。有的国家侵犯中国的利益，也是通过外交手段进行解决，从未出兵加以讨伐。朱元璋还致力于边界的划定，并要求其他国家“保守封疆”，“固封疆勿外求”（《明太祖集》卷八，《谕占城国王阿答阿者》；卷二，《谕安南国王陈炜伯陈叔明诏》），这更是与历代王朝不同的举措。古代国家的疆土是不确定的，其范围往往取决于军事实力和武力扩张，因而没有边界，只有边陲。国界的划定与确定化，是近代国家出现的重要标志。因此可以说，朱元璋的外交活动，是中国古代对外关系史上的重大转折，是中国外交从传统向近代转型的开端。

明朝的海禁不是闭关锁国政策

许多人往往把明朝的海禁与清朝的海禁混为一谈，认为它们一脉相承，都是一种闭关锁国政策。其实，明朝的海禁与清朝的海禁有着本质的不同，前者是一种由官府垄断海外贸易的政策，后者才是真正的闭关锁国政策。

自古以来，我国的海外贸易，除官方的贡赐贸易以外，还有非官方的私人贸易。明朝刚建立时，也是如此。当时有不少外国商人，梯山航海，前来中国做生意。我国东南沿海一带，也有许多人从事海外贸易。明朝的卫所官军，也常“遣人出海行贾”。为此，朱元璋仿照宋元的做法，于至正二十七年（吴元年，1367年）设太仓黄渡市舶司，对进出口贸易进行管理，征取税收。洪武三年（1370年），以“太仓地近京师，外夷狡诈”为由撤销了黄渡市舶司，“凡番舶至太仓者，令军卫、有司封籍其数，送赴京师”（《明太祖实录》卷四九）。不久，又设宁波、泉州和广州三个市舶司，规定宁波通日本，泉州通琉球，广州通占城、暹罗、西洋诸国。

但是，私人的海外贸易，不久即遭禁止。这是因为张士诚、方国珍势力败亡后，“诸贼豪强者悉航海，纠岛倭入寇”（张瀚：《松窗梦语》卷三，《东倭记》）；而元代即已存在的倭寇，在元末明初又乘中国战乱之机，“率以零服寇掠沿海”（金安清：《东倭考》）。朱元璋“以海道可通外邦”，担心沿海人民借出海之机，与张士诚、方国珍余部及倭寇相勾结，于洪武四年十二月正式宣布："禁濒海民不得私出海"（《明太祖实录》卷七〇）。此后多次重申禁海令，规定"敢有私下诸番互市者，必置之重法"（《明太祖实录》卷二三一）。同时，在洪武七年九月，下令取消三个市舶司。不久重新恢复，后又罢废。对官方的贡赐贸易，控制也日趋严密。由于明廷对贡赐遵循"厚往薄来"的原则，赏赐给外国的物品，数量和价值总是远远超过他们的贡品。贡使在所献方物之外附带的番货，由明廷收购十分之六，剩下十分之四还可拿到会同馆与中国商人进行交易。各国"虽云修贡，实则慕利"（《明太祖实录》卷一三四），频繁地遣使入贡。洪武十六年，朱元璋遂实行勘合制度，命礼部颁发给朝贡国家一定数量的勘合，规定各国使臣入贡，必须持有明朝颁发的勘合和本国的表文，到所经过的布政司交验，方许放行。从此，"有贡舶即有互市，非入贡即不许其互市"（王圻：《续文献通考》卷三一，《市舶互市》），不仅将海外诸国朝贡的人次控制在规定的数量之内，而且彻底切断海外商人私自来华贸易的途径，使外交与贸易完全合一，海外各国只有与明朝建立外交关系，才能与明朝进行贡赐贸易。这样，海禁政策与贡赐贸易，就成为明初海外经济关系的两大支柱。

海禁政策与勘合制度的颁行，是与明初封建专制中央集权高度强化的发展趋势相适应的。虽然引起朱元璋施行海禁政策与勘合制度的具体诱因各不相同，但它们体现的都是朱元璋强化君主专制中央集权的意志。海禁政策，实际上是朱元璋对内加强专制统治的延伸，禁止百姓出海贸易，以防他们与敌对势力和倭寇相勾结，威胁明王朝的统治，并保证官方贡赐贸易的顺利开展；勘合制度，则是朱元璋强化中央集权在外交上的具体体现，由朝廷全面垄断海外贸易，并藉以对海外诸国实行有效羁縻，以防"衅隙"的发生，确保朝贡体制的稳固和世界秩序的和平安定。这种海外政策，着重考虑的是政治利益而非经济利益，是一种以政治为重心的海外政策。

朱元璋制定的海外政策，为他的后继者所继承。明成祖即位后，就重申海禁之令，同时派遣郑和率领庞大的船队下西洋，携带大批货物与西洋各国交换奇珍异宝，广泛招徕亚非各国来华进行朝贡贸易，并恢复三个市舶司。郑和先后七下西洋，访问大小三十余国，行程十万余里。亚非各国也多遣使来华建交，进行贸易。据不完全统计，在永乐年间，有六十个国家二百四十五次遣使访问中国。明与各国的贡赐贸易至此达到鼎盛。

宣德八年（1433年），郑和最后一次下西洋结束，明代贡赐贸易的鼎盛也就落下了帷幕。进入明中期，随着商品经济的发展与繁荣，东南沿海的民间私人海外贸易，冲破朝廷禁令，迅速发展起来。“成、弘之际，豪门巨室间有乘巨舰贸易海外者”（《东西洋考》卷七，《饷税考》），“有力则私通番船”已成为一种普遍现象。由于私人海外贸易的兴起，新的港口月港迅速崛起，成为被称为“小苏杭”的“繁华世界”。与此同时，西方殖民扩张的浪潮也正开始向东方袭来，东南亚一些国家和地区相继为西方殖民者所占领，明朝构建的国际秩序和朝贡体系已被打破。面对这种状况，明廷不得不考虑对违背经济规律的海外政策做出调整。正德四年（1509年），有暹罗船只被风浪漂至广东，当地“镇巡官会议，税其货以备军需”（《明武宗实录》卷四八）。第二年，经户部复议，得到明武宗的批准。自此，“不论是期非期，是贡非贡，则分贡与互市为二，不必俟贡而常可以来互市矣”（王圻：《续文献通考》卷三一，《市舶互市》），开始向海外民间商人敞开国门。此门一开，国内的民间海外贸易便如决堤之水，汹涌而出，人们纷纷“驾造巨舶、私置兵器，纵横海上”（《明武宗实录》卷一一三）。到明后期，随着倭寇的平定，明廷终于在隆庆元年（1567年）开放月港，取消海禁，“准贩东、西二洋”，准许民间商人出海贸易。随后又在广东开市，在澳门开埠，允许外国商舶来华贸易。明朝的海外政策最终完成了从以政治为重心到以经济为重心的转换，以符合经济规律。

由此可见，明初的海禁，只是禁止民间私人的海外贸易，并不禁止外国来华贸易，只是外国的来华贸易必须在官府的控制下进行。这种海禁并不是完全意义上的海禁，不是一种闭关锁国的政策，而是一种由官府垄断海外贸易的政策。况且，明朝的海禁也未能贯彻始终。明中期的正德年间即依据新的形势开始进行调整，至明后期的隆庆年间完成了这种调整，彻底废除了海禁。

但是，清兵入关后，清廷又于顺治六年（1649年）颁布《大清律集解附例》，实行海禁。郑成功驱荷复台后，清廷更三次宣布迁海令，将沿海居民内迁三五十里，“以绝接济台湾（郑成功）之患”，规定“凡官员兵民私自出海贸易，及迁移海岛盖房居住、耕种田地者，皆拿问治罪”（光绪《钦定大清会典事例》卷二，《吏部》）。这样，除与清朝建立外交关系的朝鲜、琉球、暹罗、缅甸、安南、苏禄（今菲律宾苏禄群岛）、南掌（今老挝）等七个周边邻国与地区，和清朝实行官方的贡赐贸易外，其他正常的海外贸易几乎处于停顿状态。这是一种完全意义的海禁，是真正的闭关自守。直到清朝统一台湾之后，清廷才于康熙二十二年（1683年）开放海禁，设立澳门、漳州、宁波、云台山（今江苏连云港）四个港口作为通商口岸，允许中外商船进出贸易。但仅过二十多年，就禁止中国商人前往南洋贸易，此后屡开屡禁。到乾隆二十二年（1757年）更下令将多口通商改为只留广州一口通商，并规定由政府特许的广东十三行统一管理对外贸易，将中国与世界彻底隔绝起来。

历史上有一些外表相似的事物，其实内涵和本质并不一定相同。我们研究历史，不仅要观其形，更要察其神，透过现象抓住本质。否则，就会上当受骗，得出错误的结论。

【叁】休养生息

休养生息，振兴经济

朱元璋登基后，就面临着振兴经济的艰巨任务。

明王朝建立之后，到处是战争的废墟，呈现一派人口锐减、田畴荒芜的凋敝景象。往昔的繁华胜地扬州，元末为地主武装青军元帅张明鉴所据，其部众暴悍，专事剽劫，“人皆苦之”。到龙凤三年（1357年）被朱元璋部将缪大亨攻克时，“城中居民仅余十八家”（《明太祖实录》卷五）。素称繁盛的苏州，也是“邑里萧然，生计鲜薄”（王琦：《寓圃杂记》卷五，《吴中近年之盛》）。湖广澧州慈州县，“流亡者众，田多荒芜”（《明太祖实录》卷六一）。常德府武陵等十县“土旷人稀，耕种者少，荒芜者多”（《明太祖实录》卷二五〇）。云南“土地甚广，而荒芜居多”（《明太祖实录》卷一七九）。四川所辖州县“居民鲜少”，成都故田数万亩“皆荒芜不治”（《明太祖实录》卷一八一）。西北不少地方，更是“城邑空虚，人骨山积”（《明太祖实录》卷五六）。中原诸州，“元末战争受祸最惨，积骸成丘，居民鲜少”（《明太祖实录》卷一七六）。洪武元年（1368年）闰七月，徐达从汴梁率师北伐，“徇取河北州县，时兵革连年，道路皆榛塞，人烟断绝”（《明太祖实录》卷三三）。山东也是残破不堪。洪武三年六月，济南知府陈修和司农官上奏：“近城之地多荒芜。”（《明太祖实录》卷五三）兖州府定陶县“井田鞠为草莽，兽蹄鸟迹交于其中，人行终日，目无烟火”（《［乾隆］定陶县志》卷九）。河南、两淮也好不了多少。卫辉府获嘉县，洪武三年县太爷上任时，“口，土著不满百，井闾萧然”（《［万历］获嘉县志》卷五,《官师志·宦绩》）。颍州地区，“民多逃亡，城野空虚”（《明太祖实录》卷三六下）。直到洪武十五年九月，致仕晋府长史桂彦良上《太平治要十二条》，还说：“中原为天下腹心，号膏腴之地，因人力不至，久致荒芜。”（《明经世文编》卷七，《桂正字集·上太平治要十二条》）人民力竭财尽，百姓生活极端困苦，地主贵族难以榨取到地租，国家的税源近于枯竭，各地的官府和卫所不断传来报告：“累年租税不入”，“积年逋赋”（《明太祖实录》卷六一、二五五）。许多府州县，因户、粮不及数只得降格。洪武十年，河南、四川布政司由州改为县者十二个，县合并者六十个。洪武十七年，全国因民户不及三千、由州改为县者多达三十七个。明初的经济，已经陷于破产的境地。

元末农民战争之后，民心思治，广大农民都亟盼社会能够安定下来，让他们回到土地上进行生产，生活得到改善。而作为新王朝的最高君主，朱元璋也清醒地认识到，“民富则亲，民贫则离，国家休戚系焉”，并提出“藏富于民”的主张，说：“保国之道，藏富于民。”（《明太祖实录》卷一七六）他指出：“民贫则国不能独富，民富则至国不至独贫”，“大抵百姓足而后国富，百姓逸而后国安，未有民困穷而国独富安者”（《明太祖实录》卷二五三、二五〇）。他决定顺应民心思治的历史潮流，实行“休养生息”的政策，恢复与发展生产。登基前夕，朱元璋向山东派遣一批府州县官员，便特地叮嘱他们：“今山东郡县新附之民，望治犹负疾者之望良医。医之为术者，有攻治，有保养。攻治者，伐外邪，保养者，扶元气。今民出丧乱，是外邪去矣，所望休养生息耳。休养生息，即扶元气之谓也。汝等今有守令之寄，当体予意，以抚字为心，毋重困之。”（《明太祖实录》卷二八下）登基即位的当月，他又郑重告谕入京朝觐的各府州县官员：“天下初定，百姓财力俱困，譬犹初飞之鸟不可拔其羽，新植之木不可摇其根，要在安养生息之！”（《明太祖实录》卷二九）

农业是我国封建社会最主要的生产部门，朱元璋的休养生息政策重点就放在农业上面。他反复告谕群臣“农为国本，百需皆其所出”（《明太祖实录》卷四十二）,要求各级官员把“田野辟，户口增”作为治国之急务。洪武五年底，特敕谕中书省，令今后有司考课官吏，必书农桑、学校治绩，否则，“论拟违制，杖降罚，历三年后，注以吏事出身”（《明太祖集》卷一，《农桑学校诏》）。地方官对农业的发展做出成绩的，就加以擢升。如太平知府范常，大力募民垦耕，贷民谷种数千石，秋天获得大丰收，“私痍既实，官廪亦充”，加上办学成绩突出，被召为侍仪。朱元璋的《农桑学校诏》还规定：“民有不奉天时而负地利者，如律究焉。”他还命令所有的村庄皆置大鼓一面，到耕种季节，清晨鸣鼓集众。鼓声一响，全村人丁都要会集田野，及时耕作。“其怠惰者，里老人督责之。里老纵其怠惰不劝督者有罚。”（《明太祖实录》卷二五五）洪武二十八年，他还采纳应天府上元县曲史隋吉的建议，“命乡里小民或二十家，或四五十家，团为一社。每遇农急之时，有疾病则一社协力助其耕耘，庶田不荒芜，民无饥馑”（《明太祖实录》卷二三六）。朱元璋还颁诏，规定农具等物免税。

为了推动农业生产的恢复和发展，朱元璋除提高劳动者地位，调整土地关系，实行轻徭薄赋，清查户口和土地，编制赋役黄册和鱼鳞图册之外，还采取了限制僧道数量、慎重使用民力、注意恤贫救灾、移民屯垦、奖励农桑、兴修水利等许多重大举措。

元朝的残暴统治、元末的天灾和战乱的破坏，使全国人口大量减少，造成农村劳动力极端缺乏。为了解决劳动力的严重不足，朱元璋在提倡佛教、道教的同时，严重限制僧道的数量。洪武六年八月，礼部报告全国共有僧尼道士九万六千三百二十八人，朱元璋认为数量太多，安坐而食，蠹财害民，于十二月下令："府州县止存大寺观一所，并其徒而处之，择有戒行者领其事；若请给度牒，必考试，精通经典者方许。"（《明太祖实录》卷八四、八六）洪武十七年闰七月，还采纳礼部官员赵瑁的建议，规定每三年发放度牒一次，只有考试合格者才能领取。洪武二十年八月，又做出更加严格的规定："民年二十以上者不许落发为僧，年二十以下未请度牒，俱令于在京诸寺试事三年，考其廉洁无过者，始度为僧。"（《明太祖实录》卷一八四）从洪武二十四年六月起，还多次下令清理全国的佛、道，并规定："僧道有妻妾者，诸人许捶逐，相容许者罪之，愿还俗者听。亦不许收民儿童为僧，违者并儿童父母皆坐以罪。年二十以上愿为僧者，亦须父母具告有司奏闻方许，三年后赴京考试，通经典者始给度牒，不通者杖为民。"（《明太祖实录》卷二三一）洪武二十八年，因全国僧道数量还是太多，又令六十岁以下僧道一律赴京考试，不通经典者一律开除。这些规定，一步比一步严格，使不事生产的僧道人数比元代大为减少，也相应地增加了农业生产的劳动力。

元末农民战争结束后，一些起义农民继续屯聚山林，不登户籍，打官劫舍，既威胁到明王朝的统治，也减少了农村的劳动力。洪武元年十月，朱元璋颁发《克复北平诏》，宣布他们只要回乡参加生产，一律不予追究。诏书规定："避兵人民，团结山寨，诏书到日，并听各还本业。若有负固执迷者，罪在不原。"（《皇明诏令》卷一）。这实际上是一次大赦。它的实行，使许多逃户回村投入生产，对安定社会、发展生产很有好处。到洪武后期，朱元璋甚至允许不愿回乡的逸户流民就地落籍耕种。洪武二十四年三月，太原代州繁峙县上奏，说该县有逃户300户，连年招抚不还，请求派卫所军队追捕。朱元璋谕户部臣曰：“今逃移之民，不出吾疆域之外，但使有田可耕，足以自赡，是亦国家之民也。即听其随地占籍，令有司善抚之。若有不务耕种，专事末作者，则逮捕之。”（《明太祖实录》卷二〇八）

要发展农业生产，光有劳动力还不行，还得让耕者有其田。为此，朱元璋称帝后，就大力调整土地配置，实行计民授田，并鼓励有余力者尽力耕垦。但是，由于荒地太多，仍有许多土地闲置荒废，无人耕垦。朱元璋于是又继承历代王朝一些成功的经验，在全国范围内开展大规模的移民屯垦和军队屯田。此外，在边疆地区，也实行商屯。全国的土地得到大规模的开发，垦田面积超过了宋元两代。

朱元璋积极提倡桑麻、棉花等经济作物的种植。早在洪武建国前，他即于龙凤十一年（1365年）在江南根据地下令：“农民田五亩至十亩者，栽桑、麻、木棉（棉花）各半亩，十亩以上者倍之，其田多者，率以是差。”（《明太祖实录》卷一七）明朝建立后，又把这个命令推向全国。后来，还命五军都督府令屯田军士“人树桑、枣百株，柿、栗、胡桃之类随地所宜植之”（《明太祖实录》卷二一五）。并命工部令民间“但有隙地，皆令种植桑、枣”，工部于是规定，每户初年种二百株，次年四百株，三年六百株，“栽种过数目，造册回报，违者全家发遣充军”（何孟春：《余冬序录》外篇；谈迁：《枣林杂俎》智集，《课栽桑枣》）。到洪武二十八年，湖广布政司奏报所属郡县，栽种的桑、枣、粟、胡桃等果树多达八千四百三十九万株，全国估计当达十亿株以上。经济作物的大量种植，使荒田隙地得到充分利用，既增加农民的收入，也为手工业的发展提供了更多的原料。尤其是棉花种植业成就更为突出，意义也更加重大。在宋、元时代，棉花的种植主要集中在南方的局部地区。经过朱元璋的推广，植棉从此成为全国性的事业，特别是北方，地广人稀，气候又适宜棉花的生长，河南、河北、山东、山西逐渐发展成为棉花的主要产地，成为日后江南棉纺织业的原料供应基地。

水利是农业的命脉，朱元璋对此非常重视。明朝建立后，他即下令："所在有司，民以水利条上者，即陈奏。"后又谕工部："陂塘湖堰可蓄泄以备旱潦者，皆因其地势修治之。"（《明史》卷八八，《河渠志》）洪武年间，明朝官府曾组织大批人力物力，修建了许多大规模的水利工程。如洪武三年，宁正（即韦正）授河州卫指挥使，兼领宁夏卫事，组织人力"修筑汉、唐旧渠，引河水灌田，开屯数万顷，兵食饶足"（《明史》卷一三四，《宁正传》）。八年，长兴侯耿炳文疏浚陕西泾阳洪渠堰，"由是泾阳、高陵等五县之田大获其利"，三十一年他再修洪渠堰，又疏浚堰渠十万零三千六百六十八丈，"民皆利焉"（《明太祖实录》卷一〇六、二五六）。二十九年修广西兴安县灵渠三十六陡，"可溉田万顷，亦可通小舟"（《明太祖实录》卷二四七）。除了大型水利工程，朱元璋还督促各地的官员组织劳力，利用农闲，大力修建中小型的水利设施。如洪武二十七年派遣国子监生分赴各地，督促吏民兴修水利。到第二年底，全国即修治塘堰四万零九百多处，河流四千一百多处，陂塘堤岸五千多处。朱元璋在位不过三十一年，就修建了这么多水利工程，这在中国历史上并不多见。此外朱元璋还注意水利设施的保护，《大明律》规定："凡盗决河防者杖一百，徒三年；盗决圩岸、陂塘者，杖八十。"提调官吏不修河防、圩岸或修而失时者，也要处刑。

出身贫苦的朱元璋，深知物力之艰难，农民之辛苦，比较体恤民情，注意勤俭节约，惜用民力。凡是不急需的工程都尽量缓建，一般工程也尽可能安排在农闲时进行。他还常根据各地的具体情况，下令减免赋役，遇有灾荒，则施放赈济。这些措施，也在一定程度上减轻了农民的负担。

除了农业，朱元璋对手工业和商业也给予一定的重视。

为了促进手工业的发展，他对匠户制度作了某些改革。洪武初年，明廷沿用元朝的匠户制度，将有技艺的工匠编为匠户，另立户籍，专为官府服工役。匠户的人身依附关系很强，社会地位很低，而且世代不得脱籍，自然难有劳动积极性和技术创造。洪武十九年四月，根据工部侍郎秦逵的建议，经朱元璋批准，规定各地的匠户每三年只须到京服役三个月，还可免除家中的其他徭役，“工匠便之”（《明太祖实录》卷一七七）。但是这个办法过于死板，往往与京师工役的需要互相脱节，以致有些工匠按时赶到南京，却又无工可役。二十六年十月，又改为根据各部门工役的需要和行业的不同，确定五年、四年、三年、二年或一年一班等五种轮班制，每班服役三个月。匠户也由“免其家他役”改为“与免二丁，余丁一体当差”（《［万历］大明会典》卷一八九，《工部·工匠》）。除了轮班匠，还有固定在京师服工役的匠户和在各地都司卫所制造军装、武器的军匠即住坐匠（住坐匠的名称是在永乐年间正式出现的）。洪武十一年规定，住坐匠在休工期间“听其营生勿拘”（《明太祖实录》卷一一八）。二十六年更明确规定，住坐匠“例应一月上工一十日，歇二十日”（《［万历］大明会典》卷一八九，《工部·工匠》）。这样，轮班匠每五年、四年、三年、二年或一年服役三十日，住坐匠每月服役十日，服役时间之外便可自由营业。

匠户制度的改革调动了手工业者的积极性，再加上人口的增长提供了更多的劳动力，桑、麻、棉花等经济作物的普遍种植提供了更多原料，而整个社会经济的发展又提供了广阔的市场，明初的手工业如纺织、矿冶、陶瓷、造船、漆器、制茶、制盐等，便逐步复苏和发展起来。其中，尤以丝棉纺织业的发展最为突出。明清两代蜚声中外的苏州丝织印染中心，就是在洪武年间创办起来的。棉纺织业也在元代的基础上获得显著的发展，到明中叶以后，棉布便成为人们的普通衣料。明代以前，老百姓的所谓布衣，指的是麻布做成的衣服。到了明代，所谓布衣，才指的是用棉布做成的衣服。

对于商业的复苏与繁荣，朱元璋也采取了许多措施。首先，实行较低的税率，并将定额制改为实征制。明朝建立后，继续维持建国前实行的“三十税一”的商业税率。洪武初年，各地税课司局征收的数额，皆以第一年所征的税额为准，固定不变。洪武二十年九月采纳解缙的建议，“令各处税课随时多少，从实征收”（《明经世文编》卷一一，《解学士文集·献太平十策》）。其次，裁减税课司局，减少征税品种。洪武十三年，朱元璋下令裁撤税收额米不足五百石的税课司局三百六十四个。同年，又下令除过去规定的书籍农具免税之外，“自今如军民嫁娶丧祭之物，舟车丝布之类，皆勿税”（《明太祖实录》卷一三二）。再次，加强市场管理，净化交易环境。洪武元年，朱元璋诏令中书省，由负责治安的京师五城兵马司和各府州县的兵马司兼管城镇的商业活动，包括校勘度量衡、稽考牙侩和平定物价等。市场使用的度量衡，由工部统一标准，“悬式于市，而罪其不中度者”（《明史》卷七二，《职官志》）。如有私造斛、斗、秤、尺，把持行市、哄抬物价者，都要治罪。由于这些措施的推行，在农业和手工业恢复发展的基础上，商业也逐步得到复苏，并日趋繁荣。

休养生息政策的实行，使社会经济迅速得到复苏和发展。农业的发展尤为突出，全国的耕地面积大量增加，洪武二十六年达到八百五十万余顷（《明史》卷七七，《食货志》），比北宋最高的耕地数字、天禧五年（1021年）的五百二十四万顷（马端临：《文献通考》卷四，《田赋考》）多了三百多万顷（元代无耕地面积的统计数字可作比较）。全国的户口也迅速增长，洪武二十年《诸司职掌》所公布的数字为一千零六十五万二千八百七十户，六千零五十四万五千八百二十一口。这两个数字仅是户部综合各州县管辖的户、口数，不包括卫所辖区内的户、口数，显然低于实际的户、口数。中外学者曾对洪武高峰时期的人口数字作过大量研究，由于研究方法和掌握资料的差异，所得数字大不相同，最大的估算数字在一亿以上，最小的数字也超过六千五百万人。即使以《诸司职掌》所公布的人口数字，也比《元史·世祖纪》所载元代最高的人口数字、至元八年（1291年）的五千九百八十四万八千九百六十四口（未包括四十二万九千一百一十八口游食者），增加了近七十万口，而与《宋史·地理志》所载北宋人口高峰期的宋徽宗大观四年（1110年）的四千六百七十三万四千七百八十四口相比，增加了三百八十一万余口。国家的税粮收入也随之增加，洪武二十六年达到三千二百七十八万九千八百多石，比元代岁入一千二百一十一万四千多石（《元史》卷九二，《食货志》）增加了近两倍。随着农业生产的发展，“四民各有定业，百姓安于农亩，无有他志，官府亦驱之就农，不加烦扰，故家给人足，乐于为农”（《古今图书集成·职方典》卷六九六，《松江府志》）。在洪武年间奠定的基础上，社会生产在此后的永乐、洪熙、宣德三朝继续向前发展，“宇内富庶，赋入盈羡”（《明史》卷七七，《食货志》），形成明前期的盛世局面。这就为明中后期商品货币经济的发展繁荣准备了物质条件。中国封建社会后期的经济，自两宋至明代呈现明显的马鞍形状态，而洪武年间正是扼制下滑趋势向上回升的重要转折年代。

在中国古代史上，在农民战争摧毁旧王朝的废墟上重建新的统一王朝，一共有西汉、东汉、唐朝、明朝和清朝五个朝代，但不论是此前的西汉、东汉和唐朝，还是此后的清朝，没有一位开国君主，能在生前使凋敝残破的社会经济迅速得到恢复，达到甚至超过前代的水平，唯有朱元璋做到了这一点，这就是他突出的历史功绩。有人把明朝说得漆黑一团，没有丝毫的亮点，评价远不如元朝和清朝。试问，朱元璋为明初经济的恢复发展所做出的这些贡献，难道不是明朝历史的一大亮点吗？

大槐树的传说

问我祖先何处来？山西洪洞大槐树。

祖先故居叫什么？大槐树上老鹳窝。

这是一首在中原地区流传很广的民谣，它倾诉了明初从山西洪洞迁往各地的移民后裔对故乡的怀念之情。

洪洞县位于山西省南部临汾盆地的北端，是一座古老的县城。旧城北的贾村汾河岸边，有一座规模宏大的广济寺。寺址原在城里的永安里，为唐贞观二年（628年）所建，金代承安年间迁建于此。寺旁有一株“树身数围，荫遮数亩”的汉植大槐树，附近汾河上的老鹳鸟每到黄昏，就千百成群地飞到这株大槐树上歇息，早晨再飞往各处觅食。它们在树杈间构筑窝巢，星罗棋布，蔚为壮观。明初实行移民时，官府在广济寺设立驿站，将附近各县外迁的人口，先集中到这里，登记造册，然后在官兵的鞭挞和喝道下，押解到遥远的他乡进行屯垦。俗话说：“穷家难舍，故土难离。”这些即将远走他乡的移民，家是看不见了，只能一步三回首，三步一驻足，最后看一眼他们即将离开的这个集散地。渐渐地贾村隐没了，广济寺不见了，只能看到那高高的大槐树和树上的老鹳窝。这些移民在他乡落叶生根之后，他们的后裔由于年代久远，早已忘记了祖籍的所在地，只记得先祖最后离开广济寺的情景，于是就把大槐树和老鹳窝作为故乡的代名词，于是就唱起了前面提到的那首充满惆怅的歌谣。

山西洪洞县纪念明迁民碑

明初的大移民究竟是怎么回事呢？原来由于元末蒙古贵族的腐朽统治，水旱灾害频繁，加上连年不断的战争，社会经济遭到严重的破坏。明朝建立之后，面临人口锐减、田畴荒芜、“租税无所从出”、国家税源几近枯竭的窘境。朱元璋于是实行休养生息政策，采取各种措施来恢复和发展经济，他除给农民分配土地，实行轻徭薄赋之外，还大规模移民屯田，推行民屯。

明代的民屯，按移民的不同来源分为三种形式：“移民就宽乡，或召募，或罪徙者”（《明史》卷七七，《食货志》）。其中最主要的一种形式是“移民就宽乡”，即把无田或少田的农民从窄乡（人多田少）移至宽乡（人少田多）屯田。移民的对象有两种，一种是丁多田少的人户，按一定的比例分丁迁徙。如洪武二十八年（1395年）二月，山东布政使司奏请将青、兖、登、莱、济南五府五丁以上田不及一顷、十丁以上田不及二顷、十五丁以上田不及三顷并小民无田可耕者，分丁迁往东昌开垦荒地，到七月共移徙至东昌落籍屯种者一千零五十一户、四千六百多口。另一种是“无田者”“无恒产者”，不论多少人丁，全家迁移。如洪武三年六月，就迁徙苏州、松江、嘉兴、湖州、杭州五郡无田产者四千多户到凤阳屯种。洪武二十五年二月，迁徙苏州府崇明县遭受水灾无田可种者二千七百户到江北屯种，迁徙登、莱二府无恒产的贫民五千六百多户到东昌屯种。

民屯的另一种形式是召募民人屯田，召募的主要对象是流民。如洪武二十二年九月，就有山西沁州民张从整等一百一十六户，自愿应募到北平、山西等地屯种。不过，洪武年间召募的次数不是很多，规模也不大。直到宣德以后，由于土地兼并日益严重，流民大量涌现，召募民人屯种的次数才逐渐增多，规模也不断扩大。

民屯的又一种形式是所谓迁徙“罪徙”，即迁徙敌对势力实行屯种。迁徙的对象，包括故元官吏和将士、塞外边民、周边少数民族的降民和降卒、江南豪强势族、群雄的残余势力、罪犯。这种民屯，带有明显的政治意图，但拓垦荒地仍是重要的目的。故元官吏和将士、塞外边民以及周边少数民族的降民降卒，大多迁入内地屯田，其中还有部分迁至凤阳屯种。如洪武四年六月，徐达徙北平山后民一十九万七千多口散处北平所辖的卫、府，又徙沙漠遗民三万二千八百多户于北平府管内之地屯种。洪武五年九月，指挥江文迁徙山西弘州、蔚州、安定、武、朔、天城、白登、东胜、丰州、云内等州县北边沙漠居民八千二百多户、近四万口到凤阳屯种。群雄残余势力及江南豪强势力，主要是迁往凤阳屯田。对罪犯，洪武四年以前多谪往两广充军，第二年改为发至凤阳屯田，洪武二十六年起又有部分改发至“荒芜不治”的成都屯田。

移民到达屯垦地区后，都编成里甲，即所谓“迁民分屯之地，以屯分里甲”（《明史》卷七七，《食货志》）。一屯就是一里，下分十甲，共一百一十户，由主管屯田的官员监督进行生产。二十世纪五十年代曾在河南汲县（今河南卫辉）郭全屯发现一块明初迁民碑，碑上记载了洪武二十四年从山西泽州建兴乡迁到河南汲县双兰屯的一百一十户民屯户主的名单，有当年轮值担任里长、甲首的户主和其他户主的姓名，排列得十分规范整齐。

屯田的移民，由官府授予土地屯种，“永为己业”。具体的授田数额没有统一的规定，大概是“验其丁力，计亩给之”（《明史》卷七七，《食货志》）。北方地区大抵是“户率十五亩，又给地二亩，与之种蔬”（《明太祖实录》卷五三），南方地区大抵是“见丁授田十六亩”（《明经世文编》卷二二，周枕：《与行在户部诸公书》），荒地多的，则任其开垦，不限顷亩。除在迁徙时发给移民一些路费、衣粮，官府一般还在屯区发给他们耕牛、农具和种子。移民屯垦之后，可免除三年赋役。满三年后，就须向国家交纳赋税，税率各地参差不齐，有的是交纳收获物的一半，有的是交纳收获物的十分之一。洪武二十六年改为按照一般民田的税率起科，亩税三升三合五勺。授予移民的屯地原属官田的性质，至明中期逐渐转化为民田。

民屯的移民，除了召募的那一小部分是出于自愿的外，大部分是由官府强制迁徙的。即使是家无恒产的农民，尽管官府对移民实行优惠政策，但他们安土重迁的观念极重，也不怎么愿意远离家园到僻远的荒地去屯田。因此，官府往往采用法律或军事手段强迫他们迁徙。胡翰撰写的《吴季可墓志铭》提到洪武九年“有旨遣（江南）贫民无田者至中都凤阳养之，遣之者不以道，械系相疾视，皆有难色”（《胡仲子集》卷九），就是一个真实的写照。

据民间传说，山西在移民之初，官府先是在三晋遍处贴出告示：“不愿迁徙者，到洪洞大槐树下集合，限三天赶到。愿迁徙者，可在家等候。”那些不愿迁徙的乡民，拉家带口，携儿挈女，纷纷从晋北、晋中、晋南向洪洞涌来。三天之内，就在大槐树下集结了十万之众。大批官兵忽然蜂拥而至，把这些乡民包围起来，高声宣布：“大明皇帝敕命，凡来大槐树下者，一律迁走！”然后给青壮年乡民戴铐上枷，强行登记，发给凭照，用绳索逐一将每户的老小拴在一起，强行迁走。为了防止他们半道逃跑，官兵在每个人的小脚趾甲上都划了一刀，使之呈现两瓣甲的形状。山东就有民谣云：“谁的小脚趾甲两瓣瓣，谁就是大槐树底下的孩。”在迁徙中，每个移民都是双手反剪到背后，用绳索拴结起来，这些移民也就形成了背着双手走路的习惯。移民在路上想大小便，要向押送的解差报告：“老爷，请解开手，我要小便（大便）。”经历的次数多了，后来就简化成“老爷，解手”。于是，“解手”便成为大小便的代名词。说小脚趾甲呈复瓣状是大槐树移民的后裔，显然缺乏科学依据，因为后天造成的肢体伤害并不带有遗传性，大槐树移民的小脚趾甲即使被官兵划了一刀，它也不会遗传后代。但关于背着手走路和解手一词由来的说法，听来却也能自圆其说。这些民间传说，反映了当时官府的残暴和移民的无奈与辛酸。

当时的移民，除了政治性的移民外，主要是来自人口比较稠集的山西和江西，其次是江南苏、松诸府和徽州，北平的真定，湖广的黄州府以及山东东部。他们往往是先集中到附近某个地点的驿站，然后再成群结队地往外迁移，从而形成若干个较大的移民集散地。其中，尤以山西平阳府洪洞县大槐树、江西饶州府鄱阳县瓦屑坝（今江西波阳瓦燮垅）、直隶苏州府城的西门阊门、湖广黄州府麻城县孝感乡、山东兖州府滋阳县枣林庄（今山东兖州安邱府村）最为有名。这些移民的后裔，年代久远之后，忘记了他们祖籍所在地，往往也像平阳府的移民自称大槐树人一样，把当年祖辈外迁的集散地作为家乡的代名词，自称为鄱阳瓦屑坝人、苏州阊门人、麻城孝感人、兖州枣林庄人。

移民的流向十分广泛，“东自辽左，北抵宣大，西至甘肃，南尽滇蜀，极于交趾。中原则大河南北，在在兴屯”（《明史》卷七七，《食货志》）。尤以迁至山东西部、河南及北平的移民数量最多，其次为南京、凤阳和泗州。移民的数量也相当庞大。据统计，洪武一朝有数字可考的移民数量为一百六十多万人，实际数量可能是这个数字的两倍甚至还多。

明初的移民浪潮，从洪武年间延续到永乐年间。如此大规模的移民屯殖，在一定程度上调整了全国不同地区劳动力和土地配置的疏密程度，使许多荒无人烟的草莽之地得到开发。长江流域的相当一部分地区和华北平原的大部分地区，就是在明初由移民开垦出来的。这两个地区，在明代便构成两个最基本的经济区域。

明初的大规模移民，以山西洪洞广济寺为集散地外迁的数量为最。据统计，从洪武三年（1370年）到永乐十五年（1417年）的四十七年间，先后有四个民族八百八十一个姓氏在内的一百多万人，迁移到今河南、山东、安徽、湖北、湖南、重庆、陕西、甘肃等十八个省市的五百个州县，一部分移民的后裔后来还辗转迁徙到海外。广济寺和寺旁的大槐树，虽已在清代顺治八年（1651年）被汾河洪水冲毁，但后来在大槐树东边又同根生出第二代、第三代大槐树，广济寺也还留下一座金代的石经幢。民国初年，洪洞人景大启、刘子林倡议筹款，对大槐树古遗址进行修缮，建成了碑亭、茶室和牌坊。新中国建立后，洪洞县人民政府又多次拨款，修建了大槐树祭祖园。从1991年起，山西省人民政府和临汾市人民政府每年清明节在这里举办“大槐树寻根祭祖节”，都有大批来自海外和全国各地的移民后裔，前来寻根祭祖，共话亲情，充分展现了中华民族的强大凝聚力。

军屯的开展与边疆的开发

如果你有机会到边疆地区走一趟，可以发现许多有趣的现象。比如在青海河湟地区，那些汉族农户的家里，都摆着一组粮柜，最前面一个柜子，柜门上贴着斗大的“米”字，但打开柜门，里面空空如也，而打开后面的柜子，里面却装满麦子、面粉之类的粮食。主人会告诉你，这里生产麦子，不产稻子，但他们的祖上是明代从南京派到这里屯田戍守的军士，江南盛产稻米，所以就按家乡的习俗，把米柜摆在了最前面。又如在贵州，可以发现许多带“屯”字、“堡”字的地名，如马家屯、蔡家屯、双堡等，那是明代军屯留下的遗迹。再如在云南，许多人都说祖先是明代自南京迁来的，不少族谱上写着他们的家族原籍南京。所有这些，都显示了明代军屯的深远影响。

明代的军屯，最早可追溯到明朝建立之前朱元璋队伍的屯田。当时为了解决军粮不足的问题，朱元璋曾令将士在龙江等处分军屯田。龙凤九年（1363年），重申屯田之令，命“将士屯田，且耕且战”。击灭张士诚后，又令邓愈在襄阳领兵屯种。不过，这种由将士“且耕且战”的屯田，实际上是营田，不是严格意义上的屯田。明朝建立后，继续推行军屯，但改变了以前那种“且耕且战”的做法，令部分将士专事守御，部分将士专事屯种，实行名副其实的屯田。洪武元年（1368年）朱元璋令诸将分军屯种滁州、和州、庐州和凤阳，开立屯所。又置北平都司于北平，复置大宁都司于兀良哈地，分军屯种。三年，郑州知府苏琦上书，建议在与蒙古接邻之地“屯田积粟，以示长久之规”，朱元璋命中书省参酌行之。二十一年，又“令天下卫所督兵屯种”。二十六年，更下达圣旨：“那北边卫分都一般叫他屯种，守城军的月粮，就屯种子粒内支。”（《明经世文编》卷一九八，《潘简肃公文集·请复军屯疏》），要求北边卫所完全实现屯田自给。

当时的军屯，以“屯”为单位。洪武二十八年规定，以一百户为一屯，设立一个“屯田百户所”即屯所。军士屯守的比例，开始没有统一的规定，后来定为边地卫所以十之七屯种，十之三守城。不过，各个卫所具体的执行情况千差万别。万历《大明会典》概括洪武年间的军屯比例说：“军士三分守城，七分屯种，又有二八、四六、一九、中半等例”，辽东则是全部屯田自给。

屯田的军士，由官府拨给一定数量的屯地，称为“分”。一分的亩数，视各地情况而别。一般来说江南较少，江北较多，而边疆地区更多，大体上是“每军种田五十亩为一分。又或百亩，或七十亩，或三十亩、二十亩不等”（万历《大明会典》卷一八，《户部·屯田》）。由于战乱之后荒地较多，朝廷鼓励军士多开多种，个别地方也有多到五百亩的。按照明朝的制度，每一军户出正军一名，每一正军则携带户下余丁一名，随营生产，以佐正军。正军和余丁都携带家口。正军下屯，余丁和家属一般就协助他进行屯种。有些地区，余丁也和正军一样，自己领种一分屯地。除拨给屯地，官府还发给屯军农具、耕牛和种子。官府拨给的屯地属于官田，发给的农具、耕牛等属于国家财产，军士只有使用权，没有所有权，不准转移、买卖，屯军改调、老疾、事故不能耕种者，须交还官府。拨屯之初，免征屯粮，但适当减少月粮供应，“其城守兵月给米一石，屯田者减半，在边地者月减三斗”（《明太祖实录》

卷五六）。从洪武七年起，开始征收屯粮，称为“屯田子粒”。具体的征收数额因地而宜，一般比民田亩税三升三合五勺要高，这是由于官田的税是租税合一，既包含赋税又包含地租。后来在建文四年（1402年）重定科则，规定每军田一分，纳“正粮”十二石，收贮屯所仓库，听本军支用，“余粮”十二石，供作本卫官军的俸粮。亩征税额提高到二斗四升。永乐二十二年（1424年）又改为“除自用十二石外，余粮免其一半，止纳六石”（万历《大明会典》卷一八，《户部·屯田》），即减为亩征一斗二升，比民田税额还是要高出许多。

军屯制度是一种残暴的农奴制度，屯军是强制佥配的，必须世代应役，没有人身的自由。宣德以后，它便逐步遭到破坏，不能长久维持。但在明初经济残破、人民流离的状况下，军屯的施行，对经济的恢复、土地的垦殖、军粮的供应还是起到一定的积极作用的。洪武末年，全国军屯具体的屯垦土地数字史无明载，有学者估计达到七十多万顷，有学者认为少于五十万顷，但数额很大，是没有疑问的。所以，朱元璋曾夸口说：“吾京师养兵百万，要令不费百姓一粒米。”（陆深：《俨山外集》卷三四，《同异录》）

值得注意的，是明代军屯对边疆的开发、边防的巩固所产生的积极作用。顾诚指出，明代的疆土由行政机构和军事机构两个平行的系统进行管辖，省、府、州、县是一种地理单位，都司、卫、千户所也是一种地理单位。明代特别是明初，从东北到西北以至西南边疆地区一般不设行政机构，而是由都司、行都司及其下属卫所管理（《明帝国的疆土管理体制》，《历史研究》1989年第3期）。有学者统计，洪武年间从辽东到西北至西南的边境线上，共驻守着七十多万的卫所将士，连同家属共计二百二十万左右的人口。在边境卫所的管辖范围内，还居住着近五十万的民籍人口。而在边境卫所的将士中，非土著的外来将士，则占到当地总人口的百分之五十四，构成当地居民的主体（曹树基：《中国移民史》第5卷，福建人民出版社1997年版，第319页）。如此巨大数量的军队，驻守在地广人稀、缺少劳动力的边疆地区，而以七分进行屯田，使边疆的大量荒地得到垦辟，为当地的卫所军队提供粮饷，从而促进了边防的巩固。

不仅如此，军队的驻守和军屯的发展，还为边疆地区带来内地先进的生产工具、生产技术和优良的农作物品种，对推动当地社会经济的发展产生了积极的作用。如弘冶《贵州图经新志》记载，贵州清平卫由于“卫人与夷民杂处”，少数民族人民受到汉族军民的影响，到明中叶时已是“男以耕读为业，女以纺织为务”，威远卫更出现了“居田野者以耕织为业，处城市者以商贩为生”的景象。嘉靖《思南府志》记载，当地少数民族原先实行刀耕火种，后来“渐被德化，俗效中华”，到嘉靖年间已掌握内地的耕作技术，“务本力稼”了。云南除部分白族外，其他少数民族原先也都是刀耕火种，后来由于受到军、民屯使用牛耕的影响，“即夷人也渐习牛耕”，有的少数民族如彝族逐渐掌握了牛耕技术。

军队的驻守和军屯的发展，还有力地推动了边疆地区文化的发展。明代的边疆地区，除了在设置府、州、县的地方设有学校外，还在各个卫所设立卫学，使屯军子弟接受教育。辽东都司在洪武十七年就开始设立卫学。二十七年，贵州普定卫也开办卫学。二十八年，陕西行都司及贵州都司的平越、龙里、新添、都匀等卫，也都开设卫学。此后，沿边卫所都相继开设卫学。有些未设州县的地区，如辽东、贵州都司和陕西、四川行都司，汉文化的传播几乎全赖卫学。在明代的科举考试中，边疆地区出自卫学的儒生占有很大的比例。如贵州明代中进士、武进士及举人者，有一多半即出自卫学。随着汉文化的传播，许多边疆地区少数民族的风俗习惯也发生了巨大的变化。清初文人即称云南之地“明初以卫入实其地，由是冠婚丧祭颇同中土。近则朴鲁渐化，而文明习尚日益丕变。”（康熙《云南通志》卷七，《风俗志》）

军队的驻守和军屯的发展，还加速了边疆地区的民族融合。明代在边疆地区设置卫所，施行屯田，外来的将士在此安家，其中虽有一些少数民族，但大多数是汉族。明中叶以后，卫所与军屯制度废弛，军籍逐渐转为民籍，至清初裁撤卫所，军户尽为民户。他们与当地少数民族长期杂居相处，风俗习惯渐趋一致，而且彼此通婚，从而加速了民族融合。一般在汉族人口居多的地方，是汉族融合了其他民族，而在少数民族人口居多的地方，汉族则为其他民族所融合。笔者有个学生是来自昆明的白族人，她见过自家的族谱，说祖上是明代来自南京的汉族人。还有个研究生是内蒙古腾格里的蒙古族，2006年她父亲寄来一份族谱复印件，上面写着其先祖是洪武年间奉命戍边的一名汉族小旗。这都是民族融合的具体例证。

可以说，明代的军屯，不论是对推动我国统一多民族国家的巩固和发展，还是对促进边疆社会经济文化的进步，都起着积极的作用。因而，其深远影响至今犹存。

戒奢行俭

古语云："俭，德之共（大）也；侈，恶之大也。"（《左传·庄公二十四年》）贫苦农民出身的朱元璋，对此有着深切的体会。他一再告谕臣僚"珠玉非宝，节俭是宝"（《明太祖实录》卷二一），要求他们切戒奢侈，力行俭约。

朱元璋深知，奢与贪往往是紧密相连的，官吏将士如果奢靡纵欲，必然会贪污受贿，国家如果奢侈浪费，势必要加重对百姓的征敛，从而导致政风的败坏，民心的丧失。他曾多次列举历史事例来教育臣僚："居上能俭，可以导俗；居上而侈，必至厉民。独不见茅茨、卑宫，尧、禹以崇圣德；阿房、西苑，秦、隋以失人心"（《明太祖实录》卷一〇六）；"元世祖在位躬行俭朴，遂成一统之业，至庚申（元顺帝）骄淫奢侈，饫粱肉于犬豕，致怨怒于神人，故逸豫未终，败亡随至。"（《明太祖宝训》卷四，《戒奢侈》）进而指出："勤俭为治身之本，奢侈乃丧家之源"，"节俭二字，非徒治天下者当守，治家者亦宜守之"。（《明太祖宝训》卷四，《戒奢侈》）也就因此，朱元璋对手下的臣僚要求极严，不许生活过于奢靡。有一天，他在奉天门口见一名散骑舍人穿的衣裳非常华丽，问制作这身衣裳花多少钱，回答说五百贯，就批评道：你靠着父兄的庇荫，生长膏粱纨绮之下，根本不懂得农桑之苦。制作一身衣裳用钱五百贯，这是农民数口之家一年的花销。如此骄奢，岂不是暴殄天物？有一次，朱元璋听说京卫将士闲暇酣饮费钱，便将他们召来训斥一顿：最近听说你们沉溺于酒浆，一醉之费，花销不少，以有限的薪俸供无限的消费，哪能不穷？唐、宋以来，官妓盛行，至元朝尤甚，朱元璋认为此风不正，下令革除，规定“官吏宿娼，罪亚杀人一等，虽遇赦，终身弗叙”（王琦：《寓圃杂记》卷一，《官妓之革》）。对各级官员饮食、服舍、器用等，都按品秩的高低作出严格的规定，就连饮酒的器具，也有严格的限制。洪武二十六年规定，公侯及一、二品官员，酒瓶及酒杯用金器，其余的只能用银器；三品至五品，酒杯用金器，酒瓶只能用银器；六品至九品，酒杯和酒瓶用银器，其余的只能用瓷器、漆器；平民百姓，酒杯用银器，酒瓶只能用锡器。官员外出的骑乘，也有严格的限制，三品以上才能乘轿，四品以下只能乘马，“在外自大使以下皆乘马，武官勋戚亦如之，惟年老公侯及拜三公者，赐轿然后得乘”（谈迁：《陔余丛考》卷二七，《官府乘轿》）。违反规定的，都要受到严惩。

朱元璋不仅要求臣下戒奢行俭，而且自己以身作则，做出榜样。他平时除犒赏将士，宴请百官，从不举行宴会。三顿吃饭，从不奏乐，也很少饮酒。早餐只用蔬菜，外加一道豆腐。豆腐是他早晚两餐必备的菜肴，以示俭朴。日常所用的器物，也力求简朴。举行祭祀郊庙的典礼，拜褥的褥心本应使用绸缎缝制，却用红布代替。制造乘舆服御之物，需用黄金装饰的，用铜代替。乾清官里皇帝睡觉的御床，床围上的金龙画得很淡，如不细心观察，几乎看不出来，同中等人家的床没有多少差别。每逢重大节庆，诸司所上表笺都有一个很讲究的包装，上面有金粉描绘的盘龙，朱元璋觉得扔了可惜，就命宫人将金粉洗下来，积少成多，再铸成金块。宫中制作衣裳剩下的边角贮丝衣料，他也叫人一块块拼接起来，缝成被单使用。为了警戒自己，据说朱元璋曾命儒臣用大字将唐代李山甫的《上元怀古诗》写在屏风上，批阅奏章之余，就对着屏风吟哦一番：

南朝天子爱风流，尽守江山不到头，

总为战争收拾得，却因歌舞破除休，

尧将道德终无敌，秦把金汤可自由？

试问繁华何处在，雨花烟草石城秋！

蕲州（今湖北蕲春）进献竹席，朱元璋对中书省说：自古地方进贡方物，只限于服食器用，所以没有耳目之娱、玩物之失。现今蕲州所献竹席，固然属器用之物，但没有朝廷命令而进献，如果接受，恐怕各地都争着进献奇巧之物，就会洞开劳民伤财之风。遂将原物退回，并明令："四方非朝廷所需，毋得妄有所献。"（《明太祖宝训》卷三，《却贡献》）回回海商进献蔷薇露，说可疗人心疾，并调粉为妇人美容。朱元璋说：中国可疗疾的药物很多，这东西特为美容之用，徒启奢靡之风。遂却而不受。潞州（今山西长治）贡人参，太原及西番（甘青一带藏区）贡葡萄酒，也都下令退回。金华进贡香米，朱元璋也命却之，而令宫人在御苑中开辟数十亩水田自种香米，以供宫中食用。

2006年播放的电视连续剧《传奇皇帝朱元璋》，把朱元璋描绘成一个好色之徒，整天不择手段地追逐女人。其实，朱元璋并"无优伶近昔之狎，无酣歌夜饮之娱"（《明太祖实录》卷一三〇）。他曾对宋濂等侍臣说："自古圣哲之君知天下之难保也，故远声色，去奢靡，以图天下之安，是以天命眷顾，久而不厌。后世中材之主，当天下无事，侈心纵欲，鲜克有终。……朕尚夙夜兢业，图天下之安，其敢游心于此！"他还对儒臣詹同说："朕尝思声色乃伐性之斧斤，易以溺人。一有溺焉，则祸败随之，故其危害甚于鸩毒。朕观前代人君，以此败亡者不少。盖为君居天下之尊，享四海之富，靡曼之色，窈窕之声，何求而不得？苟不知远之，则人乘间纳其淫邪，不为靡惑者几人焉？况创业垂统之君，为子孙之所承式，尤不可以不谨。”（《明太祖宝训》卷一，《谨好尚》）朱元璋不仅这样说，也确实这样做。就帝位前，亲征婺州（今浙江金华）时，有一男子给他送来个二十妙龄的女子，既长得漂亮，又会写诗，他说：我取天下，岂以女色为心！下令将这个漂亮的女子杀掉，以绝进献。就帝位后，按照封建的后宫制度，他拥有三宫六院的众多后妃，但仍然是“外无禽荒，内虽有妇女，不敢久留宫中”（《南京刑部志》卷三，《揭榜示以昭大法》第三十四榜），不是一个沉溺女色的风流天子。

对宫殿建筑，朱元璋起初也是本着节俭的原则，要求建得坚固朴素的。洪武二年，因思念故乡，“欲久居凤阳”，又不惜耗费巨资，役使大量军民营建中都，要求将城池宫室都建得极其宏伟壮丽，圜丘、方丘、日月社坛、山川坛及太庙都要雕梁画栋，石构建筑也都要雕饰奇巧，奉天、华盖、谨身三大殿更要求建得极其巍峨壮观。现今遗弃在奉天殿遗址西北约一百五十米处的五个蟠龙石础，其中最大的石础有二百七十厘米见方，面积七平方米多，石础上有一圈高十五厘米，宽三十多厘米的蟠龙。而北京故宫太和殿的四个金銮柱石础，只有一百六十厘米见方，面积二点五平方米，仅为中都石础的三分之一，而且是一块光光的石础，没有任何雕刻。如果中都的三大殿建成，规模和装饰肯定要超过北京故宫的三大殿。由于工役繁重，洪武八年工匠用“厌镇法”发泄他们的不满，朱元璋诏罢中都营建，并就此事向皇天后土请罪。从此他吸取教训，改建南京大内宫殿时，明确指示廷臣：“但求安固，不事华丽”，“凡雕饰奇巧，一切不用”，“台榭花圃之作，劳民费财之事，游观之乐”也“决不为之”。后来，大内宫殿改建完毕，“制度不侈”，他非常满意，说：“人主嗜好，所系甚重。躬行节俭，足以养性；崇尚侈靡，必至丧德。朕常念昔居淮右，频年饥馑，艰于衣食，鲜能如意。今富有四海，何求不遂，何欲不得？然检制其心，惟恐骄盈不可复制，夙夜兢惕，弗遑底宁！故凡有兴作，必量度再三，不获已而后为之，未尝过度。”（《明太祖实录》卷一一六）此后营建西宫殿宇，工部奏请到湖广采买银珠、水银，他也下令“无事过饰”，只利用官府现存的彩绘原料装修，不必另行采买。对亲王府的营建，朱元璋同样要求尽量朴素，指示中书臣说：“作亲王宫得饰朱红、大青绿，余居室止饰丹碧。”（《明太祖实录》卷一〇六）

对皇太子，诸王和后妃，朱元璋也严格加以教育和约束，要求他们力行节俭，不许奢侈浪费。他听说宋太祖曾立下法令，规定“子孙不得远方取珍宝”，极表赞赏，称其“甚得诒谋之道也”（《明太祖宝训》卷三，《却贡献》）。有一次，他退朝回到宫中，指着一块空地，对皇太子和诸王说：“这里不是不可以建造亭馆台榭，供游观之乐，但我却叫内侍种上蔬菜，实在是不忍伤民之财，劳民之力呀！往昔商纣王崇饰宫室，不体恤人民，结果天下怨怒，身死国亡。汉文帝想造露台，但惜百金之费而作罢，结果是民安国富。奢俭不同，治乱悬判。你们要记住我的话，常存警戒之心。”在朱元璋严格管教约束之下，诸王大多能厉行俭朴。有个别亲王贪奢纵欲，他即痛加训斥。二子秦王就藩西安后，见王府宫殿用碧瓦盖顶，不够威风，对主持营建王宫的长兴侯耿炳文大发脾气。还派手下人到浙江拐卖人口。清明时节，令内侍到西安城内外搜寻美女，娶入宫内，中意者留下，不中意的就杀死。还对宫女滥施酷刑，有的割去舌头，有的五花大绑埋入雪中，活活冻死。最后竟发展到僭造龙衣龙床。朱元璋闻讯严加切责，洪武二十四年还把他召回京师，经皇太子说情，第二年才放他返回西安。洪武二十八年病死，朱元璋追谥为“愍”，赐谥册曰：“夫何不良于德，竟殒厥身，其谥曰

‘憨’。”（《明史》卷一一六，《诸王传》）十子鲁王嗜服金石药以求长生，毒发伤目，还在城外建一苑囿，与妃子出宿其中，生活放荡不羁。死后，朱元璋亲定其谥曰“荒”。

对后宫，朱元璋管束极严。有一次，他见宫女将一些锦绮的碎片扔在地上，就把她们招集到一块儿，计算一匹锦绮从养蚕、缫丝到织成交纳赋税所需的花费，狠狠批评一顿，说：“今后有不悛者，斩！”在他的教育约束下，“正宫无自纵之权，妃嫔无宠幸之昵”（《明太祖实录》卷一三〇）。

由于朱元璋的大力提倡，并身体力行，明初的社会风气比较俭朴，官场风气较为清廉，百姓的负担也相对较轻，从而对社会的安定、生产的恢复和发展，产生了积极的作用。“洪武之治”的实现，因素固然很多，戒奢行俭无疑是其中的一个重要因素。

首次发行纯信用纸币

元代的货币，以钞币为主，以铜钱为辅。元朝后期更改钞法，将钞币变成没有钞本、不能兑换白银物货的纸币，到元末更是“每日印造，不可数计”，币值大跌，物价飞涨，老百姓干脆以货易货，“公私所积之钞，遂俱不行”（《元史》卷九七，《食货志》）。朱元璋占领江南地区后，龙凤七年（1361年）便下令在应天设宝源局，铸造“大中通宝”钱，代替不断贬值的元朝钞币，与历代铜钱并用。洪武元年（1368年）明朝建立后，又命铸“洪武通宝”钱。各行省也设宝泉局，与京师的宝源局共同铸钱。洪武六年，下令禁止民间私自铸钱，“凡私铸者，许作废铜送官，每斤给官钱一百九十文。诸税课司如有私钱，亦为更铸”（万历《大明会典》卷三一，《户部·钱法》）。

铸钱需要用铜，但洪武年间铜矿开采不多，铜较缺乏。尽管官府时常责令百姓交铜，迫使他们砸毁铜器交给官府铸钱，但数额毕竟有限，所铸铜钱数量不多，无法满足流通的需要。一些不法奸民，遂私自铸钱，扰乱市场。而且铜钱分量重，币值低，不便携带，特别是不便于商人从事长途的大宗贸易，因此商人多“沿元之旧习用钞”（《明太祖实录》卷九三），不愿使用铜钱。这种形势，迫使朱元璋加紧谋划纸钞的发行。

洪武大明宝钞铜版

纸钞的印造成本较低，不过宋元发行纸钞需要预先筹集一笔不菲的储备金。明朝刚建立之时，国库空虚，而又百废待兴，根本无法筹措到巨额的储备金。朱元璋于是考虑依据政权的力量和信用，发行一种不需要金银做抵押，不需要铜钱做保证，也不依赖于任何实物的纯信用钞币，这样既不需要国库筹措储备金，而且反过来可以借助发行钞币让国库迅速充裕起来。信用是货币流通的基础，朱元璋对自己所建立的明政权是充满自信的。因此，尽管此前没有人这样做过，朱元璋还是决心尝试一下。洪武七年九月，朱元璋下令设立宝钞提举司，稽考宋、元发行纸币的办法，进行印钞的准备。翌年三月，下诏命中书省造“大明宝钞”。大明宝钞以桑穰为纸料，纸质青色，高一尺，阔六寸许，外为龙纹花栏，上头横额有“大明通行宝钞”六个字，其内上栏两旁有篆文小字，右旁是“大明通宝”，左旁是“天下通行”，其中图绘钱贯形状，以十串为一贯，下栏是“中书省奏准印造大明宝钞，与铜钱通行使用。

伪造者斩，告捕者赏银二百五十两，仍给犯人财产”。背和面都加盖朱印。大明宝钞分一贯、五百文、四百文、三百文、二百文、一百文六种。一贯准铜钱一千文或白银一两，四贯准黄金一两。洪武十三年废除中书省后，铸钱归工部，造钞归户部，新发行的宝钞将钞面文中的“中书省”改为“户部”，与旧钞一并流通。洪武二十二年，又下令印造小钞，自十文至五十文，以便民用。

大明宝钞印行后，朱元璋曾下令罢宝源局、宝泉局，停止铸钱。洪武十年，复令各布政司恢复宝泉局，铸小钱与钞币兼行，百文以下只使用铜钱。洪武二十二年根据工部尚书秦逵的建议，更定钱式，又恢复京师宝源局，收废铜铸钱。翌年再次更令钱制。到洪武二十六年七月，因铸钱扰民，诏罢各布政司宝泉局，只保留京师宝源局一个机构继续铸钱。

为了保证钞币的流通，洪武八年三月，朱元璋下诏：“禁民间不得以金银物货交易，违者治其罪。有告发者，就以其物给之。若有以金银易钞者，斩。凡商税课程，钱钞兼收，钱什三，钞什七，一百文以下则止用铜钱。”（《明太祖实录》卷九八）后来，以钞币用久昏烂，立“倒钞法”，令各布政司设行用库，允许军民商贾用昏烂旧钞到行用库换取新钞，量收工墨费。在外卫所军士，每月食盐皆发给钞币购买，各盐场的工本费也改发工本钞。到洪武十八年，全国行政官员的禄米，也全部改发钞币，“二贯五百文准米一石”（《明史》卷八一，《食货志》）。

大明宝钞的发行适应了社会经济发展的需要，对商业的恢复和发展起过一定的作用。但明王朝的钞币不是根据国家的财力而是依据国家财政开支的需要来印造的。

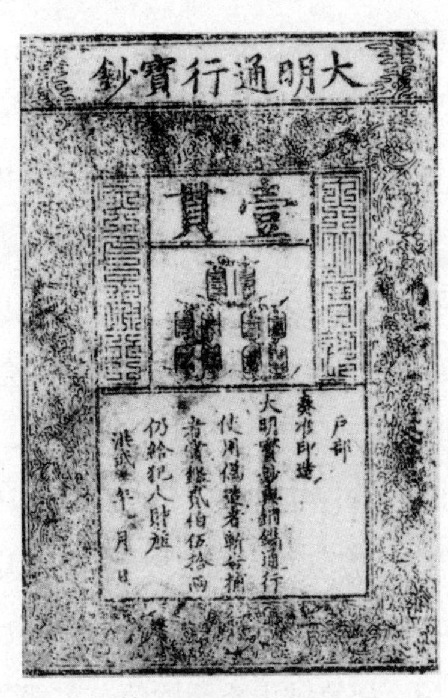

大明通行宝钞

从洪武八年开始印造，除个别年份因国家财政需要已经满足，如洪武十七年因“国用既充，欲轻匠力”而下令停造外，几乎年复一年地进行。印造的数额史无明载，不过《御制大诰续诰·钞库作弊第三十二》载明，洪武十八年一年就造钞六百九十四万六千五百多锭。明制以钞五贯为一锭，这笔钞款合共三千四百多万贯。从洪武八年到三十一年朱元璋去世共二十三年，假设其间有三年停造，则印钞的时间长达二十年，总计大约印造了六万八千万贯。开头几年，由于钞币印造的数量有限，尚能和物价保持一定的比例，受到人民的欢迎。但后来，钞币逐年印造，数量越来越多，而且钞币又基本上是只放不收。洪武九年七月，明政府立“倒钞法”，设立宝钞行用库，允许百姓以昏烂钞币换取新钞，“每昏烂钞贯，收工墨价三十文，五百文以下递减之”（《明太祖实录》卷一〇七）。但到洪武十三年五月，户部报告“在外行用库裁革已久，今宜复置”（《明太祖实录》卷一三一），说明在外行用库存在不到四年就废除，收换旧钞的工作已告停止。洪武十三年五月复置行用库，只过了半年，又“罢在京行用库”（《明太祖实录》卷一三四），按照明代的惯例推测，京城之外的行用库当在此前已经罢撤不存。洪武二十五年二月，复开行用库于京师东市，但“行之逾年而复罢”（《明太祖实录》卷二一六）。此后，便不再见有收换旧钞的记载。因此，当时人实际上难有以昏钞换新钞的机会，钞币基本上处于只放不收的状态。加以当时钞币的印造很不精致，缺乏防伪措施，容易仿制，伪钞屡屡出现。如在两浙和江东西，官府就曾破获一起伪造宝钞的大案，处决了以句容县民杨馒头为首的一大批案犯（《御制大诰·伪钞第四十八》）。由于宝钞的印造没有限额，基本上只放不收，加上大量伪钞流入市场，导致钞币不断贬值。洪武二十三年，两浙一带钞一贯只折钱二百五十文，币值下降了四分之三，二十七年又降到折钱一百六十文，竟跌了五分之四还多。在正常的状态下，随着经济的发展，人民消费量的提高，货币会有小幅度贬值。但大明宝钞如此大幅度的贬值就不是一种正常的现象。因此，一些地方便出现宝钞阻滞不行的问题。朱元璋于是下令，限军民商贾在半个月内将所有铜钱都送到官府更换钞币，以后只许流通钞币，禁用铜钱，“敢有私自行使及埋藏弃毁者罪之”（《明太祖实录》卷二三四）。尽管如此，钞币还是继续贬值。到洪武三十年，杭州诸郡商贾，不论货物贵贱，一概以金银定价，不用钞币。当年三月，朱元璋又再次下令：“禁民间无以金银交易。”（《明太祖实录》卷二五一）

尽管如此，由于朱元璋强化君主专制中央集权制度，整肃贪腐，打击豪强，社会日趋安定，“下逮仁宣，民人安乐，吏治澄清者百余年”，社会经济向前发展，国库充盈，在洪、永、熙、宣的整个明前期，呈现“百姓充实，府藏衍溢”的景象。大明宝钞依靠王朝的信誉和专制权力，不仅在洪武朝，而且下逮永乐、洪熙、宣德都在流通使用。宣德三年（1428年）六月，明宣宗下令停印宝钞。此后明廷不再印造新钞，但此前印造的钞币仍在继续使用。直到明中期，大明宝钞才退出商品流通领域，只使用于与国家财政有关的某些方面，如皇帝用钞赏赐臣下或外国宾客，民间交易则使用白银和铜钱。到隆庆元年（1567年），明穆宗正式下诏，“令买卖货物、值银一钱以上者，银钱兼使；一钱以下者，止许用钱”（《［万历］大明会典》卷三一，《户部·钱法》），正式以法权形式承认白银货币的合法地位。

朱元璋是世界历史上发行纯信用纸币的第一人。由于没有现成的经验可供借鉴，大明宝钞的印造和发行不可避免地存在许多弊病。但无可否认，钞币的发行，对明初的商业和整个社会经济的恢复发展，还是发挥了一定的作用。

【肆】文教百态

重教兴学

朱元璋出身贫苦，早年失学，后投奔起义，在戎马倥偬之际，勤于问学，文化水平不断提高，深知教育的重要。因此，他登基称帝，创建大明王朝后，极其重视教育，认为“治国之要，教化为先，教化之道，学校为本”（《明太祖实录》卷四六），“治天下以人材为本，人材以教导为先”（黄佐：《南雍志》卷一，《事纪》）。他把办学与农桑视为同等重要的“王政之本”，下令从中央到地方都设学校，以教育子民。

明初的学校，主要有国学、郡学和社学三大类。国学是由中央政府设立的高等学府。洪武年间除设在南京的京师国子学，洪武八年（1375年）还在凤阳设中都国子学，后改国子学为国子监。洪武二十六年中都国子监撤消，并入京师国子监。靖难之役后，明成祖改北平府学为北京国子监，迁都北京后又改称京师国子监，而将南京的国子监改称为南京国子监，国子监遂有南北之分。监生分为官生和民生，官生包括品官子弟、土司子弟和海外留学生，由皇帝指派分发，民生是由地方官岁贡的郡学生员。最初官生人数占多数，达到官民生总数的三分之二。但由于公侯子弟成年后可直接袭爵做官，大官子弟也可由荫官的门径踏入仕途，加上洪武十三年胡惟庸案发后许多功臣宿将的子弟受到株连，官生的数量逐渐下降。到洪武后期，国子监就逐渐由教育贵族子弟变为教育民间子弟的场所了。国子监的规模宏大，洪武二十六年中都国子监并入京师国子监后，监生人数达到八千一百二十四名，是当时世界上规模最大的高等学府。监生学习的内容有《四书》《五经》，兼学刘向辑录可供人们取法之遗闻逸事的《说苑》，还有《大明律令》《御制大诰》、书（书法）、数（数学）。洪武三年，朱元璋还要求国学和郡学“皆令习射”。国子监为此还辟有射圃，教习骑射。

郡学又称儒学，是由府、州、县官府设立的中等学校。最早的一所郡学于龙凤五年（1359年）开设于婺州，洪武二年冬又“令天下郡县并建学校，以作养士类”（《明太祖实录》卷四六），各地于是也相继开设郡学。最初规定每所府学生员四十人，州学三十人，县学二十人。不久又命增广，不拘数额。至宣德中期定增广之额，在京府学六十人，在外府学四十人，州、县以次减十人。后来生员增广益多，有廪膳生员、增广生员、附学生员等诸种名目。生员“专治一经，以礼、乐、射、御、书、数设科分教”（《明太祖实录》卷四六），并学习《御制大诰》和《大明律令》。生员或经考核，成绩优异者可岁贡为国子监生，或参加乡试成为举人。如果入学十年，学无所成，或有大过，则送吏部充吏，追夺廪粮。正统以后，又区分不同情况，稍作变更。

同郡学性质相近的，还有都司、卫所及少数民族土司设立的儒学。都司、卫所的儒学，通称为卫学。从东北到西北再到西南的边疆地区，明代一般不设行政机构，划归当地的都司卫所管辖。洪武年间，在这些地区先后建立辽东都司、陕西行都司儒学，定辽等七卫和金、复、海、盖等四州卫学、大宁卫学、岷州卫学，普定、平越、龙里、新添、都匀等卫学。此后，边疆的都司、卫所也陆续开设卫学。内地的都司卫所，冶所与府、州、县治共处一城者，一般不另设卫学，军人子弟到当地郡学读书；独治一城者，从宣德十年（1435年）起也陆续开办卫学。少数民族土司设置的儒学，则集中在西南的云、贵、川一带。洪武十五年平定云南后，个别土司开始兴办儒学。二十八年，朱元璋又命“云南、四川边夷土官皆设儒学，选其子孙弟侄俊秀者以教之”（《明太祖实录》卷二三九），土司儒学的兴办渐多。后来，明孝宗在弘治十六年（1503年）规定：“以后土官应袭子弟，悉令入学，渐染风化，用格顽冥。如不入学者，不准承袭。”（《明孝宗实录》卷二〇〇）又进一步推动了土司儒学的发展。

社学是设于基层的初级学校。洪武初年，有些地方官开始创办社学。洪武八年，朱元璋“令有司更置社学，延师儒以教民间子弟”，（《明太祖实录》卷九六），社学的发展更为迅速。后来，有些地方官借此敲诈勒索，社学一度停办。十六年，朱元璋又“令民间自立社学”（《明太祖实录》卷一五七），在官办社学之外，出现了民办社学。社学以教化百姓为首务，主要是学习一些培养封建伦理道德的启蒙读物，兼读《御制大诰》及本朝律令。明中期以后，民办的义学、乡学大量兴起，基本取代了官办的社学。

此外，明初还设有专门教育宗室子弟的宗学，教武官子弟武艺的武学以及医学、阴阳学等。明中期以后，各地还出现许多自建的书院，它属于私学的性质，不属于官办的学校体系之列。

朱元璋对教育的重视不是仅仅停留在口头上，而是采取许多措施加以落实。一是严格考核地方官的办学成绩。他规定，有司考核下属官员的政绩，“必书农桑、学校之绩，违者降罚”，官员管辖地区的学校，如发现“师不教导、生徒惰学者，皆论如律”（《明太祖集》卷一，《农桑学校诏》）。莒州日照知县马亮考满入京朝觐，州官对他的考课评语为“无课农、兴学之绩，而长于督运”，朱元璋说：“农桑，衣食之本，学校，风化之原，此守令先务。不知务此，而曰长于督运，是弃本而务末，岂其职哉！”（《明太祖实录》卷一〇六）下令黜之。

二是重视教师的选择。朱元璋“最重教官之选”，认为“非老成笃学之士，莫宜居是”（《明太祖实录》卷七七），强调应从儒士中择“老成笃学者”，从监生中“选其壮岁能文者”，从举人中择副榜举人及下第举人经考选而中式者充任（《古今图书集成·选举典》卷一六，《学校·纪事》）。为了稳定师资队伍，他还下令禁止随意抽调教师充任他职，严禁有司差遣教师去干杂活。三是全部免除学费，并为生员提供生活保障。除免除所有学费之外，朝廷还赐给国子监生服装，供给伙食，带家眷的也发给一定的食粮。府州县学的廪膳生员，也按月发给米和鱼肉。监生和生员，皆免除家中二丁的差役。四是实行书籍笔墨免税。洪武元年颁布《大赦天下诏》，规定书籍笔墨等，均不得征收商税。这些措施，有力地推动了明初教育的发展，从而形成“无地而不设之学，无人而不纳之教。庠声序音，重规叠矩，无间于下邑荒徼，山陬海涯”（《明史》卷六九，《选举志》）的局面。明代教育的发达，远远超过了唐、宋和元代。

明代教育的发展，促进了知识阶层的扩大。明代官员的任用，“国初之制，谓之三途并用，荐举一途也，进士、监生一途也，吏员一途也”（顾炎武：《日知录》卷一七，《通经为吏》）。由于朱元璋曾规定，应“使中外文臣皆由科举而选，非科举者毋得与官”（《明太祖实录》卷五二），科目日益受到朝廷的重视，“内外重要之司，皆归进士”（王圻：《续文献通考》卷五五，《学校考·太学》），后来就逐渐形成所谓进士、科贡、吏员三途并用的格局，彻底扭转了元代儒士地位卑微的境况。但“科举必由学校，而学校起家可不由科举”（《明史》卷六九，《选举志》）。这样，学校对人们也就具有吸引力，生员的人数不断增加。根据洪武初年对各学名额的规定，生员的人数约有三万人，仅占当时全国人口的百分之零点零九。到了明末，据顾炎武的估计，生员人数已达到五十万人（《顾亭林文集》卷一，《生员论》上），占到当时全国人口的百分之零点九六。此外，明代还有具备一定读书识字写作能力、准备投考生员的童生，其数量当为生员的数倍。有人估计，明代后期的童生数量约有一百三十八万人，占到当时全国人口的百分之三点五（赵子富：《明代学校与科举制度研究》，北京燕山出版社1995年版，第307—308页）。童生与生员的数量加在一起，大约要占到全国人口的百分之四点五。如果再加上在职和致仕的官员、举人以及接受社学、义学、乡学和书院教育的士子，那么具有识字写作能力的人数肯定超过这个比例。知识阶层是精神文化的主要创造者。知识阶层的不断壮大，有力地推动文化的传播和发展，使明代的科学文化在许多领域取得了突出的成就。明代科学技术的进步，明人文集的剧增，通俗文艺的发展，等等，无不与此有关。

但是，朱元璋创建的学校教育制度，是与科举制度密切联系在一起，旨在培养与选拔官吏。因此，学校的教育内容便把与科举无关的课程排除在外或置于无足轻重的地位，在教育方法上则把主要的精力放在考试内容的记诵或试文程式的训练上。因此，不论是国学还是郡学，除了数学，所有自然科学的内容都排除在学习课程之外。洪武十七年取消乡、会试中式十日后复试骑、射、书、算、律五事的规定，就连数学教育也成了可有可无的东西。这对自然科学的发展，无疑是极为不利的。加上明朝始终坚持“厚本抑末”的政策，压制“奇技淫巧”的研究，人们更视自然科学的研究为畏途。明代科学技术的发展，也就显得越发曲折而艰难了。

朱元璋重教兴学，既为后人留下宝贵的经验，也留下了深刻的教训。

改革文风

先秦两汉的散文，都注重文章的内容，具有文以明道的优良传统。魏晋南北朝时，由于士族文人的提倡，产生了一种骈丽四六的文体，并风靡一时。当时不仅一般文章，就连日常公文和书信，都用这种文体进行写作。后来人们发现，这种文体不仅用典过多，弄得文章“殆类书抄”，晦涩难懂，而且使用四言六言的句式，过分讲究对仗和词藻，也束缚思想内容的表述，存在华而不实的弊端。到了唐宋，一些文人便打出“复古”的旗号，倡导改革，掀起一场古文运动。这场改革在民间获得巨大的成功，但官方的文字，自上而下的制诰，自下而上的表笺，照样使用骈丽四六的文体。到了元代，仍是两种文体并行，官府用骈丽文，民间用散文。流风所及，官府法令极为繁冗，百姓无法弄懂，衙门案牍堆积如山，文牍主义盛行，不仅办事效率低下，而且吏员从中舞弊也无法追究。

贫苦农民出身的朱元璋，具有求实的精神，对元末华而不实的文风深恶痛绝。他参加反元起义并成为一方首领之后，就主张改革文风，提倡用口语写作，叫做“直解”。他首先做出表率，自己写的命令指示，都用口语写成，明白易懂。龙凤十二年（1366年），他还命儒士熊鼎和朱梦炎修《公子书》和《务农技艺商贾书》，用口语直解编纂古代忠良奸恶的史事和有关农工商贾活动的知识，供公卿子弟和民间的农工商贾子弟阅读。当时群臣祝贺万寿圣节和各种节令或受赐谢恩的表笺，都是沿袭前代的陋习，堆砌一些漂亮的词句进行歌功颂德，没有什么实际内容。吴元年（1367年）正月，朱元璋对中书省大臣说：古人祝颂其君，都寄寓规劝警戒之意，现在的表笺却空洞无物。下令："今后表笺，只令文字平实，勿以虚辞为美也。"（《明太祖实录》卷二二）当年十月，他命中书省制定律令，还针对元代法令繁冗的状况，指示说："立法贵在简当，使言直理明，人人易晓。"（《明太祖实录》卷二六）。《大明律令》编成后，他特地命大理寺卿周祯等大臣，将其中涉及平民百姓的条文，译成通俗的口语，编成《律令直解》，颁行郡县，使百姓家喻户晓。

明朝建立后，朱元璋再度倡议改革文风。洪武二年（1369年）三月，他告谕翰林侍读学士詹同：古人写文章，讲道理，说世务，像被称作经典的那些文章，都明白易懂，没有深怪险僻的词句。比如诸葛孔明的《出师表》，何尝刻意雕琢，但充溢忠义之气，到现在读了还让人感动不已。近来的文人写文章，没有什么内容，文字虽然艰深，意思却很肤浅，即使写得比汉代的司马相如、扬雄还漂亮，又有什么用呢？要求以后翰林院为文，"但取通道理、明世务者，无事浮藻"（《明太祖实录》卷二〇）。洪武六年九月，他索性下令禁止官府文书使用骈丽四六文体，并选柳宗元写的《代柳公绰谢表》和韩愈写的《贺雨表》作为表笺样板，要求中外臣民的表笺一律"毋用四六对偶，悉从典雅"（《明太祖实录》卷八五）。洪武十四年七月，重定表笺礼仪，又再次重申："其表笺文词，不得用骈丽，务在典雅。"（《明太祖实录》卷一三八）但到洪武二十九年七月，诸司所进表笺，仍是陋习未改，多务奇巧，词体骈丽，朱元璋再次命令翰林学士刘三吾、右春坊右赞善王俊草拟一个庆贺谢恩的表笺样式，颁示诸司，"令凡遇庆贺谢恩，如式录进”（《明太祖实录》卷二四六）。

此外，朱元璋还对公文的格式进行改革。洪武九年闰九月，朱元璋因“见灾异万端”，诏求直言。过了一个月，有山东布政使吴印等一百一十五名官员和平民上书，对军国大事提出各种建议。他审阅后，认为有八人提出的十七件建议切实可行，批准照办；有六人的建议全不可行，弃置不用；另有一人的建议被认为是“假公营私”，下令治罪。十二月，刑部主事茹太素以五事上言，写了洋洋一万七千字。朱元璋叫中书郎中王敏念给他听，念到六千三百七十个字，才听到“才能之士，数年以来，幸存者百无一二，不过应答办事”，“所任者，多半迂儒俗吏”，还未涉及所要谈的五件事。朱元璋气不打一处来，就把茹太素找来，问他：你是刑部官员，你们刑部有二百多号人，你能不能给我仔细分辨一下，哪几个是迂儒，哪几个是俗吏？茹太素沉默不语，朱元璋大怒，令锦衣卫处以廷杖之刑，在殿廷之上把他痛打一顿。第二天深夜，朱元璋躺在卧榻之上，又叫人把茹太素的上书再念一遍，直到一万六千五百字之后，才谈到五件事。“其五事之字，止是五百有零”。朱元璋听后，觉得所言五事有四件事切实可行。第二天早朝，敕令中书省和御史台付诸实施，并下令释放茹太素，表示：“今朕厌听繁文而驳问忠臣，是朕之过，有臣如此，可谓之忠矣。”随后，他命中书省定出《建言格式》，亲自作序，颁示全国，规定“若官民有言者，许陈实事，不许繁文；若过式者，问之。”（《明太祖集》卷一五，《建言格式序》），洪武十二年八月，又立《案牍减繁式》，颁发各衙门，使公文大大简化，明白易懂，官员易于办理。

朱元璋的大力提倡，使明初的文风逐渐发生了变化，法令趋向简约，公文通俗易懂，衙门的案牍也大大简化。这既提高了行政效率，便于政令的推行，同时也使吏员舞弊弄权的现象大为减少，有助于吏治的澄清。不仅如此，朱元璋为文要“通道理，明世务”，“无事浮藻”，“务在典雅”的主张，还对集结在他周围的文臣儒士的诗文创作产生了深刻的影响。高启、宋濂、刘基等人无不力矫元末诗文“柔媚旖旎”之弊，倡导“文以明道”，“变风变雅”，创作出大批反映当时社会现实的诗文作品。

科举制度的推行与完善

明代的科举制度，正式建立于洪武三年（1370年）。在这之前，朱元璋在吴元年（1367年）下令设文武二科取士。明朝建立后，洪武三年颁布《开科取士诏》，强调科举要“务求实效，毋事虚文”，应录取“经行明修、博通古今、文质得中、名实相称”者，“使中外文臣皆由科举而选，非科举者毋得与官”（《明太祖实录》卷五二）。第二年正月，令各省连试三年，以后三年一举。连试三年后，发现录取的多系少年书生，缺少实际工作能力，下令暂停科举，到洪武十五年才又重新恢复。洪武十七年，礼部颁行《科举成式》，明代的科举制度正式确立。

洪武年间的科举考试，分乡、会试、殿试三级进行。乡试是省级考试，又称乡闱，参加考试的必须是学校的生员（包括监生），每三年一次，在直隶和各布政司治所所在的省城举行。应试者必须在其籍贯所在地的省城参加考试。考试分为三场，洪武三年规定初场试《五经》义二道、《四书》义一道；二场试礼、乐论一道，诏、诰、表、笺内选一道；三场试经、史、时务策一道。中式后十日，再试以骑、射、书、算、律五事。洪武十七年规定，初场试《四书》义三道、《五经》义四道；二场试论一道，判五道，诏、诰、章、表内选一道；三场试经、史、时务策五道，取消骑、射、书、算、律的复试。初场考《四书》《五经》义，主要是考察士子对儒家学说的掌握和领会程度。由于郡学的生员专治一经，故《五经》义出的几道考题，考生只作平日专攻并于试前报选经书中的题目。《四书》《五经》注家繁多，见解不一。洪武十七年规定，《四书》义主朱子《集注》，经义《易》主程、朱《传》《义》，书主蔡氏《传》及古注疏，《诗》主朱子《集传》，《春秋》主左氏、公羊、谷粱三《传》及胡安国、张洽《传》，《礼记》主古注疏。到永乐年间，明成祖命儒臣集诸家传、注，纂辑《五经大全》《四书大全》《性理大全》，作为学校教材和科举的依据，科举考试遂“废注疏不用，其后《春秋》亦不用张洽《传》，《礼记》止用陈澔《集说》”（《明史》卷七〇，《选举志》）。二、三场考论、判、诏、诰、章、表、策等，主要是考察士子对古今政事的识见以及阐述观点和撰写各种公文的能力。考生答卷，要求“惟务直述，不尚文藻”，洪武二十四年更规定“务在典实，不许敷衍繁文”（万历《大明会典》卷七七，《礼部·科举》）。

考生黎明进入考场，要经过严格搜身，不许夹带。入场后，考场内外门户全部封闭加锁。一名考生由一名号军监视，不许作弊。到黄昏交卷，如未做完，给蜡烛三支，继续答卷。考生交卷后，经过弥封、誊录、对读等程序，然后送交考官评阅。中式者称为“举人”。录取名额开始定为五百名，但因官员缺额太多，实际未受此限。洪武十五年恢复科举后，更是从实选取，不拘数额。后来，到洪熙元年（1425年）又规定，南京国子监及南直隶共取八十名，北京国子监及北直隶共取五十名，江西五十名，福建、浙江各四十五名，湖广（附贵州）、广东各四十名，河南、四川各三十五名，陕西、山西、山东各三十名，广西二十名，云南、交趾各十名。以后各省均有所增加。

会试是中央一级的考试，又称礼闱，由礼部主持，乡试的第二年在京师举行。参加考试的必须是乡试中式的举人。也分三场举行，考试的内容基本上和乡试相同，但考生入场时的搜查不那么严格，因为朱元璋曾说："此已歌《鹿鸣》（《鹿鸣》为《诗经·小雅》之一篇，系宴会宾客时演奏的乐歌），奈何以盗贼待之？"（《万历野获编》卷一六，《会场搜检》）。录取的名额，洪武三年诏礼部定为百人，实际录取名额不定，有时少至三十一名，多至四百七十二名（《明太祖实录》卷二〇八、一七二）。洪熙元年（1425年）改为南北分卷录取，南卷取十分之六，北卷取十分之四。后来又改为分南、北、中三卷录取，"以百人为率，则南取五十五名，北取三十五名，中取十名"（万历《大明会典》卷七七，《礼部·贡举·岁贡》）。举人经会试中举后称为"贡士"，可以参加殿试。

殿试又称廷试，考场设在皇帝的殿廷，是以皇帝的名义主持的复试，仅试时务策一道，分三甲录取。一甲只取三名，称为状元、榜眼、探花，赐进士及第出身；二甲若干名，赐进士出身；三甲若干名，赐同进士出身。所取进士，授予修撰、编修、检讨等官职。洪武十八年，朱元璋鉴于诸进士"未更事，欲优待之，俾之观政于诸司，给予所出身禄米。俟其谙练政体，然后擢任之"（《明太祖实录》卷一七二），下令拣选进士入翰林院、承敕监等近侍衙门历练，俱称庶吉士。历练结束，再授实职。庶吉士制度后来日渐完善，起到储才教养和提高官员素质的作用。

后来，至晚在正统年间又增设童子试。童子又称童生，指未入郡学的童生。参加童子试的童生，必须是本地籍贯。考试的内容包括《四书》、本经、论、策等。考试一般分为县试、府试和省提学主持的院试三级，三考都取中者称为"秀才"，这才获得生员资格，可以入读郡学。这样，就逐渐形成童子试、乡试、会试、殿试的考试体制，使科举制度更趋完备。

科举制度的推行，为明朝选拔了大批人才，有效地提高了官僚队伍的整体素质，促进了官僚队伍的不断更新和社会的流动。即以洪武年间而言，作为选用官员的一条途径来说，科举虽然远不如荐举和学校重要，但朝廷通过科举还是选拔了一些比较优异的人才，其中有些人还成为后来永乐、洪熙、宣德诸朝的重要辅臣。例如，洪武十八年举进士的蹇义，以“诚笃干济”受到朱元璋的赏识任用，到明成祖时更受重用，仁宗、宣宗继位后“委寄尤隆”，是永、熙、宣朝“匡翼令主”的重要辅臣。洪武二十一年举进士的解缙及洪武末年举进士的黄准，永乐年间与建文二年（1400年）举进士的杨荣、金幼孜以及杨士奇、胡广、胡俨等人并值文渊阁，预机务，都成为明成祖的重要辅臣。

明代的科举制度，在考试内容和答卷文体方面，颇受非议和抨击。对此应该进行辩证的具体分析。

明代乡、会试分为三场，“初场在通经而明礼，次场在通古而瞻辞，末场在通今而知务”（杨慎：《升庵集》卷三，《云南乡试录序》）。明初取士是三场兼重，后来考官取士，则大都重视前场轻视后场，士子对经书的掌握和理解程度便成为能否中式的主要依据，形成唯重经义而不及其余的状况。而对经义的理解，又唯程朱特别是朱子是从，这自然极大地束缚了士人的思想，导致思想的僵化与保守。不过，我们还应看到，以经义取士，并规定以程朱注疏作为答卷的标准，这除了程朱理学是明代处于独尊地位的国家意识形态外，还可使答题和评卷标准趋于统一，使考试走向标准化和规范化，以保证科举的客观公正。因为较之其他内容的考试，对经义理解的正误对错，毕竟较易判断。比如唐代以诗赋取士，“韩昌黎应试《不迁怒，不二过》题，见黜于陆宣公（陆贽）。翌岁，宣公复为试官，仍命此题，昌黎复书旧作，一字不易，而宣公大加称赏，擢为第一”（谢肇淛：《五杂俎》卷一五，《事部》），可见诗赋之高下难有统一的评判标准，实难避免评卷者的主观独意性。

明代科举的答卷，“文略仿宋经义，然代古人语气为之，体用排偶，谓之八股，通谓之制义”（《明史》卷七〇，《选举志》）。据说这种文体是朱元璋和刘基定下的。其实八股文的产生经过了漫长的历史过程。它滥觞于北宋的经义。宋代的经义虽无固定的格式，不求对仗排偶，但在代古人立意这一点上，已奠定了八股文的雏形。经义后来吸收了南宋以来的散文和元曲的一些成分，到明初被确定为一种独立的文体，成化（1465—1487年）以后逐渐形成比较严格的体式。这种文体的最大特点，是具有固定的体式和结构。它的开头有由破题、承题、起讲构成的冒子；接着有由起股、中股、后股和末股四个段落构成的主干，四个段落各有两段相比偶的文字，合共八股；最后有收结，又称大结，结束全文。明代的科举考试，要求作文“务在典实”，写得朴实典雅，并在对儒家思想全面领会的基础上，发表自己的见解。全文虽以古人语气行之，但在篇末的收结一段却可发挥自己的见解。而八股文对技巧的讲究，“在我们国产的诸文体中”又是“高踞第一位的”（启功、张中行、金克木：《说八股》，中华书局2000年版，第66页）。采用这种文体答卷，既可考察应试者对儒家思想的掌握和理解程度，又可考察其语言文字的驾驭能力和写作技巧。如果说文章是否写得朴实典雅，评判起来可能带有更多的主观色彩的话，那么文章的体式、结构如何，各股是否完备，考量起来却具有较强的客观性，而这又正是取中与否的首要标准。因此，答卷文体采用八股文的规定，就有着使科举考试走向标准化和规范化，保证其客观性和公平性的重大意义。

当然，随着八股模式的日趋固定和僵化，考官日益重视形式与技巧，忽视是否具有真才实学、真知灼见，最后必然导致内容的空虚，形式的刻板。正如何良俊所指出的：“自程朱之说出，将圣人之言死死说定，学者但据此略加敷衍，凑成八股，便取科第，而不知孔孟之书为何物矣。”（《四友斋丛说》卷三，《经》）有些士子甚至连《四书》《五经》也不认真研读，一味背诵、抄袭坊间流行的“程墨”“房稿”“社稿”“行卷”，而“主司亦随所尚，甲乙而登之”（万历《嘉定县志》卷一九，《文苑考》，张应武：《送江西提学佥事携李公之任序》）。最终是误国误民，加速了明朝的灭亡。其教训是极其深刻的。明亡之际，传说有人在朝堂贴出柬书，用寓言形式，悲愤地抨击八股文的祸害：“谨具大明江山一座，崇祯夫妇二口，奏申贽敬。晚生文八股顿首拜。”（吕留良：《伥伥集》卷三，《真进士歌》）

以孝治天下

孝悌是中华民族的传统美德。孔子说："弟子入则孝，出则悌，谨而信，泛爱众，而亲仁。"他的门徒有子则说："孝弟也者，为仁之本与。"（《论语·学而》）孔子门徒曾参的门人所作的《孝经》，更认为："夫孝，德之本也，教之所由生也。"汉代提倡"以孝治天下"，规定全国应广诵《孝经》，汉惠帝以后所有皇帝的谥号之前都要加上一个"孝"字。唐、宋也将《孝经》定为学校的法定教科书。到了明代，朱元璋更将"以孝治天下"作为基本国策，以之为纲来施行教化，安定社会，巩固统治。

《孝经》指出："君子之事亲孝，故忠可移于君；事兄悌，故顺可移于长；居家理，故治可移于官。"这就是"家齐而后国治"的意思。家庭是社会最基本的单位，只要每个家庭治理好了，社会安定，国家就能稳固。朱元璋明白这个道理，说："一人孝则众人皆趋于孝，此风化之本也。"（《明太祖实录》卷四九）"使一家之间长幼内外各尽其分，事事循理，则一家治矣。一家既治，达之一国以至天下，亦举而措之耳。"（《明太祖实录》卷一七五）"以孝治天下"，也就成为他的基本国策。

要"以孝治天下"，最高的君主自然应该先做出榜样。朱元璋出身寒微，年青时遭世艰苦，饥馑相仍，虽父母俱在，却无力奉养。十七岁时，父母双亡，更是“殡无棺椁，被体恶裳”（《明太祖集》卷一四，《皇陵碑》）。每念及此，他常“感怆泣下”，泪流不止。有一天，见到一群传说能反哺其母的慈乌，便十分感慨地写下一首《思亲歌》：

> 歔欷！慈乌恸恻仁，人而不如乌乎？
>
> 将何伸，将何伸！
>
> 吾思昔日微庶民，苦哉惟悴堂上亲。
>
> 有似不如乌之至孝精，歔欷，歔欷！
>
> 梦寐心不泯。

登基后，他虽欲以天下奉养父母却不可得，于是便在凤阳为父母大修皇陵，在泗州（今江苏盱眙）为祖父母大修祖陵，并在京师修建太庙，在宫中修建奉先殿，按时致祭，以展孝思，而垂范天下。

为了向臣民灌输孝亲思想，朱元璋特命绘古代的孝行图以示子孙，修《女诫》颁之后妃。还下令，全国各地每个乡里都要置办一个木铎，派一名老人或盲人，每月六次，拿着木铎在乡间大道上敲喊：“孝顺父母，尊敬长上，和睦乡里，教训子孙，各安生理，毋作非为！”并规定各府州县于每年正月十五及十月初一、各个乡村里社于每年春秋社祭之后，都要举行乡饮酒礼，由司正作“为臣尽忠，为子尽孝，长幼有序，兄友弟恭，内睦亲族，外和乡里”的致词。他颁布的《御制大诰续编》还专辟《明孝》一节，详细开列并解释“孝亲”的具体内容：“冬温、夏凊，晨省、昏定”；“饮食洁净，节之”；“父母有命，善正速行毋怠；命乖于礼法，则哀告再三”；“父母已成之业毋消”；“父母运蹇，家业未成，则当竭力以为之”；“事君以忠”；“夫妇有别”；“长幼有序”；“朋友有信”；“居处端庄”；“莅官以敬”；“战阵勇敢”；“不犯国法”；“不损肌肤”；“闲中不致人骂詈”；“朝出则告往某方，暮归则告事已成未成”（《御制大诰续编·明孝第七》）。并规定："今再诰一出，臣民之家，务要父子有亲；率土之民，要知君臣之义，务要夫妇有别；邻里亲戚，必然长幼有序，朋友有信"。"倘有不如朕言者，……乡里高年并年壮豪杰者，会议而戒训之。凡此三而至五，加至七次。不循教者，高年英豪壮者拿赴有司，如律治之。"（《御制大诰续编·申明五常第一》）

围绕"孝"字，朱元璋还制定了一系列政策。"不孝"被列为"十恶"大罪，要处以最重的刑罚，不在常赦之列。《大明律》规定，凡子孙违反祖父母、父母教令及奉养有缺者，杖一百。凡祖父母、父母在，子孙别立户籍、分异财产者，也要受到杖一百的刑罚。子孙对祖父母、父母，妻妾对丈夫、弟妹对兄姊进行骂詈或殴打，要处以凌迟、斩、绞或其他刑罚。百官不得擅离职守，但闻父母丧，不待报许即可离职奔丧。至于遇到父母丧，匿不举哀，冒哀出仕，居丧嫁娶，或弃亲之任等违背孝道的行为，都在禁止之列。

除对违背孝道的行为严加惩处外，朱元璋还大力旌表践行孝道的行为，甚至将孝悌力田者提拔上来做官。易州涞水县农民李德成幼年丧父，元末随母避难到河边，在元兵的追逼之下，母亲投河而死。洪武十九年（1386年），李德成冒着严寒，与妻子跣足步行三百里，到母亲投河之处，卧冰七日，以求母尸。乡里举荐他为孝廉，被擢为光禄寺丞，后迁尚宝司丞。洪武二十七年，又被旌表为孝子。永乐初年更升任陕西布政使。浙江浦江郑氏家族，自宋代以来，"代以一人主家政"，累世聚族同居，凡三百年。龙凤四年（1358年），李文忠下浦江，特旌之为"义门"，禁军士不得侵犯。明初，郑家族长郑濂出任粮长，入京受到朱元璋的接见，问以治家长久之道，曾想给他官做，他以老辞。后来，发生胡惟庸谋反案，有人告发郑家"交通"胡惟庸，官吏到郑家逮人，郑家兄弟六人争着承担罪责。郑濂弟郑湜径自前往京师，准备入狱受审。正在京师的郑濂迎接他，说："吾居长，当任罪。"郑湜说："兄年老，吾自往辩。"两人争着入狱。朱元璋得到消息，说："有人如此，肯从人为逆耶？"下令召见他们，不仅免于问罪，还提拔郑湜为左参议。洪武二十六年，又擢郑濂弟郑济为左春坊左庶子。后来，又征召郑濂弟郑沂为礼部尚书。浦江王澄，仰慕郑氏家风，令子孙聚族同居，后来他的孙子王应也被朱元璋擢为参议，另一个孙子王勤被擢为左春坊左庶子。

有些臣民犯了法，因其子有突出的"孝义"行为，朱元璋往往屈法宥之，或从轻处罚。洪武八年，淮安府山阳县有人犯法当受杖刑，他儿子请以身代，朱元璋对刑部大臣说："父子之亲，天性也。然不亲不逊之徒，亲遭患难，有坐视而不顾者。今此人以身代父，出于至情。朕为孝子屈法，以劝励天下。"（《明太祖实录》卷九六）下令释之。江宁人周琬十六岁时，担任滁州牧的父亲坐罪论死，他请求以己代父而死。朱元璋怀疑他是受人指使，下令斩之。周琬面对屠刀面不改色，朱元璋很是惊异，下令从宽处理，将其父免死戍边。周琬再次求情，说戍边与斩首，同样都是死，父亲死了，儿子活着能安心吗？他愿用自己这条命来换父亲的命，朱元璋非常生气，下令将他缚赴市曹处斩。周琬看到父亲终于可以免除戍边之苦，面露喜色。朱元璋觉得此人竟至不顾自己的性命，孝心确实真诚，下令赦免了他，顺手在屏风上写下"孝子周琬"四个字，不久授予兵科给事中之职。浙江新昌人胡刚，他的父亲因罪罚至泗上做苦役，逃亡后被捕，依律当死。朱元璋敕命驸马都尉梅殷监斩。胡刚要去探视父亲，在河边等候渡船，听到消息，就脱下衣服，泅水过河，赶往刑场，哀号泣代。梅殷怜悯他，飞速禀报皇上。朱元璋当即"诏宥其父，并宥同罪八十二人"（《明史》卷二九六，《周琬传》）。

南京明孝陵

值得注意的是，朱元璋对孝道的提倡，并不完全照搬古训，而主张适时而变，他说："人情有无穷之变，而礼为适变之宜。"（《明太祖宝训》卷二，《议礼》）认为礼制应该随着人情的变化而变化，而人情的变化，则是缘于时代条件、客观环境的变化。就这一点来说，他的主张颇有点与时俱进的味道。如洪武七年九月，孙贵妃病死，她没有儿子，朱元璋想叫其他儿子为这位庶母穿孝，命礼部议定丧服之制。礼部尚书牛谅等引《周礼》《仪礼》奏称：父亲在世，母亲去世，服孝一年；如果是庶母，则不穿孝服。朱元璋不以为然，说：

夫父母之恩一也。而父丧三年，父在，为母则期年（周年），岂非低昂太甚乎？其于人情何如也！且古不近人情而太过者有之。若父母新丧，则或五日、三日，或六七日，饮食不入口者，方乃是孝，朝抵暮而悲号焉，又三年不语焉。禁令服内勿生子焉。朕览书度意，实非万古不易之法。若果依前式，其孝子之家，为已死者

伤，见（现）生者十亡八九，则孝礼颓焉，民人则生理罢焉，王家则国事紊焉。（《明太祖集》卷一五，《孝慈录序》）

朱元璋又命翰林学士宋濂查考古人有关丧服的主张。宋濂奏报说：“古今论丧服者，凡四十有二人，愿服期年者十四人，愿服三年者二十八人，比服期年增倍。”朱元璋说“礼乐制度出自天子”，于是重订丧服制度，规定儿子对母亲包括庶出的儿子对父亲的正妻、庶子对母亲都须服孝一年，并将这一制度汇编为《孝慈录》，亲为之作序，颁行全国。中国过去只为父亲服孝，为母亲服孝成为明朝新创的制度。

又如洪武二十七年九月，青州日照县民江伯儿，其母亲久病不起，他听说割股疗亲是至孝的行为，便将自己胁下肋骨上的肉割下一块，煮熟了喂给母亲。但母亲吃了仍未康复，他又到泰山的岱狱祠求神，许愿如果神灵能保佑母亲病愈，他将杀子以祀神。不久，母亲竟然康复了，江伯儿真的就杀掉三岁的儿子来祭神。地方官赶紧奏报朝廷，希望能给予旌表。朱元璋看了奏章大怒，说：“父子，天伦至重。礼，父为长子三年服。今百姓无知，贼杀其子，绝灭伦理，宜亟捕治之，勿使伤坏风化。”下令逮捕江伯儿，杖一百，谪戍海南。并命礼部定议旌表事例，规定今后凡割股卧冰者，“不在旌表之例”（《明太祖实录》卷二三四）。

洪武年间“以孝治天下”的国策及措施，得到了比较认真的执行。各地府州县的官员，都瞪大眼睛，注视着臣民的一举一动，寻找孝子，奏请礼部给予旌表，“岁不乏人，多者十数”（《明史》卷二九六，《孝义传》）。哪里出了个受到旌表的孝子，哪里的乡民就感到自豪和光荣。于是，在市井闾阎之间，逐渐树立起尊老爱幼、兄友弟恭的风气。这对稳定社会秩序、实行休养生息发挥了积极的作用。

普施教化，移风易俗

朱元璋认为："世之治乱，本乎人情风俗，故忠信行则民俗淳朴，佻巧作则习尚诈伪。"（《明太祖实录》卷六六）"治道必先于教化，民之善恶，即教化之得失也。……不明教化之本，致风陵俗替，民不知趋善，流而为恶，国家欲长治久安，不可得也。"（《明太祖宝训》卷一，《论治道》）因此，他在施行礼治的过程中，便采取许多措施，在全国的基层普施教化，以图移风易俗。

朱元璋普施教化的一项举措，是重新推行乡饮酒礼。乡饮酒礼始行于周代，是当时唯一的一种达于庶民的礼制。后来，乡饮酒礼时有损益，至元代由于朝廷未加提倡，民间已少有举办者。洪武二年（1369年）二月，在《大明集礼》的编纂过程中，监察御史睢稼建议仿效《礼经》所载乡饮酒礼之法，"命府州县长吏凡遇月朔，会乡之老少，令儒生读律，解析其义，使之通晓；则人皆知畏法而犯者少矣"（《明太祖实录》卷四四）。朱元璋采纳这个建议，命中书省详定乡饮酒礼条法。洪武三年九月成书的《大明集礼》，即将乡饮酒礼列为嘉礼之一，详列其仪法。洪武五年四月，礼部据此奏请将乡饮酒礼推行于全国各地的儒学、里社和各卫的武职衙门。朱元璋下诏批准，规定在内应天府及直隶州县，每年正月和十月，由有司与学官率年老的士大夫在学校举行。在外各行省所属各府州县，也依京师之例举行。民间里社，以百家为一会，由粮长或里长主持。百人之内，以最年长者为正宾，其他人按照年龄的大小依次入坐，每个季度举行一次。“若读律令，则以刑部所编《申明戒谕书》兼读之”。在内各卫亲军指挥使司及指挥使司，也于每月朔日（初一），由镇守军官“以大都督府所编《戒谕书》率僚佐读之”（《明太祖实录》卷七三）。洪武十六年十月，在多年实践的基础上，明廷正式制定并颁行《乡饮酒礼图式》，规定各府州县每年正月十五、十月初一在儒学举行。具体做法是在仪式正式开始后，先由司正举酒致词曰：“恭惟朝廷，率由旧章。敦崇礼教，非为饮食。凡我长幼，各相劝勉。为臣尽忠，为子尽孝。长幼有序，兄友弟恭。内睦宗族，外和乡里。无或废坠，以忝所生。”然后饮酒，再唱读律令。在唱读律令时，“有过之人，俱赴正席立听，读毕复位”。乡村里社则于每年春秋社祭会饮完毕之后，举行乡饮酒礼，规定“百家内除乞丐外，其余但系老年者，虽至贫，亦须上坐。少者虽至富，必序齿下坐，不许搀越。违者以违制论。其有过犯之人，虽年长财富，须坐于众宾席末，听讲律受戒谕，供饮酒毕，同退”（《明太祖实录》卷一五七）。洪武十八年十月，颁行御制《大浩》，重申举行乡饮酒礼意在“叙长幼，谕贤良，别奸顽，异罪人”，强调“其坐席间，年高有德者居于上，高年并笃者并之，以次序齿而列。其有曾违条犯法之人，列于外坐，同类者成席，不许干于善良之席”（《御制大诰·乡饮酒礼第五十八》）。洪武二十二年，再定《乡饮酒礼图式》，又规定凡良民中，年高有德、无公私过犯者，自为一席，坐于上等。有因户役差税迟误，及曾犯公杖私笞招犯在官者，又为一席，序坐中门之外。其曾犯奸盗诈伪、说事过钱、起灭词讼、蠹政害民、排陷官长，及一应私杖徒流重罪者，又为一席，序坐于中门之内，执壶供事。各用本等之家子弟，务要分别三等坐次，善恶不许混淆”（万历《大明会典》卷七九，《礼部·乡饮酒礼》）。

为了彰善惩恶，朱元璋还令各地设立申明亭、旌善亭。申明亭始建于洪武五年二月，遍及内外府州县以及乡村里社，除张贴法令文告外，“凡境内人民有犯，书其过名，榜于亭上，使人有所惩戒”（《明太祖实录》卷七二）。《大明律》规定：“凡拆毁申明亭房屋及毁板榜者，杖一百，流三千里。”（《大明律》卷二六，《刑律·杂犯》）后来觉得将犯人所犯的罪过不分大小一律在申明亭张榜公布，“使良善一时过误者为终身之累”，会堵塞其改过自新之途，洪武十五年八月经礼部议准，改为“自今犯十恶、奸盗、诈伪、干名犯义、有伤风俗，及犯赃至徒者，书于亭，以示惩戒。其余杂犯、公私过误，非干风化者，一切除之”。并重申：“其有私毁亭舍、除所悬法令及涂抹姓名者，监察御史、按察司官以时按视，罪如律。”（《明太祖实录》卷一四七）旌善亭始建于何时，现已难于考定，不过在一些地方洪武十六年已建有旌善亭。亭内既书“民之孝子顺孙、义夫节妇及善行之人”（嘉靖《象山县志》卷一，《建置志·诸署》），也录“有司官善政著闻者”（《明太祖实录》卷一七二），张榜公布官民的善政善举，以示旌表。

乡里存在的贫富差别，是激发矛盾与对抗，导致社会混乱的一个关键因素。为了协调乡村的贫富、强弱关系，朱元璋特在洪武三年（1370年）二月，将浙西诸县的富民召至京城，告诫他们“循分守法”以保其身：“毋凌弱，毋吞贫，毋虐小，毋欺老，孝敬父兄，和睦亲族，周给贫乏，逊顺乡里”（《明太祖实录》卷四九）。洪武十四年里甲制度建立后，又令一里之间，“凡遇婚姻、死丧、疾病、患难，富者助财，贫者助力”；春秋耕获之时，“一家无力，百家代之”（《明太祖实录》卷二三六），互助合作，以敦民睦。并择民间“年高有德”、“公正可任事者”与里胥同“理一乡之词讼”（《明史》卷九四，《刑法志》），处理乡里一般的民事纠纷。朱元璋还实行尊养老人的政策。

洪武初年，他下令实行老人朝觐制，让耆民年五十以上者与州县长官一道入京朝觐，他亲自接见，“访民疾苦，有才能者拔用之”（《明太祖实录》卷二二四），至洪武二十六年停止。洪武元年八月，颁发的《大赦天下诏》宣布：“民年七十以上者，许令一子待养，免其差役。”同时宣布：“鳏寡孤独疾不能自养者，官为存恤。”各地于是陆续设置养济院，又称孤老院，“以处孤贫残疾无依者”（万历《大明会典》卷八〇，《礼部·恤孤贫》），由官府提供衣食及丧葬费用。洪武十九年六月，朱元璋颁布《存恤高年诏》，又规定：“所在有司精审耆民，并无公私之辱及不系隶卒娼优，年八十、九十，邻里称善者，备其年甲、行实，具状来闻。贫无产业，八十以上，月给米五斗、肉五斤、酒三斗；九十以上，岁加赐帛一匹、絮十斤；其田业仅足自赡者，所给酒、肉絮帛如之。富实人户，京师顺天府、凤阳府民年八十以上，赐爵社士，九十以上赐爵乡士；天下民人八十以上赐爵里士，九十以上赐爵社士，皆与县官平礼，并免杂泛差役，冠带服色另议颁行。”“所在鳏寡孤独，取看明白，果有田粮，有司未曾除去差拨者，诏书到日，即与除去。设若无可自养者，官岁给米六石，其孤儿有田不能自为，既免差役，有亲戚者，有司责令亲戚收养，无亲戚，邻里养之，毋得失所；其无田者，有司一体给米六石，邻里亲戚收养其孤儿。……候出幼开名，立户当差。”（《皇明诏令》卷三，《明史》卷三，《太祖纪》）

朱元璋深知民间流行的词曲、戏曲等通俗文艺，对民风民俗有着潜移默化的巨大功能。他要求通俗文艺应该为宣扬儒家伦理道德、鼓吹神仙征应服务。元末明初戏曲作家高明主张戏曲创作要有关风化，他的传奇作品《琵琶记》极力宣扬三从四德、忠孝两全的封伦理道德，朱元璋极为赞赏，说：“《五经》《四书》在民间，譬诸五谷，不可无。此《记》乃珍羞之属，俎豆之间，亦不可少也。”（田艺衡：《留青日札》卷一九，《琵琶记》）朱元璋要求民间的戏曲都仿效这种作法，而不能亵渎帝王、后妃、忠臣、烈士、先圣、先贤、神像，像元杂剧那样抨击封建统治阶级的残暴、腐朽，歌颂下层人民的反抗斗争。《大明律》为此特地规定："凡乐人搬做杂剧戏文，不许装扮历代帝王、后妃、忠臣、烈士、先圣、先贤、神像。违者，杖一百。官民之间家容令装扮者，与同罪。其神仙、道扮及义夫、节妇、孝子、顺孙、劝人为善者，不在禁限。"（《大明律》卷二六，《刑律·杂犯》）

此外，朱元璋还敕颁《公子书》《农工技艺商贾书》等通俗性的戒饬读物，使士农工商各类人等，皆知其所应遵循，以化民成俗。

通过以上各种措施，很快便在全国各地掀起一个空前规模的教化浪潮，流波所及，遍于山陬海涯。明初著名的文臣、翰林侍制王祎称赞道："自古帝王皆兼君、师之任，三代而下为人主者，知为治不知为教。今陛下训谕之，不啻严师之教弟子，恩至厚也，诚所谓兼治教之道。"（《明太祖宝训》卷二，《崇教化》）翰林编修赵埙也有类似的说法，认为后世君主能善其政者固然有之，但能兼师道而善教者却只有明太祖一人而已（《资世通训后序》）。这对移风易俗产生了积极的作用。

朱元璋尊孔崇儒、倡导理学、制礼作乐、实行礼治、学办学校、推行科举以及普施教化的一系列措施，有力地推动了传统文化的复兴，这是他的一大历史功绩。

从赐徐达食蒸鹅的传闻说起

赵翼《廿二史札记》卷三一《明史立传多存大体》，有这样一段话：

> 《明史》立传多存大体，不参校他书，不知修史者斟酌之苦心也。如《龙兴慈记》，徐达病疽，帝赐以蒸鹅，疽最忌鹅，达流涕食之，遂卒。是达几不得其死，此固传闻无稽之谈。然解缙疏有刘基、徐达见忌之语（《缙传》），李仕鲁亦谓，徐达、刘基之见猜，几等于萧何、韩信（《仕鲁传》）。此二疏系奏帝御览，必系当日实情，则帝于达、基二人疑忌可知也。今《明史》达、基二传则帝始终恩礼，毫无纤芥，盖就大段言之，而平时偶有嫌猜之处，固可略而不论。且其时功臣多不保全，如达、基之令终已属仅事，故不复著微词也。

这段文字有几个明显的错误。刘基、徐达之见忌，不见于《解缙传》所录之疏文，徐达、刘基之见猜，非出自李仕鲁之疏，实出自陈汶辉之疏，而载于《李仕鲁传》中。说朱元璋赐徐达食蒸鹅，也不见于王文禄的《龙兴慈记》，而徐祯卿《翦胜野闻》却说徐达病疽稍愈后，朱元璋“忽赐膳”，梁亿《皇明传信录》又说是朱元璋赐食，“有马肉焉”，徐达食后背疽复发而死。不过，赵翼认为刘基、徐达虽然受到朱元璋的猜忌，但朱元璋并未对他们下过毒手，说所谓赐食蒸鹅实属“传闻无稽之谈”，“达、基之令终已属仅事”，徐达是获终天年，而不是被朱元璋毒死的。不料，《廿二史札记》所谓朱元璋赐徐达食蒸鹅之说，竟被后世的明史著作和朱元璋传记争相引用，几成不刊之论，这大概是赵翼始料不及的。

《廿二史札记》卷三二《明初文字之祸》，还辑录《朝野异闻录》及黄溥《闲中古今录》所载因表笺文字诖误而被杀的传闻，陈述洪武年间的文字狱案。《朝野异闻录》今已不存，《闲中古今录》今存摘录抄本，未见有赵翼所引之资料。不过，赵翼引用的这些传闻故事，在徐祯卿《翦胜野闻》、梁亿《皇明传信录》、郎瑛《七修类稿》、田汝成《西湖游览志余》、邓球《皇明咏化类编》、王世贞《弇州史料》、黄景防《国史唯疑》与佚名编辑的《九朝谈纂》诸书中都可找到，可见其流传甚广，是有所依据的。对赐徐达食蒸鹅之传闻，赵翼斥之为“无稽之谈”，但对这些文字狱案的传闻未作此种指斥。后来的许多明史著作和朱元璋传记，无不作为信史加以征引，借以批判朱元璋的文化专制主义。

那么，赵翼征引的这些文字狱案的传闻是否可信呢？上世纪50年代初，已有港台及海外学者著文进行辨析，提出质疑。上世纪70年代，美籍华裔学者陈学霖又先后发表《徐一夔刑死辩诬兼论洪武文字狱案》（《史林漫识》，中国友谊出版公司2001年版）、《明太祖文字狱案考疑》（《明史研究论丛》第五辑，江苏古籍出版社1991年版，原载《中央研究院国际汉学会议论文集》第二册，台北，中央研究院1981年版）两篇长文，进行细致的考辨。他指出，这些传闻皆出自弘治至万历间的野史稗乘，而不见于官修史书的记载，其间抵牾百出，而且荒诞可笑，不可视为史实。如赵翼述及文字狱案的起源，本于《闲中古今录》。今存《闲中古今录摘抄》载：

蒋景（清）高，象山人，元末遗儒也。内附后仕本县教谕，罹表笺祸。赴京师，斩于市。斯祸也，起于左右一言。初洪武甲子（十七年）开科取士，向意右文，诸勋臣不平。上语以故，曰："世乱则用武，世治宜用文，非偏也。"诸勋进曰："是，固然。但此辈善讥讪，初不自觉。且如张九四（张士诚），厚礼文儒。及请其名，则曰'士诚'。"上曰："此名甚美。"答曰："孟子有'士诚小人也'之句，彼安知之。"上由此览天下所进表笺，而祸起矣。

根据这则文字的记载，所谓表笺之祸始于洪武十七年，但从洪武六年起，朱元璋即数次颁布表笺格式及字讳回避事例，起草表笺的学官是不可能罔无所知或故意触犯禁忌的，而查《明太祖实录》，洪武二十八年到三十年，朝鲜贡使柳昫、郑道传等因违反表笺成式，都只受到责罚，并未被处极刑。而蒋清高本人，据民国《象山县志》卷二三《蒋清高传》所录的蒋氏谱牒，系于洪武九年卒于本县儒学教谕的任所，亦非于洪武十七年被斩于京师，可知其死与所谓表笺诖误实不相涉。至于说朱元璋因武臣引孟子"士诚小人也"之句而兴表笺之狱，更不可信。孟子原句应读作"士，诚小人也。"武臣读作"士诚小人也"，显然是割裂原文，断章取义。而洪武十七年，朱元璋已年逾五十，不仅熟习经史，而且擅长文字，亲自批答奏章，撰写诗文，绝不可能为武臣故作曲说的小伎俩所蒙骗而大兴表笺之狱的。

又如赵翼引《闲中古今录》之记载称，洪武年间徐一夔任杭州府学教授，尝作贺表，有"光天之下""天生圣人，为世作则"等语，朱元璋览之大怒，曰："生者僧也，以我尝为僧也。光则剃发也，则字音近贼也。"遂斩之。但据光绪年间丁丙编校《始丰稿》跋中的考证，徐一夔实际死于建文初年，并非为朱元璋所杀。徐一夔晚年撰写的《故文林郎湖广房县知县齐公墓志铭》，称齐庄卿“生元至元丁卯，卒洪武戊寅，以明年祔葬”。至元丁卯为四年，洪武戊寅为三十一年，明年即建文元年。此墓志铭的撰写，也可作为徐一夔至建文初年始卒的有力旁证。赵翼又引《闲中古今录》的记载称，高僧来复作谢恩诗，有“殊域”及“自惭无德颂陶唐”之句，朱元璋阅后大为恼火，曰：“汝用‘殊’字，是谓我歹朱也。又言‘无德颂陶唐’，是谓我无德，虽欲以陶唐颂我而不能也。”遂斩之。但据释明河《补续高僧传》及释元贤《继灯录》的记载，来复是在洪武二十四年涉嫌胡惟庸党案被杀，而非触犯文字禁忌而被杀。

后来，王春瑜还撰有《明初二高僧史迹考析》一文（《明清史散论》，东方出版中心1996年版，第185—190页），考订明中后期野史稗乘所载明初二高僧史迹之谬误。郎瑛《七修类稿》卷三四载谓，四明高僧守仁、德祥分别以《题翡翠》《夏日西园》的诗作而遭朱元璋的忌恨，“皆罪之而不善终”。王文指出，钱谦益在《列朝诗集小传》中明确记载，这两位高僧都和朱元璋有着良好的关系。守仁在洪武十五年应召出任僧录司右讲经，三考升为右善世。其母逝世时，奉旨奔丧，特赐镪装殓。洪武二十年又受命住持天禧寺，最后示寂于寺，善终天年。德祥也曾“应召浮屠”，十年之间三上京华，与缙绅往来频繁。他一直活到永乐中，最后“谈笑而逝”，亦得善终。《七修类稿》说两位高僧皆“不善终”，是无稽之谈。

陈学霖、王春瑜还指出，明朝开国以后，朱元璋虽极垂意史事，设有记注官并开局修史，纂成《元史》、日历及其他政书，但独缺起居注一类记录。朱元璋为加强专制主义集权，又大兴狱案，厉行文化专制，私家著述不仅数量很少，而且讳言国初史事。《明太祖实录》经建文、永乐两朝三次修纂，又多回避、窜改之处。这一切，便导致了明初史事的诸多缺略与模糊不清。到了明中后期，随着商品货币经济的发展，封建统治的松弛，逐渐兴起反君权的思潮。此时的朱元璋，按“新鬼大，旧鬼小”的世俗原则，已成为无害的圣象，人们把抨击的矛头聚集到他身上，借他这个靶子来发泄对当朝君主和封建专制的不满。于是，便出现许多记载朱元璋暴政秽行的野史稗乘。而明中期以后科举考试制度的推广、地方教育的普及、书籍印刷行业的发展，士绅与庶民文化水平的提高以及江南市镇的勃兴，又使这些野史稗乘得以广泛流传。但是，此时距龙兴已逾百年之久，这些采录闾巷传闻的野史稗乘，其所记载的明初史迹，自然不可能是全部真实可靠的，而是有真有假，真真假假，混沌不请。如果要研究明中后期民间对明初史事包括对朱元璋的认识与评骘，这些野史稗乘无疑是绝好的第一手资料。但如利用来研究明初史事包括朱元璋的生平事迹，则必须先对其中的记载做一番去伪存真的考订工作，否则就会谬之千里，不可能得出客观、正确的结论。

值得注意的是，当前的一些朱元璋传记、影视作品和通俗历史读物，为了增加形象性和生动性，往往不加甄别地使用这些野史稗乘记载的传闻故事，就连前人已考订属于谬误失实的传闻，也照样引用。依据这些传闻塑造出来的朱元璋自然是个专横残暴、心狠手辣的暴君形象，没有什么历史功绩；依据这些传闻描绘的明代历史自然也是漆黑一团，没有丝毫的亮点。这样的描述虽然带有强烈的冲击波和震撼力，能吸引某些人的眼球，但却远离真实的历史，是不可能使人得到正确的历史知识，受到有益的启迪的。广大读者和观众，对此不可不察。

“学向勤中得”

朱元璋一生写下大量著述，除七卷、二十卷、三十卷、五十五卷等几种版本的《御制文集》外，他还亲笔撰写了《资世通训》《祖训录》《皇明祖训》《御制大诰》（初、续、三编）《大诰武臣》《御注洪范》《御注道德经》《集注金刚经》《周颠仙人传》等著述。若按时下的标准，弄个兼职教授和博导的头衔（博导是中国特色的头衔，为世界各国所无），是完全够格的。

朱元璋出身贫寒，小时候上过几个月私塾，“既就学，聪明过人”（《明太祖实录》卷一），但终因缺钱辍学，只得去给地主放牧牛羊。后来父母双亡，出家当了小行童，寻又流浪淮西。淮西的游历，使朱元璋眼界大开，重返寺院后，“始知立志勤学”（《皇朝本纪》），有空就跟几个老和尚学习佛经，或者翻翻庙里的杂书。参加起义后，李善长、冯国用、陶安、夏煜、朱升、宋濂、刘基等儒士前来投奔，他们引经据典，谈古论今，帮他分析形势，出谋划策，使朱元璋进一步领悟到读书的重要性，原来中国传统的文化和古人治国平天下的计策及经验教训都写在书本上，不读书就无法吸收借鉴。于是，他更加发奋学习，“时乃寻儒问道”，“日攻询访，博采志人”（《明太祖集》卷一五，《资世通训序》）。每到一处，就设法招揽儒士，留置幕府，朝夕相处，讲经论史。同时，“令有司访求古书籍，藏之秘府”（《明太祖实录》卷二〇）。每天早起晚睡，挤时间阅读。登基后，还特在南京奉天门东边设文渊阁，“尽贮古今载籍，置大学士员，而凡翰林之臣皆集焉”。他处理完公务，常抽空前去，“命诸儒进经史，躬自批阅，终日忘倦”（黄瑜：《双槐岁抄》卷四，《文渊阁铭》）。

经过多年坚持不懈的努力，朱元璋的文化水平迅速提高，不仅能读懂古人深奥的著作，还能动笔为文作诗。他曾得意地对侍臣说：“朕本田家子，未尝从师指授，然读书成文，释然开悟，岂非天生圣天子耶？”（徐祯卿：《翦胜野闻》）朱元璋经常亲自动笔，起草命令告示或其他文稿。他才思敏捷，一口气便可拟就一篇文稿。篇幅较大的著述，几天的工夫也可完稿。洪武七年十二月，他在政务繁忙之际，抽空撰写《御注道德经》，从初三开笔，到十三日即杀青定稿，前后仅用了十天的时间。有时因公务繁忙，有些文告便自己口授，令文臣代为笔录。解缙曾描述自己替朱元璋笔录文告的情景说：“高皇帝（朱元璋死后谥号高皇帝）睿思英发，顷刻数百千言。臣缙载笔从，辄草书连幅不及停。比进，财点定数字而已。”（黄景昉：《国史唯疑》卷一，《洪武、建文》）宋濂也曾描述他代朱元璋笔录文告的情景说：“（皇上）使濂受辞榻下，不待凝注，沛然若长江大河，一泄而千里。”（谈迁：《国榷》卷五）

朱元璋主张文章应该写得“明白显易，通道术，达时务，无取浮薄”（《明史》卷一三六，《詹同传》）。他自己起草的诏敕告示，全都使用通俗的口语，写得朴野自如，明白晓畅。当然，由于时间较紧，下笔千言而不事雕琢，再加上是自学成才而未经过系统的训练，他的文章出现一些错别字或半通不通的句子，是完全可以理解的。除了语体文，朱元璋也能撰写骈体文。如徐达初封信国公，他亲作诰文赐之：“从予起兵于濠上，先存捧日之心。来兹定鼎于江南，遂作擎天之柱。”文末又说：“太公韬略，当弘一统之规。邓禹功名，特立（列）诸侯之上。”俨然是个四六作家。

朱元璋还能写作诗词歌赋。存世的《明太祖集》就收有他写的诗、赋和乐歌，一些野史笔记还录载了他写的楚辞。如黄瑜的《双槐岁抄》就记载了这样一个故事。洪武八年（1375年）八月初七，朱元璋览川流之不息，因嫌尹程所作的《秋水赋》“言不契道”，自己动笔重写。赋成，召集翰林院等文臣观览，令他们各写一篇，并逐一加以品评。然后在江边月下备酒一席，宴请他们。宋濂说自己不胜酒力，未肯深酌，朱元璋强灌他三盅，宋濂顿时脸红耳赤，精神飘忽，若行浮云之上，朱元璋笑着对他说：“卿宜自述一诗，朕亦为卿赋醉歌。”两个奉御捧进黄绫案，朱元璋挥翰如飞，即刻草成《楚辞》一章，曰：“西风飒飒兮金张，特会儒臣兮举觞。目苍柳兮袅娜，阅澄江兮水洋洋。为斯悦而再酌，弄清波兮永光。玉海盈而馨透，泛琼斝兮银浆。宋生微饮兮早醉，忽周旋兮步骤跄跄。美秋景兮共乐，但有益于彼兮何伤！”（《双槐岁抄》卷一，《醉学士歌》）

收入《明太祖集》中的诗文，有的可能经过周围文臣的润色加工，人们很难据以评判其文化水平。好在朱元璋还有部分手稿留存至今，为人们提供了检验其文化水平的可靠依据。台北故宫博物院编纂出版的《故宫书画录》卷七《明太祖御笔》，收录该院所藏的朱元璋手稿七十七幅共七十三篇，大多为朱笔谕旨，间有用墨笔书写的。其中第二十五至二十八幅是朱元璋写的三首诗，都是描写寺僧生活的作品。第二十八幅墨书，抄录了一首诗作的初稿和修改稿，初稿为：“野人朝阳缝破纳（按：应为‘衲’），夜月吟风景自纳。山深树密未见人，浩气九天光周匝。山人终岁栖岩谷，石迳苔深坐茅屋。身形似鹤槁灰如，心地一同渊水绿。”修改稿第一至第六句不动，第七、八句改为：“去来绝迹亦何宗，心地长同渊水绿。”诗风虽然质朴，但却写出了寺僧隐居山林、心如止水的生活状态，强过清高宗弘历那些无病呻吟的诗作。在历代的帝王诗人中，完全有资格列为二流。

由于喜欢写诗，朱元璋对由诗歌形式演变而来的对联也十分喜爱。龙凤六年（1360年）正月初一，他曾亲书桃符“六龙时遇千官觐，五虎功成上将封”，悬挂在自己的府门之上。吴元年（1367年），他与陶安论学术，曾亲制对联相赠，书曰：“国朝谋略无双士，翰苑文章第一家。”他还送过徐达两副对联，一副写的是徐达初封信国公时他所赐诰文中的句子，另一副是：“破虏平蛮，功贯古今，人第一。出将入相，才兼文武，世无双。”定都南京后，朱元璋还在除夕之前传旨公卿士庶，要求各家门前都要悬挂一副春联。命令下达后，他兴致勃勃地微服出观，发现有户人家门上未挂春联，上前打听，知是阉猪之户，尚未请人书写。他顿时诗兴大发，亲自提笔为之书写了一副对联，曰：“双手劈开生死路，一刀割断是非根。”后来，朱元璋有一天微服出行，跟着一个国子监生进了酒店，在一神案两旁坐下对饮。朱元璋问他是哪里人，国子监生说是重庆府人。朱元璋便出了“千里为重，重水重山重庆府”的上联，让他对下联。国子监生脱口就对出下联：“一人成大，大邦大国大明君。”朱元璋暗自高兴，又捡起神案下的一块小木头，让他赋诗“以喻己意”，国子监生不假思索，即刻吟出一首：“寸木元从斧削成，每于低处立功名。他时若得台端用，要与人间治不平。”朱元璋听罢大喜，付了酒钱，相别而去。第二天，朱元璋在宫中召见这个国子监生，任命他为按察使，以满足他得“台端用”“治不平”的愿望。

宋代汪洙的《神童诗》中有一流传很广的名句：“学向勤中得”。朱元璋从识字不多到识字多多，既能武亦能文，关键就在一个“勤”字。现在一些官员老喊没有时间读书，其实只要少参加几个无关紧要的“开幕式”“闭幕式”，少赴几次纯属应酬的宴会酒席，时间还是能挤出来的，关键就看心里是否有个“勤”字。

朱元璋画像之迷

《明史·太祖纪》记载朱元璋“及长，姿貌雄杰，奇骨贯顶”。据此可知，他身材魁梧威武，额头高大突出，但容貌长得怎样，却无由得知。而明初流传下来的多种版本的朱元璋画像，其容貌又存在很大的差别，一类显得十分端庄慈祥，另一类却又画得非常丑陋难看。许多人因此感到疑惑不解，这究竟是怎么回事，那一类画像比较接近朱元璋真实的容貌呢？

朱元璋画像

明成化二年（1466年）进士，曾在南京做官，后终居浙江参政的太仓人陆容，著有《菽园杂记》一书，“于明代朝野故实，叙述颇详，多可与史相参证”（纪昀：《四库全书提要》）。该书卷一四载：

高皇尝集画工传写御容，多不称旨。有笔意逼真者，自以为必见赏。及进览，亦然。一工探知上意，稍于形似之外，加穆穆之容以进。上览之，甚喜，乃命传数本以赐诸王。

原来，朱元璋当上皇帝后，曾召集画工给自己画像。既然是为当今的皇上描摹尊容，这些丹青妙手自然不敢怠慢。他们都拿出真本事，像一张比一张画得逼真，但朱元璋看了都不满意。有个丹青高手琢磨着，或许前面的画工功力不足，画的像要么形似而神不似，要么神似而形不似，所以皇上瞧不上眼。他使出看家本领，认真描绘，像画得既形象又逼真，生动传神，可谓神形兼备，心想皇上看了必定会龙颜大悦，赏给他一堆金银财宝。不料，画像呈上之后，朱元璋还是不高兴。因为朱元璋的容貌实在不甚雅观，画得越是逼真，就越是难看。后来，有个画工反复揣摩朱元璋的心思，终于悟出此中的奥秘，便“稍于形似之外，加穆穆之容”，就是画个基本相似的相貌轮廓，而把脸容画得端庄慈祥一些。朱元璋看了，果然非常高兴，下令照原样画了许多张，分赐给诸王。这样，便有两种不同类型的朱元璋像流传了下来。

朱元璋画像

朱元璋的画像之谜，至此也就揭开了。那种端庄慈祥的画像，是经过艺术加工的皇家标准像。那种丑陋难看的画像，才比较接近于朱元璋真实的容貌。从后一种画像可以看出，朱元璋的额头高大突出，下巴又比上额长出好几分，俗称地包天，再配上高高的颧骨，活像个横摆着的立体的“山”字形。怪不得画得越是逼真，朱元璋就越不高兴哩。

【伍】人物春秋

度量狭窄、目光短浅的郭子兴

郭子兴（？—1355年）是濠州起义军的首领。他一生的最大功绩，是接纳并赏识朱元璋，把养女马氏嫁给他，为他的发展创造了条件。但是，这个起义首领，既缺乏容人的雅量，也没有远大的目标，所以最终未能成就一番大事业。

至正十二年（1352年）正月，郭子兴联合孙德崖与俞某、曹某、潘某四人起兵于定远，二月攻占濠州（今安徽凤阳）。五个首领并称元帅，开始还能合作共事，后来便闹开了摩擦。土豪出身的郭子兴，看不起农民出身的孙德崖等四人，认为他们没有文化，缺少智谋，整天只考虑如何剽掠财物，没有出息。而孙德崖等四人和郭子兴虽然并称元帅，名位却在他之上，郭子兴性“素刚直，不屈人下”（《献征录》卷三，张来仪：《滁阳王庙碑》），对他们更是不服气。每次议事，孙德崖等四人只是对他怒目而视，却说不出道理来，郭子兴能说会道，也有决断，却常话中带刺，挖苦他们。双方面和心不和，总是吵得不可开交。后来，郭子兴常常闭门不出，很少参与议事。经朱元璋的劝解，才又出门同他们议事，但仅过三天，就又和孙德崖等人闹翻，闭门不出了。九月，另一支红巾军被元军打败，其首领彭大、赵均用从徐州前来投奔。彭大有智术，专权自断，赵均用唯唯诺诺，事无主见。郭子兴瞧不起赵均用而厚待彭大，赵均用因此怨恨郭子兴，亲近孙德崖等四人。孙德崖乘机在赵均用面前挑拨说："子兴知有彭将军耳，不知有将军也！"赵均用便乘朱元璋率部外出征战之机，派人逮住郭子兴，关到孙德崖家里，想将他偷偷杀掉。朱元璋闻讯，急忙赶回濠州，找彭大求救。彭大带着队伍包围孙德崖的家，朱元璋爬上屋顶，揭瓦掀椽下到屋里，把他解救出来。到了冬天，元军包围濠州，几个起义首领这才暂时抛开嫌怨，停止窝里斗，共同指挥将士，抵抗元军的围攻。

但是，几个起义首领之间的宿怨并未完全消除。至正十三年五月，元军解围他去，濠州转危为安。朱元璋还乡招兵买马，南略定远，并北上攻占滁州。彭大、赵均用与孙德崖等则带兵攻下盱眙、泗州。赵、孙等人还把郭子兴挟持到泗州，几次想杀他，因碍于朱元璋在滁州有几万人马，未敢下手。不久，彭大与赵均用发生火并，彭大被杀，他的队伍大部被赵夺走，郭子兴的处境极其危险。朱元璋忙派人去见赵均用，劝他不要忘记郭子兴当初开门延纳的恩德，听从小人的谗言，恩将仇报，自翦羽翼。否则，一旦发生火并，郭子兴被害，其部众不服，他也不得安生。朱元璋还派人带钱去贿赂赵均用左右的亲信，让他们在赵均用面前说好话，赵均用这才放郭子兴去滁州。

就是对自己的女婿朱元璋，郭子兴也不是十分信任。至正十四年七月，郭子兴带着他的一万多人马从泗州来到滁州，朱元璋将自己手下的三万人马交给他，以示对他的忠诚。不久，有人在郭子兴面前说朱元璋的坏话，他的儿子郭天叙、郭天爵妒忌朱元璋的才干，也在他的面前拨弄是非，郭子兴也担心朱元璋的势力过分膨胀，妨碍自己的儿子将来接班，就对朱元璋猜忌、疏远起来。先是调走朱元璋身边几个亲信的将校和幕僚，后来竟把朱元璋关了禁闭。断绝他的饮食。不久，有个姓任的诬告朱元璋"每战不力"，郭子兴信以为真，命朱元璋和这个姓任的一起出战。姓任的出城不到十步，即中矢而还，朱元璋却奋勇直前，杀退敌兵，回城时浑身上下无一伤痕。郭子兴这才觉得内疚。马夫人还拿出自己的私房钱，送给郭子兴的正室张氏，郭子兴见钱眼开，这才消除了对朱元璋的疑忌。但是，到了至正十五年，郭子兴的疑心病又犯了。当时，郭子兴的四万多军队困守滁州，粮食非常紧张。他采纳朱元璋的建议，派妻弟张天佑带兵袭取和州（今安徽和县），接着又命朱元璋领兵驰援。和州被攻占后，朱元璋被提升为总兵官。后来，正为缺粮着急的孙德崖，率领大队人马从濠州前来就食。他让队伍分驻和州郊外的民家，自己带着亲兵请求入城居住，说是借住几个月就走。朱元璋担心他另有企图，想拒绝，又怕他人多势众，抗拒不住，只好答应。平时妒忌朱元璋战功的人，又向郭子兴进谗言，说他投靠了孙德崖。郭子兴火冒三丈，立刻从滁州策马赶来。朱元璋赶紧去见郭子兴，看他满脸愠色，跪在地上不敢吭声。过了好长时间，郭子兴怒气冲冲地问："你是谁？"朱元璋报上姓名，郭子兴厉声喝道："你罪责何逃？"朱元璋低声回答说："诚有罪，然家事缓急皆可理，外事当速谋。"郭子兴问："何谓外事？"朱元璋压低声音说："孙德崖在此，昔公困辱濠梁，某实破其家以出公，今相见宁无宿憾？此为可忧。"（《明太祖实录》卷二）郭子兴才未再吱声。孙德崖得知郭子兴到来，第二天一早就派人告诉朱元璋：你老丈人来了，我准备走。朱元璋预感到要出事，忙让郭子兴做好防备，自己赶去见孙德崖，问他：为什么才住几天就走？孙德崖说：你老丈人很难相处，我只能走！朱元璋见他辞色，似乎不想动武，就说：现在两军合处一城，一支队伍的人马全部出走，恐怕下面会发生摩擦。应该让部队先走，元帅你亲自殿后。孙德崖点头答应，他的部队开始撤走。这时，有位熟人邀朱元璋一道去送朋友，走了二十多里，突然接到报告，说郭子兴与孙德崖两支队伍打起来了。朱元璋忙策马回城，半道被孙德崖的弟弟逮住。郭子兴在城里逮住了孙德崖，本想杀掉他，以报上次濠州被囚之仇，得知朱元璋被捕，只好用他来换回朱元璋。

郭子兴像

郭子兴不仅不能容人，而且目光短浅，缺乏推翻元朝、夺取天下的远大目标，只局限于剽掠财物、据地称王。郭子兴很瞧不起孙德崖等几个起义首领，说他们只考虑如何剽掠财物，其实他又何尝不是如此。朱元璋的《纪梦》一文，曾回忆濠州红巾军初起时的情景说：“壬辰（至正十二年）二月二十七日，陷濠梁而拒守之。哨掠四乡，焚烧闾舍，荡尽民财，屋无根椽片瓦，墙无立堵可观。不两月，越境犯他邑，所过亦然。”这种“荡尽民财”的行为，不仅限于孙德崖等四人的部下，也包括郭子兴的部下。史载，郭子兴的队伍每次出战，除朱元璋外，“他将有所获，辄以献子兴”（《明太祖实录》卷一），就是一个突出的例证。可以说，在追逐珍宝财物这一点上，郭子兴与孙德崖等四人是毫无二致的，不同的是郭子兴比他们四个人更加急切地想尽早据地称王。至正十三年五月，元军在濠州解围他去后，彭大称鲁淮王，赵均用称永义王，郭子兴和孙德崖等五人仍称元帅，屈居二王之下。郭子兴一直耿耿于怀。到滁州后，局势稍为稳定，他就拟据地称王。此时，反元起义刚刚发动几年，元朝的军事力量尚占优势，一旦称王，树大招风，就会引起元廷的注意，遭受元军的围攻。况且，滁州的经济、军事、地理条件也不理想，不是个长期立足之地。朱元璋极力劝阻，说："滁，山城也，舟楫不通，商贾不集，无形胜可据，不足居也！"（《明太祖实录》卷一）郭子兴听后沉默不语，称王之事只好不了了之。

既缺乏远大目标，又不能容人，不能团结同僚与部将，队伍自然就难以发展壮大。这样的起义首领，迟早要被时代的潮流所淘汰。至正十五年，郭子兴在和州逮住孙德崖后，因朱元璋被俘，又不得不把他放了，未能报濠州被囚之仇。从此，郭子兴常怏怏不乐，忧郁烦闷，在三月间便重病身亡。朱元璋和郭子兴的家人，将他的遗体送回滁州安葬。后来朱元璋称帝，追封他为滁阳王，在滁州立庙祭祀，以纪念他对反元起义的贡献及对朱元璋的恩德。

“赞成大业，母仪天下”的马皇后

马皇后（1332—1382年），是郭子兴老友马三的小女儿（王达：《椒宫旧事》）。马三原是宿州闵子乡信丰里的富户，“以赀豪里中”（毛奇龄：《胜朝彤史拾遗记》卷一）。他性格刚强疾恶，“见有为不义者，视之若仇雠”（宋端仪：《立斋闲录》卷一）。又喜结交宾客，“善施而贫”。至顺三年（1332年），他的妻子郑氏生下小女儿后死去。不久，他因杀人避仇，带着小女儿逃到定远投奔郭子兴，与之结为刎颈之交。郭子兴揭竿起义时，马三回宿州策划起兵响应，不料回去不久就死了。郭子兴把他的小女儿收为义女，交给第二夫人张氏（人称小张夫人）抚养。朱元璋前来濠州投奔，英勇善战，郭子兴遂将这个“善承人意”“知书精女红”（《胜朝彤史拾遗记》卷一）的义女嫁给他，收他为心腹。军中从此称朱元璋为“朱公子”。

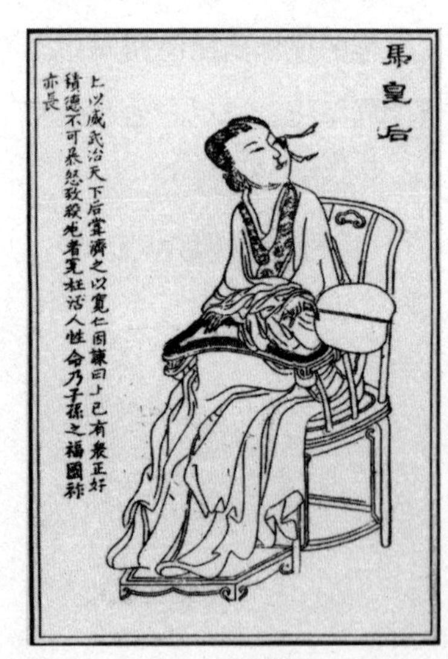

马皇后像

马氏自嫁给朱元璋为妻，就同他患难与共。郭子兴一度受到别人的挑拨，猜忌、贬斥朱元璋，她拿出自己的积蓄献给郭子兴的正室张氏，求这位义母向郭子兴调停说情。朱元璋遭到郭子兴的监禁，不得进食，她从厨房里偷出炊饼送给他充饥。后来，朱元璋出征遇到灾荒缺粮，她常贮存一些干粮腌肉，让朱元璋随时充饥，“而已不宿饱”（《明史》卷一一三，《高皇后传》）。朱元璋行军作战的文书、军令和随手写下的札记、备忘录，都交给她保管，她整理得井井有条，朱元璋需要查询，她“即于囊中出而进之，未尝脱误”（《明太祖实录》卷一四七）。朱元璋率部渡江后，与陈友谅、张士诚接邻，战事频繁，她“暇即率诸校妻缝纫衣裲”，分给将士。陈友谅奔袭应天，她“尽发宫中金帛犒士”，鼓舞军士的斗志。她还常给朱元璋出谋划策，并告诫朱元璋：“定天下在得人心”，“用兵焉能不杀人，但不嗜人，则杀亦罕也”（《胜朝彤史拾遗记》卷一）。参军郭景祥守和州，有人告发他的儿子拿着丈八长矛想刺杀父亲，朱元璋大怒，准备将这个不孝子抓来杀掉，她出面劝阻，说郭景祥只有这一个儿子，传闻不一定就是事实，杀了他，郭家怕就要绝后了。朱元璋派人调查，果然冤枉，郭景祥儿子才免于一死。李文忠守严州，杨宪告发他有不法行为，朱元璋立时将他召回，命其移守扬州。她又出面劝阻，说严州边临敌境，撤换将帅必须慎重；文忠很有威信，撤换了他，恐怕人心不服。朱元璋认为她说的有道理，令李文忠还守严州，“卒成克杭之功”。

朱元璋登基称帝后，封马夫人为皇后，把她比作唐太宗的长孙皇后，说：“家有良妻，犹国之良相”。她回答说：“陛下既不忘妾于贫贱，愿无忘群臣百姓于艰难。且妾安敢比长孙皇后，但愿陛下以尧舜为法耳！”有一天，马皇后在乾清宫侍坐，同朱元璋谈及往昔的艰难困苦，朱元璋说：“吾与尔跋涉艰难，备尝辛苦，今日化家为国，无心所得，上感天地之德，祖宗之恩，然亦尔内助之功也！”她说：“陛下一念救民心，格乎皇天，天命眷之，祖宗佑之，妾何力之有？但愿陛下不

忘穷约之时而警戒于治安之日，妾亦不忘相从于患难而谨饬于朝夕！”（《明太祖实录》卷一四七）

马皇后“既正位中宫，益自勤励。督宫妾，治女工，夙兴夜寐，无时豫怠”。有一天，她召集女史，问汉唐以来哪些皇后最贤，何代家法最正？女史们说赵宋王朝的皇后大多贤惠，家法最正。她就命女史集其家法贤行，念给她听。有人认为宋朝为政过于仁厚，她说：“过于仁厚，不犹愈于刻薄乎？吾子孙苟能以仁厚为本，至于三代不难矣。”（《明太祖实录》卷一四七）

朱元璋立国称孤之后，鉴于“历代宫闱，政由内出，鲜不为祸”的教训，“立纲陈纪，首严内教”，规定“后妃虽母仪天下，然不可俾预政事”（《明史》卷一一三，《后妃传》）。在《皇明祖训》里，他还特地规定：“凡皇后，止许内治宫中诸等妇女人，宫门外一应事务，毋得干预。”马皇后严格遵守这个规定，从不出面干预政事。但她仍然处处留心朱元璋治政的得失，采取“随事几谏”（《明太祖实录》卷一四七）的方式，进行婉转的劝谏。她常劝朱元璋要“亲贤务学”。北伐大军克复大都后，将元朝府库的珍宝财货解至京师，她就意味深长地问朱元璋：“元氏有是宝，何以不能守而失之？”朱元璋立即领悟她的弦外之音，说：“皇后之意朕知之矣，但谓以得贤为宝耳。”她答道：“诚哉是言！但得贤才，朝夕启沃，共保天下，即大宝也。”有一次，朱元璋至太学祭孔归来，她问有多少太学生，答说几千名，又问是否都有家眷，答说大多数有，她又说：“善理天下者，以贤才为本。今人才众多，深足为喜。但生员廪食于太学，而妻子无所仰给，彼宁无累于心乎？”朱元璋于是下令设立红板仓，贮存粮食，“月赐粮给其家以为常”（《明太祖实录》卷一四七）。明朝给陪读的太学生家眷发放月粮，就是从这时候开始的。

朱元璋为强化封建专制统治，用法庭、监狱、特务和酷刑震慑臣僚和儒士，诛除异己。马皇后对此很不满意，屡加劝谏："陛下于人才固能各随其短长而用之，然犹宜赦小过以全其人。"（《明太祖实录》卷一四七）据《明史·马皇后传》的记载，有时朱元璋在前殿决事，发火震怒，马皇后等他还宫，就随事加以规劝，"虽帝性严，然为缓刑戮者数矣"。侍讲学士宋濂致仕还乡，由于孙子宋慎卷进胡惟庸党案受到连坐，被逮到京师判处死刑。马皇后想起宋濂教太子读书的功劳，向朱元璋求情，遭到拒绝。到吃饭时，马皇后闷闷不乐，不饮酒，不吃肉，朱元璋问她为啥，她回答说：妾哀痛宋学士之刑，想代儿子为老师服"心丧"。朱元璋很不高兴，扔下筷子就走。但第二天还是下令赦免了宋濂，改判谪戍茂州。有时宫女对朱元璋侍候不周，遭到他的责骂，马皇后也佯装大怒，令将宫女交付宫正司议罪。朱元璋不明其故，问起这事，她解释说："帝王不以喜怒加刑赏。当陛下怒时，恐有畸重。付宫正，则酌其平矣。即陛下论人罪，亦诏有司耳。"修建南京城时，朱元璋下令叫判处死刑的囚徒筑城以赎刑，马皇后又委婉地劝说："赎罪罚役，国家至恩。但疲囚加役，恐仍不免死亡。"朱元璋乃"悉赦之"（《明史》卷一一三，《马皇后传》）。

值得注意的是，马皇后不仅自己不直接干预朝政，而且不私亲族，不让娘家人做官，干预政事。洪武元年正月，朱元璋派人找到马皇后的亲族，想给官做。马皇后制止说："国家官爵当与贤能之士，妾家亲属未必有可用之才。且闻前世外戚之家多骄淫奢纵，不守法度，有致覆败者。陛下加恩妾族，厚其赐予，使得保守足矣。"（《明太祖实录》卷二九）朱元璋只好作罢，仅赐予丰厚的爵禄，而不使任职预政。正是由于马皇后的这番劝谏，朱元璋此后便将严禁外戚干政作为一项重要内容载入《祖训录》之中，规定："凡外戚，不许掌国政，止许以礼待之，不可失亲亲之道。若创业之时，因功结亲者，尤当加厚。其官品不可太高，高亦止授以优闲之职。”严禁外戚干政之所以成为明朝皇室的一条重要家法，马皇后是立了首倡之功的。这是马皇后对明代宫廷政治的一大贡献。

马皇后还关心民间疾苦。有一天，她问朱元璋，“今天下民安否？”朱元璋说：“此非尔所宜问也。”她回答：“陛下天下父，妾辱天下母，子之安否，何可不问？”遇至旱灾，马皇后就率宫人蔬食，遇到年成不好，则设麦饭野羹。朱元璋知道她的用意，便告诉她已经下令赈灾，她又说：“振恤不如蓄积之先备也。”（《明太祖实录》卷二九）朱元璋认为她说的有道理，后来便在各地设立预备仓，“选耆民运钞籴米，以备振济”（《明史》卷七九，《食货志》）。

马皇后像

册封之后，马皇后仍然保持过去那种俭朴的生活作风。朱元璋每御膳，她“皆躬自省视”。马皇后自己平时不喜奢丽，衣裳破旧了，缝补洗净再穿。左右有人说：皇后享天下至贵至富，何必这样吝啬？她回答说：“盖奢侈之心易萌，崇高之位难处，不可忘者勤俭，不可恃者富贵也。勤俭之心一移，祸福之应响至。每念及此，自不敢有忽易之心耳。”（《明太祖实录》卷一四七）她听说元世祖皇后察必曾率宫女收集旧弓弦洗净煮熟，织成衾绸，缝制衣服穿用，她叫宫女仿照这个办法，织成衾绸赐给无依无靠的孤寡老人。她还用裁剩下的零碎布帛、有疙瘩疵点的粗丝制成衣裳，赐给诸王后妃，让她们懂得民间蚕桑之艰难。

马皇后只生了两个女儿，没有儿子，但抚养了沐英等许多义子，还抚养李淑妃所生的懿文太子、秦王、晋王，碽妃所生的燕王、周王等。她对这些子女都是“爱之甚笃，勉令务学，谆切恳至”。她谆谆教导这些孩子说：“汝父尊临万国，身致太平，亦由学以聚之。尔小子亦当思继继绳绳，以不辱所生。”还说：“汝辈异日有人民社稷之寄，尤必积累忠厚，乃可长世，切不可自恃而不务德，谓事有偶然也。”孩子有时在衣服、器用上互相攀比，她开导说：“唐尧、虞舜茅茨土阶，夏禹、文王恶衣卑室。汝父俭朴，尤恶奢丽，日夜忧勤以治天下。汝辈无功，锦衣玉食，犹欲以服御相加，何志气不同如是乎？惟当亲师取友，讲论圣贤之学，开明心志，自无此气习也。”（《明太祖实录》卷一四七）

《明史》的作者称赞马皇后说：“从太祖备极艰难，赞成大业，母仪天下，慈德昭彰。”（《明史》卷一一四，《皇后传》赞）不过，尽管她辅助朱元璋为大明王朝的建立做出过重大贡献，但最后仍不免成为封建专制制度的牺牲品。洪武十五年八月，马皇后患了重病，朱元璋寝食不安，群臣“请祷祀山川，遍求名医”。当时她年仅五十一岁，平生无疾，身体原本硬朗，如能找到高明的医生，对症下药，或许能治好病。但她深知专制制度的残暴，担心一旦服药无效，医生将受连累，甚至会遭到残忍的朱元璋的诛杀，因此不肯就医。临终之前，嘱咐朱元璋说：“愿陛下求贤纳谏，慎终如始，子孙皆贤，臣民得所而已。”（《明史》卷一一三，《高皇后传》）死后葬于南京孝陵，谥号“孝慈皇后”。

朱文正之死

朱文正是朱元璋大哥朱重四的次子。朱元璋有三个亲哥哥，他们长大成人后，因为家贫，二哥和三哥都入赘给人家当上门女婿，只有大哥娶了王氏，同朱元璋和父母在一起生活。朱重四生有两男一女，长子早夭，次子朱文正只比朱元璋小几岁，成为他幼年最亲密的玩伴。至正四年（1344年），朱元璋虚岁十七时，父、母和大哥相继病逝，大嫂王氏带着朱文正和女儿回了娘家，朱元璋入於皇寺当小和尚，叔侄俩从此天各一方。十年之后，朱元璋作为郭子兴手下的一名小军官，带兵攻占滁州，大嫂带着朱文正和女儿从淮东找来，他们才又重新团聚。这时，朱文正大约二十岁左右，已长成一个壮小伙子，朱元璋把他视为亲信，留在身边，跟随自己。

至正十五年，郭子兴在和州病逝，朱元璋被宋小明王授为左副元帅，执掌这支起义队伍的实际指挥大权，旋即带兵南渡长江。大约就在这个时候，朱文正受命担任一名小军官。他“有才略，从渡江克太平，破陈埜先，取建康”（郑晓：《吾学篇》，同姓诸王传卷三），立下了战功。在应天，他还奉命为朱元璋征聘人才，曾与表弟李文忠携白金、文绮至镇江礼聘秦从龙。龙凤二年（1356年）十月，朱文正升任江南行枢密院同佥，曾与徐达、汤和一起统率大军，攻打张士诚控制的常州。后来，朱文正大概被从对张士诚作战的东线调往对陈友谅作战的西线，俞本

《明兴野记》曾提到龙凤五年七月“上以侄朱文正仍同徐达领马步军，廖永忠、俞通海领水寨，攻安庆”，但具体情况不详。

龙凤七年三月，朱元璋改行枢密院为大都督府，命朱文正为大都督，授予节制内外诸军事的大权。当年，朱元璋乘上年在应天设伏大败陈友谅的胜利之余威，亲率舟师溯江而上，迭克安庆、江州，分兵略取江西及湖北东南部，陈友谅的江西行省丞相胡廷瑞和平章祝宗请降。翌年正月，朱元璋亲至龙兴受降，改龙兴为洪都。洪都地处赣北平原，位于赣江下游，由赣江向北经鄱阳湖可与长江相通，具有重要的战略地位。朱元璋认为“南昌控引荆、越，西南之屏障。得南昌，去陈氏一臂矣，非骨肉重臣不可守”（《明史纪事本末》卷三，《太祖平汉》），龙凤八年五月特命朱文正统赵德胜、邓愈等领兵镇守，令儒士郭子章、刘仲服为辅佐参谋。朱文正受命镇守洪都后，首先对这座城池进行了改建。洪都城的西南部紧靠赣江，过去陈友谅就是利用这种地势，趁着水涨船高，从船上直接攀附城墙攻入城内，占领过这座城市的。朱元璋到洪都接受胡廷瑞投降时，曾提出将西南城墙向后移至距江三十步之处，而将东南城墙向前面空地拓展二里多的设想。朱文正把这个计划付诸实施，将西南城向内收缩，“比旧减五之一，周二千七十有奇，高二丈九尺；浚濠三千四百丈有奇，阔十一丈，共存七门”（万历《新修南昌府志》卷四，《城池》），使防御能力大为提高。接着，又调兵遣将，收取江西未定之地，多方招谕据守各地山寨的头目，加强了对江西的控制。

龙凤九年二月，张士诚派兵进攻宋小明王韩林儿与丞相刘福通驻守的安丰（今安徽寿县）。三月，朱元璋奉命亲帅徐达、常遇春等统领主力部队渡江往救。正在此时，陈友谅“忿其疆场日蹙”，倾巢出动，统率号称六十万的水陆大军，乘坐数百艘大型战舰，由武昌沿长江顺流而下，准备与朱元璋展开决战。三年前陈友谅曾从九江帅师东下，直扑应天，被朱元璋设伏击败。他错误地吸收了此次失败的教训，决定采取稳扎稳打、逐步推进的战略，先取洪都，收复江西，再由安庆而下，攻取应天。四月二十三日，陈友谅率军抵达洪都城下，从而开始了一场空前惨烈的激战。

陈友谅到达洪都城下的赣江岸边，见新修的城墙距江尚有三十步之遥，士卒无法从战舰上直接攀附入城，只得下令舍舰登岸，用云梯等器械攻城。朱文正精心组织防御，命诸将分率士兵镇守各座城门，自己居中节制，并率二千精骑往来应援。“友谅尽攻击之术，而城中备御随方应之”（《明太祖实录》卷一二）。朱文正坚守八十五天，虽然先后牺牲了好几员战将，却挡住了陈友谅的攻势，使之无法前进半步。

六月二十五日，朱元璋见到朱文正派来告急的千户张子明，急命正在庐州围攻左君弼的徐达、常遇春撤军回师，并令应天诸将打整舟楫，准备赴援洪都。七月初六，朱元璋亲帅徐达、常遇春、冯胜、廖永忠、俞通海等将领，统率二十万大军，自龙湾溯江而上，于十六日抵达湖口。陈友谅闻讯，于十九日解洪都之围，出鄱阳湖迎战。经过三十六天的激战，陈军主力被歼，陈友谅也中流矢死。朱文正在陈军解围后除移师鄱阳湖，配合朱元璋主力作战外，还派兵断绝陈友谅的粮道，为朱元璋战胜陈友谅创造了条件。鄱阳湖大战结束后，他又派兵招降江西未下之地，为稳定对江西的统治作出了贡献。

朱文正以少御多，将陈友谅死死拖住，从而为朱元璋调集军队进行反击赢得了宝贵的时间。否则，陈友谅拿下洪都，扑向兵力空虚的应天，朱元璋必败无疑。击败最为强劲的对手陈友谅，进而占领其所辖疆土，朱元璋的实力迅速扩增，张士诚等割据势力的败亡也就成为历史的必然了。从这个角度来讲，朱文正坚守洪都八十五天，对朱元璋后来扫灭群雄、创建大明王朝是起了至关重要作用的，可谓居功至伟。

但是，仅仅过了一年多的时间，朱文正便被解除官职，受到朱元璋的严惩，这究竟是为什么呢？

原来，朱文正可能小时受到他父亲“无状甚焉”的影响，养成骄纵暴横、桀骜不驯的性格。镇守洪都期间及此后发生的两件事，又引起他的强烈不满。第一件与驻守诸暨的岳父谢再兴叛降张士诚之事有关。谢再兴是淮西旧将，他有两个心腹违反禁令派人携带货物到张士诚辖下的杭州贩卖，被朱元璋处死，砍下脑袋挂到他的办事厅以示警告。朱元璋还自己作主，将谢再兴次女也就是朱文正妻妹嫁给徐达。随后，又下令调参军李梦庚节制诸暨兵马，将谢再兴降为副将。谢再兴异常恼怒，说：“女嫁不教我知，似同给配。又着我听人节制！”（《国初事迹》）陈友谅围攻洪都的第三天，他捕捉李梦庚和元帅王玉等叛降张士诚。后来，随同叛降的谢再兴弟弟谢三、谢五，以“保得我性命”为条件，在余杭向李文忠投降，解送应天后却被朱元璋凌迟处死。第二件是鄱阳湖战役结束后朱元璋未给朱文正赏赐。当时，朱元璋论功行赏，“赐常遇春、廖永忠田，余将士金帛有差”（《明太祖实录》卷一三）。他想起任命朱文正为行枢密院同佥时，认为这个侄儿“知大礼，锡功尚有待也”（《明史》卷一一八，《靖江王朱守谦传》），没给他什么赏赐，使朱文正深感失望。由于对朱元璋心存怨恨，朱文正竟恃亲恃功，骄淫暴横，“夺民妇女，所用床塌僭以龙凤为饰”（《明太祖实录》卷一六），“夺人之妻，杀人之夫，灭人之子，害人之父，强取人财”（《太祖皇帝钦录》，台北《故宫图书季刊》第1卷第4期，第74页），甚至不顾朱元璋的禁令，“从江西自立批文，直至张（士诚）家盐场买盐”，贩卖牟利（《弇山堂别集》卷八六，《诏令杂考》）。

为了掩盖自己的不法行为，遇到朱元璋派人到洪都办事，朱文正都用金银、缎匹进行收买，“受者蔽而不言其恶”（《国初事迹》）。朱元璋开设江西按察司，他又多方阻挠。按察司开设后，他“密行号令，但有按察司里告状的，割了舌头，全家处死”（《弇山堂别集》卷八六，《诏令杂考》）。朱文正是朱元璋的亲侄，功高位尊，文武大臣都怕他三分。龙凤五年六月，他曾诬告徐达“有叛意”，朱元璋虽未轻信上当，但许多人却因此对他更加惧惮。汪广洋曾被派到江西辅佐朱文正，对他的不法行为便“幽深隐匿”，不敢举报。朱文正也因此更加胆大妄为，肆行无忌。

龙凤十一年正月，按察佥事凌说（一说李饮冰）举报朱文正的不法行为。朱元璋当即赶住洪都，把朱文正带回应天审讯。掌握不少朱元璋隐私的朱文正，与他当场顶撞起来，“其应之词虽在神人亦所不容”（《御制纪非录》）。猜忌多疑而又果于刑戮的朱元璋，对此自然无法容忍，极为恼怒。他寻思，这个桀骜不驯而又骄横残暴的侄子，如果他作为叔父都驾驭不了，自己年幼的儿子将来又岂是其对手？在盛怒之下，朱元璋立即下令以“不谏阻”的罪名，杀掉朱文正身边的几名文武僚佐，将其部下随从头目五十余人挑断脚筋，并准备处死朱文正，以除后患。经马夫人和宋濂等人的反复劝谏，这才免他一死，罢官安置桐城县。不久，命其整顿荆州城防，回应天后便将他闲置一旁。朱文正更加不满，复出不逊之言。朱元璋认为朱文正心怀不轨，又动起诛杀的念头，经马夫人再次谏阻，才将他解送凤阳守护先人坟墓。后来，朱文正逃跑，“谋奔敌国（指张士诚）”（《太祖皇帝钦录》，台北《故宫图书季刊》第1卷第4期，第94页），被抓了回来。朱元璋怒不可遏，一顿鞭子把他活活打死。一颗正在冉冉升起的将星，尚未到达苍穹的极顶，发出璀璨的光芒，就这样悄然陨落了。

第一开国功臣徐达

一

徐达（1332—1385年），字天德，濠州（今安徽凤阳）钟离太平乡人，是朱元璋的同乡。他出身于一个世代种田的农民家庭，小时曾和朱元璋一起放过牛。元朝末年，他目睹政治黑暗，民不聊生，慨然有“济世之志”（《明太祖实录》卷一七一）。元末农民战争爆发后，至正十三年（1353年）六月，在濠州郭子兴起义军中当小军官的朱元璋回乡招兵，他“仗剑往从”，从此开始了戎马倥偬的军事生涯。

投奔朱元璋的队伍后，徐达不仅作战勇敢，而且“时时以王霸之略进”（李贽：《续藏书》卷三，《开国功臣徐公传》），协助朱元璋收编定远的几支地主武装，攻占滁、和等地，被朱元璋授为镇抚，“位诸宿将上”。此时，朱元璋只不过是郭子兴手下的一名小头领，“诸将多太祖等夷，莫肯为下”，徐达与汤和等人“奉约束甚谨”（康熙《凤阳府志》卷一八，《人物志》），帮助他逐步树立威信，确立领导地位。不久，郭子兴与另一首领孙德崖发生冲突，拘捕了孙德崖，孙德崖的部众则又扣留朱元璋。在这危急关头，徐达挺身而出，到孙德崖军中去做人质，换回朱元璋。后来郭子兴释放孙德崖，他才被放出来。朱元璋因此对他非常感激，也更加信任。郭子兴病逝后，朱元璋执掌全军大权，挥师南渡长江，攻占采石、太平，谋攻集庆（今江苏南京），徐达

"与常遇春皆冠军，而达独参与进止"（《罪惟录》列传卷八上，《徐达》），成为朱元璋最倚重的一员战将，授淮兴翼统军元帅。此后，他统兵"廓江汉，清淮楚"，击灭陈友谅势力，升任同知枢密院事、左相国（后改官制，任右相国）、大将军，又"电扫西浙"，攻占平江，消灭张士诚势力，后受命为征虏大将军，率师北伐，"席卷中原"，克复大都，"声威所震，直达塞外"（《明太祖实录》卷一七一），完成了推翻元朝、统一北方的任务。

徐达虽出身于农民家庭，从小没有机会上学读书，但有着强烈的求知欲望。参加朱元璋队伍后，每逢带兵出征，常"延礼儒士，说古兵法"（《明太诅实录》卷一七一）。归朝之日，又"单车就舍，延礼儒生，谈论终日"（《明史》卷一二五，《徐达传》）。由于勤奋好学。因而熟知古代兵法，掌握了丰富的军事知识。他还善于通过战争学习战争，在实践中不断积累作战经验，锻炼自己的军事才干。因此，他具有驾驭整个战争发展变化的能力和高超的指挥艺术，不仅作战勇敢，而且"尤长于谋略"（《明太祖实录》卷一七一）。如洪武元年攻占大都，朱元璋下令改名为北平，令孙兴祖留守，徐达与常遇春攻取山西。北逃的元顺帝令扩廓帖木儿自太原北上，出雁门关，入居庸以攻北平。徐达闻讯，对诸将说："扩廓远出，太原必虚。北平有孙都督在，足以御之。今乘敌不备，直捣太原，使进不得战，退无所守，所谓批亢捣虚者也。"（《明史》卷一二五，《徐达传》）于是引兵直趋太原，扩廓帖木儿急忙回师还救太原，结果遭到徐达的夜袭，逃奔宁夏。又如第二年，徐达向陕西进军，攻克奉元路（今陕西西安），元守将李思齐逃奔凤翔再逃临洮，张思道逃往庆阳。诸将都主张先攻庆阳，认为张思道的军事才能不如李思齐，庆阳也比临洮好打。但徐达再三斟酌，却主张先打临洮，认为"思道城险而兵悍，未易猝拔。临洮之地，西通番戎，北界河、湟，取之，其人足以备战斗，其地所产足以供军储。今以大军蹙之，思齐不西走胡，则束手就缚矣。临洮既克，则旁郡自下。”（《明史纪事本末》卷九，《略定秦晋》）按照这个计策，他移师西进，一直打到巩昌（今陕西陇西），再分兵两路，一路进逼临洮，迫降李思齐，另一路攻占兰州，俘获大批人口辎重，尔后东出萧关（今宁夏固原东南），攻占平凉。张思道逃奔宁夏，其弟张良臣以庆阳降。

徐达还严于治军。他不仅要求部下听从号令指挥，“令出不二”，而且严禁他们骚扰百姓，“有违令扰民，必戮以徇”（《明太祖实录》卷一七一）。每到一地，他都要发布命令，申明军纪，如攻平江时令将士曰：“掠民财者死，毁民居者死，离营二十里者死。”克大都，“禁士卒毋所侵暴”。他一生“所平大都二，省会三，郡邑百数，闾井宴然，民不苦兵”（《明史》卷一二五，《徐达传》）。因此他的队伍纪律严明，不仅极具战斗力，而且深得群众的支持。徐达还注意优待俘虏，以分化瓦解敌人。凡是俘获敌军将士和间谍密探，他都“结以恩义，俾为己用”（《明史》卷一二五，《徐达传》）。龙凤六年（1360年）五月，徐达与常遇春在池州南面的九华山与陈友谅展开激战，生俘三千人。常遇春主张全部杀掉，徐达坚决反对，常遇春就是不听，他立即报告朱元璋，朱元璋下令释放没有被杀的俘虏，这才避免产生严重的后果。正是由于徐达坚持优待俘虏的政策，所以他带兵出征，特别是在北伐战争中，经常出现“大军勘定者扰少，先声归命者更多”（《明史纪事本末》卷八，《北伐中原》）的局面。

徐达领兵作战，一向是战无不胜，攻无不克的，唯一的败仗发生在洪武五年。在此前的洪武三年，退往漠北草原的元顺帝病死，其子继位，称必力克图汗。他重用能征善战的扩廓帖木儿为中书右丞相，不时出兵南下骚扰，力图重建大元帝国的统治。一些滞留内地、坚守山寨、拒不降明的北元宗王、官吏纷纷出动，骚扰临近州县。一些暂时归明的蒙古宗王、军民，也时有反水，与之呼应。北方形势日趋紧张，诸将产生了急躁情绪。洪武五年正月，朱元璋召集诸将讨论北部边防问题，徐达遂建议出征漠北，认为有十万兵力便足以肃清沙漠。

朱元璋于是决定出动十五万军队，兵分三路，令徐达、李文忠与冯胜分别统率北征。由于轻敌冒进，徐达所率的中路军挺进到杭爱岭北，“师数发，徆而心易虏”，遭到扩廓帖木儿及其骁将贺宗哲的围攻，“死者万余人”（《弇州史料》前集卷一九，《徐中山世家》）。李文忠所率的东路军也损失惨重，只有冯胜所率的西路军攻至兰州，全师而还。好在徐达能吸收这次轻敌冒进的惨重教训，此后他镇守北平，洪武六年帅诸将行边，破敌于答剌海，十四年复帅汤和等讨伐乃儿不花，均未再犯此类错误，从而保障了北部边境的安全。

徐达“以智勇之资，负柱石之任”，为明王朝的开创立下了盖世之功。明朝建立后，朱元璋授他为太傅、中书右丞相，后封魏国公，并以其长女为燕王妃，次女为代王妃，三女为安王妃，与之结为儿女亲家。

二

作为一名杰出的将领，徐达不仅具有优异的军事才能，而且具有许多优秀的品德。

徐达严于律己，能与士卒同甘苦。在元末群雄并争之时，许多人一旦为将握兵，即“多取子女玉帛，非礼纵横”（吴宽：《平吴录》），过起穷奢极欲的生活。但徐达不贪女色，不图货利，攻占平江及大都，“封姑苏之府库，置胡宫之美人财货无所取，妇女无所爱”（黄金：《皇明开国功臣录》卷一，《徐达》）。平时在南京家里住的是一所低湿狭小的房子，朱元璋几次想给他换一所较好的房子，他都推辞了，说："天下未定，上方宵衣旰食，臣敢以家为计？"（《明太祖实录》卷一七一）。出征之时，则与士卒同甘共苦。有时遇到军粮不足，士卒吃不饱饭，他不饮不食，不进营帐休息。士卒生病负伤，他前去探视慰问，给予医药治疗。"士无不感恩效死，以故所向克捷"（《明史》卷一二五，《徐达传》）。

尽管功劳很大，但徐达为人谦虚，从不居功自傲。每次"功成而还，拜上印绶，待命于家，略无几微矜伐之色"（《明太祖实录》卷一七一）。朱元璋见他劳苦功高，但居室湫隘，说："徐兄功大，未有宁居，可赐以旧邸。"（《明史》卷一二五，《徐达传》）朱元璋的这所旧邸，是他过去当吴王时的府邸。徐达固辞不受，朱元璋便请徐达到那里喝酒，故意把他灌醉，蒙上被子，抬到床上去睡，想用这个办法迫使他接受这所府邸。徐达酒醒之后。惊出一身冷汗，赶忙下床，俯伏在地，连声呼喊："死罪！死罪！"朱元璋见状不好勉强，下令在这所府邸之前另建一座规制宏伟的宅邸，赐给徐达，并在宅第前竖起一块大牌坊，上刻"大功坊"三个字，以表彰徐达的功勋。

尤其难能可贵的是，徐达虽出生农民家庭，而且是淮西的凤阳人，但却能摆脱乡土观念的羁绊，不和同乡拉帮结派，没有卷进淮西勋贵集团的是非之争。淮西勋贵集团的骨干胡惟庸见徐达功劳大，威信高，"欲结好于达"，他根本不加理睬。胡惟庸又"赂达阍者福寿使图达"，福寿向徐达告发，徐达便不时提醒朱元璋：胡惟庸这种人不适合当丞相。后来，胡惟庸因谋反被杀，朱元璋想起徐达的话，"益重达"（《明史》卷一二五，《徐达传》）。

三

徐达虽然对朱元璋忠心耿耿，恭慎有加，但仍然未能免除朱元璋对他的怀疑和猜忌。给事中陈汶辉在一个奏疏中即曾提到"刘基、徐达之见猜”，说：“视萧何、韩信，其危疑相去几何哉？”（《明史》卷一三九，《李仕鲁传》）朱元璋在为徐达撰写的神道碑中，也承认自己曾因所谓“太阴数犯上将”的星象而“恶之”，说：“（洪武）十七年甲子，太阴数犯上将，朕恶之，召罢北镇，劳于家”（《献征录》卷五，御制《徐公达神道碑》）。此时，徐达已因病疽而卧床，朱元璋对他仍不放心，不时微服私访。徐祯卿《翦胜野闻》记载的一则传闻说：“太祖喜微行，每至徐太傅家。一日，太傅病笃，帝忽至，太傅自枕蓐下出一剑示帝曰：‘戒之戒之，若他人得，以戮汝也。’自后诸功臣家，不一至矣。”但是不管朱元璋如何猜忌，徐达毕竟在政治上对朱元璋忠诚不贰，经济上不贪不占，生活上十分检点，没有任何把柄可抓，从而避免了“走狗烹”的厄运。流传极广的所谓朱元璋赐蒸鹅而害死徐达的说法，正如赵翼所说的是“传闻无稽之谈”，“其时功臣多不保全，如达、基之令终已属仅事”（《廿二史札记》卷三一，《明史立传多存大体》），徐达和刘基是洪武朝少数得以获终天年的大臣。

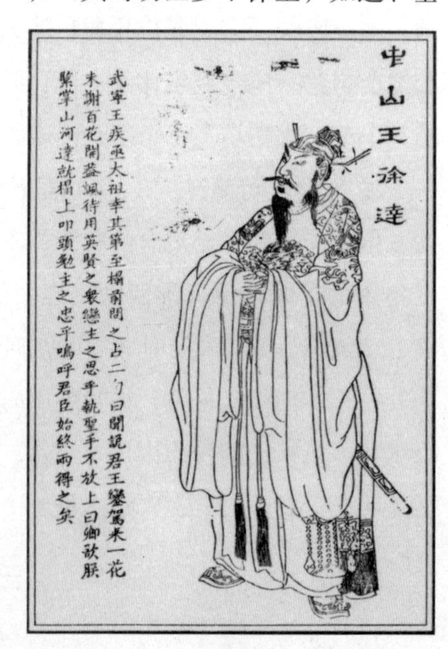

徐达像

洪武十八年二月，徐达病逝，享年五十四。朱元璋追封他为中山王，赐谥“武宁”，赐葬于南京钟山之阴，并亲为之撰写神道碑，赞扬他“忠志无疵，昭明乎日月”。后复命“配享太庙，塑像祭于功臣庙，位皆第一”（黄金：《皇明开国功臣录》卷一，《徐达》）。

第一开国文臣刘基

一

刘基（1311—1375年），字伯温，处州青田县南田镇武阳村人（今属浙江文成县）人。十四岁入郡学，二十三岁举进士。他学问渊博，举凡程朱理学、诸子百家、天文、兵法，无不涉猎。身貌修伟，为人刚毅，慷慨任事。

元朝末年，蒙元的统治已病入膏肓，刘基抱着济世救民的愿望踏入仕途。初任高安县丞，“有廉直声”。行省辟为椽吏，因与幕官论事不合，拂袖而去。后起为江浙儒学副提举，又“以疾谢事”（《诚意伯文集》卷一四，《送钱士能之建昌知州序》）。至正十一年（1351年）方国珍在海上起兵反元后，他任浙东元帅府都事，参与庆元防务。至正十三年，元廷命江浙行省左丞帖里帖木儿招安方国珍，行者复辟刘基为行省都事以佐之。招安事毕，他见“盗起瓯括间”，举家迁至会稽（今浙江绍兴）。至正十六年，由于处州（今浙江丽水）属县民变迭起，行省檄调刘基与浙东宣慰副使石抹宜孙共守处州。翌年，江浙行省左丞相达识帖睦迩擢升石抹宜孙为行枢密院判官，以刘基为经历，萧山县尹苏友龙为照磨。石抹宜孙又辟胡深、叶琛、章溢、季汶等汉族地主儒士参谋军事，“用基等谋，或捣以兵，或诱以计”，不久即将处州起义诸

“盗”“皆歼殄无遗类”（《元史》卷一八八，《石抹宜孙传》）。至正十八年十一月，朱元璋亲率大军出征浙东，从应天经宣城南下，攻克婺州（今浙江金华），直逼处州。石抹宜孙与朱元璋队伍在樊岭、黄龙之间对垒，刘基参与了抵御朱元璋军队的谋划。到至正十九年春夏之交，刘基觉察到元朝统治已呈全面崩溃之势，石抹宜孙又“好自用，幕下士多散去，部将胡君深，章君溢亦拥兵观望”（《宋濂全集》卷六一，《故朝列大夫浙江行省左右司都事苏公墓志铭》），自己又升迁无望，遂弃官还归青田，著《郁离子》以明志：“仆愿与公子讲尧、禹之道，论汤、武之事，宪伊、吕，师周、召，稽考先王之典，商度救时之政，明法度，肆礼乐，以待王者之兴。”

二

龙凤三年（1357年），朱元璋攻占婺州，积极网罗浙东儒士。他返回应天后，胡大海于龙凤五年攻占处州，石抹宜孙弃城而逃，章溢、叶琛、胡深、季汶相继投降，在青田隐居的刘基也被迫出见。胡大海将叶琛、胡深和刘基送往应天，推荐给朱元璋。朱元璋召见后仅赐银碗、文绮而遣还之，未予任用。后来，处州总制孙炎再次向朱元璋推荐刘基、叶琛和章溢，朱元璋才又遣使持币往聘，叶琛和章溢前来应聘，但刘基“自以仕元，耻为他人用”（《宋濂全集》卷六七，《故江南等处行中书省都事追封丹阳县男孙君墓铭》），不肯出山。朱元璋又派孙炎再三邀聘，陶安和宋濂也赠诗劝说，这才说动了刘基。龙凤六年三月，他与宋濂、叶琛、章溢一起来到应天，朱元璋热情接待，说：“我为天下屈四先生耳！然四海纷纷，何时定乎？”章溢对曰：“天道无常，惟德是辅，惟不嗜杀人者能一之耳。”朱元璋当即表示：“卿等其留辅予矣。”并下令在其居所之西筑礼贤馆，把他们请到那里去住。刘基为他谦躬下士的态度所感动，即“陈时策一十八款”（《国初礼贤录》卷上），为朱元璋所采纳。

刘基等四人初到应天时，朱元璋曾询问饱学之士陶安：“四人者何如？”陶安说：“臣谋略不及刘基，学问不及宋濂，治民之才不如章溢、叶琛。”（《明太祖实录》卷三五）时人更称道刘基的才器，“以为诸葛孔明之流”（《诚意伯文集》卷一，《故诚意伯刘公行状》）。通过接触与观察，朱元璋觉得刘基不仅才智突出，而且忠诚可靠，“任以心膂”，充当谋士顾问，运筹帷幄。朱元璋迷信星占方术，刘基精通天文历数，喜欢将一些理智的决策，托诸神秘的启示，更是适应了朱元璋的心理需求。两人的关系日趋密切。朱元璋有事常找他商量，“每召基，辄屏人密语移时”。刘基也“自谓不世遇，知无不言。遇急难，勇气奋发，计画立定，人莫能测”（《明史》卷一二八，《刘基传》）。他除不时“敷陈王道”之外，还为朱元璋平定天下献计献策。

一是劝说朱元璋脱离小明王自立。朱元璋自接受小明王的封号，就成为宋政权的一员战将。此后他一直对小明王保持臣属关系，以免树大招风，遭受打击。但是，如果将来想平定天下、一统江山，就必须打出自己的旗号。经过多年的经营，以应天为中心的江南根据地也已迅速发展壮大，朱元璋的实力大增，足以同诸雄相抗衡。龙凤七年正月初一，当行中书省按照惯例设御座向小明王行庆贺礼时，刘基独不跪拜，说：“彼牧竖耳，奉之何为？”朱元璋把他请进密室，问他何以不拜，他“陈天命有在”（《明史》卷一二八，《刘基传》），说天命属于朱元璋，劝朱元璋同小明王决裂。龙凤九年二月，当小明王在安丰遭受张士诚的进攻向朱元璋求援时，刘基又反对出兵赴援，说：“不宜轻出，假使救出来，当发付何处？”（《国初事迹》）朱元璋认为“安丰破，士诚益张，不可不救”（夏燮：《明通鉴》前编卷二），亲自带兵往救，但他到达安丰时，小明王与刘福通已退往南部山区。龙凤十年七月，徐达攻破庐州，在舒城一带活动的小明王被迎至滁州，为其建造宫殿入驻。至龙凤十二年底，朱元璋终于听从刘基的劝告，设计害死小明王，于第二年自立为吴王，正式打出了自己的旗号。

二是提出平定天下的计策。当刘基来到应天时，夹在陈友谅与张士诚之间的朱元璋正为先攻张士诚还是先打陈友谅而举棋不定，许多部将都主张先打张士诚，或认为“苏、湖地肥饶，欲先取之”（宋濂：《平汉录》），或认为“士诚切近，友谅稍远，若先击友谅，则士诚必乘我后”（《明太祖实录》卷五八）。朱元璋征求刘基的意见，刘基认为：“士诚自守虏，不足虑。友谅劫主胁下，名号不正，地据上流，其心无日忘我，宜先图之。陈氏灭，张氏势孤，一举可定。然后北上中原，王业可成也。”（《明史》卷一二八，《刘基传》）这一计策为朱元璋所采纳，成为他扫灭群雄，推翻元朝，平定天下的总方针。

刘基不仅为朱元璋制定平定天下的总方针，而且还为它的实现贡献了许多具体的谋略方策。如陈友谅奔袭应天，刘基建议“待其深入，伏兵邀取之”；陈友谅复陷安庆，他力赞朱元璋“自将击之”，进攻安庆受阻，又“请径趋江州，捣友谅巢穴”，迫使陈友谅逃奔武昌；朱元璋至龙兴接受陈友谅部将胡廷瑞（后改名胡美）之降，胡廷瑞请勿散其部曲，朱元璋面有难色，刘基“从后蹋胡床”，使之省悟，答应了其条件，“美降，江西诸郡皆下”；苗军杀金、处，守将胡大海、耿再成等反叛，浙东动摇，返乡葬母的刘基急赴衢州，“为守将夏毅谕安诸属邑，复与平章邵荣等谋复处州，乱遂定”；陈友谅进围洪都，刘基随朱元璋往救，在鄱阳湖激战数日后，“基请移军湖口扼之，以金木相犯日决胜”，果败陈友谅；其后，朱元璋“取士诚，北伐中原，遂成帝业，略如基谋”（《明史》卷一二八，《刘基传》）。洪武三年，朱元璋颁发给刘基的《御史中丞诰》曾褒扬他说："刘基学贯天人，资兼文武，其气刚正，其才宏博。议论之顷，驰骋乎千古；扰攘之际，控驭乎一方。慷慨见予，首陈远略；经邦纲目，用兵后先。卿能言之，朕能审而用之，式克至于今日。凡所建明，悉有成效。"（《诚意伯文集》卷一）

三

但是，待到吴元年（1364年）击灭张士诚，即将派兵北伐、创建明朝、推翻元朝之时，朱元璋需要重新拾起"忠君"思想作为维护新王朝统治的武器，对曾经仕元背元的刘基便不再重用，而改命他为太史令，寻拜御史中丞兼太史令。洪武元年（1368年）登基称帝，也只让他继续做御史中丞，不再参与军国大政的决策。

尽管如此，刘基对朱元璋仍然忠心耿耿，兢兢业业地做好本职的工作。但他为人"性刚疾恶"，往时朱元璋对此尚可容忍，现在刘基未改其耿直的本性，"与物多忤"（《明史》卷一二八，《刘基传》），不仅得罪了一大批淮西勋贵，受到他们的排挤、打击，而且也引起朱元璋的不满，受到他的猜忌怀疑。吴元年，"上以事责丞相李善长"，中书参议杨宪乘机联合检校凌说、高见贤、夏煜攻击李善长"无宰相才"，刘基从稳定大局的角度出发，出面为李善长说了好话，谓："李公勋旧，且能辑和诸将"。不料，朱元璋却说："是数欲害汝，汝乃为之地耶！汝之忠勋，足以任此。"刘基知道这不过是句气话，况且在淮西勋贵把持朝政的局势下，他也不可能担任宰相，忙推辞道："是如易柱，必须得大木然后可。若束小木为之，将速颠覆。以天下之广，宜求人才胜彼者。如臣驽钝，尤不可尔。"最后，朱元璋还是表示："善长虽无宰相才，与我同里，我自起兵，事我涉历艰难，勤劳簿书，功亦多矣。我既为家主，善长当相我，盖用勋旧也，今后勿言。"（《故诚意伯刘公行状》；《国初事迹》）。洪武元年四月，朱元璋前往汴梁部署攻取大都方略，命左丞相李善长与刘基留守应天。刘基时任御史中丞之职，他大力整肃纪纲。李善长的亲信、中书都事李彬“坐贪纵抵罪”，他不顾李善长的求情，驰奏斩之，“由是与善长忤”（《明史》卷一二八，《刘基传》）。闰七月，朱元璋返回应天。八月，李善长即向朱元璋诬告刘基，“诉其专”（《国榷》卷三）。就在这一年，京城自夏至秋不雨，有司求神祈雨无效。到八月，朱元璋认为这是“在京法司及在外巡按御史、按察司冤枉人”所致，派人将京畿巡按御史何士弘等人捆绑于马坊，并令中书省、御史台及都督府发表意见。第二天，刘基上言停办三件事，“一曰：出征阵亡、病故军妻数万，尽令寡妇营住，阴气郁结；二曰：工役人死，暴露尸骸不收；三曰：张士诚投降头目不合充军”。刘基要求停办的三件事，有的是朱元璋出的主意，有的是由他批准施行的，这自然引起朱元璋的不满，但为求雨，他还是下令照办。过了十天，仍未见下雨，他便下令“刘基还乡为民”（《国初事迹》；《国榷》卷三）。恰在此时，刘基的妻子病逝，他只得返回青田为之办理丧事。到十一月底，朱元璋怒火已消，才又将刘基召还京师，恢复其御史中丞之职，并追赠刘基祖、父为永嘉郡公。洪武三年四月，又令刘基兼弘文馆学士。

洪武三年上半年，“丞相李善长病，上以中书无官，召（汪）广洋为左丞。时杨宪以山西参政被召入为右丞”（《明太祖实录》卷一二八），并再次动起换相的念头，拟从杨宪、汪广洋和中书参知政事胡惟庸三人中挑选一名宰辅人选以代之。朱元璋为此征求刘基的意见，问杨宪为相如何？刘基虽同杨宪的关系不错，但以为“不可”，说“宪有相才，无相器。夫宰相者，持心如水，以义理为权衡，而己无与焉者也。今宪不然，能无败乎？”朱元璋又问汪洋如何？他也认为不可，曰："此褊浅，观其人可知。"最后问胡惟庸如何？他又回答："此小犊，将偾辕而破犁矣！"朱元璋生气地说："吾之相无逾于先生？"他赶忙辞谢："臣疾恶太甚，又不耐繁剧，为之且孤上恩。天下何患无才，惟明主悉心求之。如目前诸人，臣诚未见其可也。"（《诚意伯文集》卷一，《故诚意伯刘公行状》）刘基因此又得罪了胡惟庸，更难在朝廷立足。当年六月，明军攻占应昌、逐走元嗣君爱猷识理达腊的捷报传至京师，朱元璋又令礼部榜示："常仕元者不许称贺"（《明太祖实录》卷五三）。到七八月间，又免去刘基的御史中丞官职，只保留弘文馆学士的虚衔。当年十一月大封功臣，仅给刘基封了个诚意伯，岁禄二百四十石。

刘伯温像

从吴元年起，刘基不再担任谋士、顾问之职，只任太史令、御史中丞、弘文馆学士等职务，这些职务并没有多大实权，不能参与军国大事的决策，只能做些诸如卜宅相土、营建应天、清理狱囚、制定律令、完善科举制度、编定《戊申大统历》及《大明集礼》等具体工作。御史中丞的官职被免除，只保留弘文馆学士的虚衔，更是无事可干，他便多次上书请求告老还乡。洪武四年正月，刘基又对营建中都之举提出了忠告：“中都曼衍，非天子居也。”（《国榷》卷四）

四

洪武四年三月，朱元璋批准刘基致仕，并密旨“令察其乡有利病于民社者潜入奏”（《野记》）。刘基回到青田老家，隐居山中，彻底离开了政治舞台。他每天“惟饮酒奕棋，口不言功”，也不同地方官交往。县令求见不得，有天穿上老百姓的衣服前来求见。刘基正在洗脚，让侄儿引入茅舍，“炊黍饭令”。县令亮明身份，刘基“惊起称民”。县令辞谢而去，“终不复见”（《明史》卷一二八，《刘基传》）。但刘基仍然关心国家社稷的安危。洪武四年七月，明军攻灭夏国，刘基特撰《平西蜀颂》，派长子刘琏送至京城，进献朱元璋。这年冬天，朱元璋因天象变异下手谕给刘基，表示“近西蜀悉平，称名者尽俘于京师。我之疆宇，比之中国前王所统之地不少也。奈何胡元以宽而失，朕收平中国，非猛不可。”并要求刘基就近几年日中出现黑子的“休咎”问题发表意见（《诚意伯文集》卷一，《皇帝手书》）。刘基“条答甚悉”，“大要言霜雪之后，必有阳春，今国威已立，宜少济以宽大”（《明史》卷一二八，《刘基传》）。刘基还时常派长子刘琏入京朝见朱元璋。“及中丞之请老而归也，天子念其勋伐，欲数得问劳。孟藻（刘琏字孟藻）以一介行李往来于京者不惮六七，至则燕见于上，类家人父子，俯伏陈对，详简中宜”（《诚意伯文集》卷一，《故参政刘君孟藻哀辞有序》）。

尽管刘基还乡后韬光隐晦，口不言功，但权势日渐坐大的胡惟庸还是对刘基反对他为相的话记恨在心，寻机进行报复。李善长在洪武四年正月致仕，汪广洋升为右丞，胡惟庸为左丞。六年正月，汪广洋被贬为广东行省参政，朱元璋一时找不到合适的丞相人选，胡惟庸遂以左丞的身份独专省事。就在这一年，瓯闽交界处的谈洋发生逃军的反叛事件，当地官府隐匿不报。刘基叫刘琏进京上奏。刘琏未先关白中书省，直接上奏朝廷。胡惟庸遂挟旧忿，“讣使诬诚意伯以非法”（《诚意伯文集》卷一，《故参政刘君孟藻哀辞有序》。这里所说的“非法”，即指从元代沿袭下来的“奏事不许隔越中书”的规定，“径诣上前而不先白中书省”（《诚意伯文集》卷一，《故诚意伯刘公行状》）。其实，密疏言事乃是历代王朝的传统，在明初也是得到朱元璋的默许的。洪武三年十二月，儒士严礼等人上书言治道，建言“不得隔越中书奏事”时，朱元璋就对侍臣表示：“今礼所言不得隔越中书奏事，此正元之大弊”，“今创业之初，正当使下情通达于上，而犹欲效之，可乎？”（《明太祖实录》卷五九）况且，刘基致仕之时朱元璋还有密旨“令察其乡有利病于民社者潜入奏”。胡惟庸亲信的诬告，可谓是“欲加之罪，何患无辞”。

在洪武四年致仕之前，刘基考虑到谈洋“僻绝而岩险，戍卒逋逃渊薮也，愚民往往蚁聚为奸”，派刘琏上奏朝廷，建议在此地设置巡检司，“庶几人知顾忌”（《诚意伯文集》卷一，《故参政刘君孟藻哀辞有序》）。胡惟庸又“使吏讦基，谓谈洋地有王气，基图为墓，民弗与，则请立巡检逐民。”朱元璋得奏，“虽不罪，然颇为所动，遂夺基禄”。（《明史》卷一二八，《刘基传》）刘基被迫入京请罪，留居京师。未几，胡惟庸任相，他仰天长叹：“使吾言不验，苍生福也！”后忧愤成疾，一病不起。朱元璋叫胡惟庸派医生去看，胡惟庸指使医生下毒，使刘基的病情加重。朱元璋派人护送他回青田老家养病，一个月后死去。刘基死后，刘琏也“为惟庸党所胁，堕井死”（《明史》卷一二八，《刘基传》）。

刘基逝世的当月，朱元璋因中都发生营建工匠用“厌镇法”发泄对繁重工役不满的事件，诏罢中都。洪武十三年胡惟庸案发被杀后，朱元璋想起刘基生前的许多谏言后来都得到了事实的验证，觉得他是一位难得的忠臣，乃命其长孙继承诚意伯的爵位，并赐“铁券丹书，誓言世禄”（《明史》卷一二八，《刘基传》）。正德年间，明廷又加赠刘基太师，谥文成。嘉靖年间，更以刘基配享太庙，使之享有开国文臣第一的殊荣。

刘基“以儒者有用之学，辅翊治平”，帮助朱元璋渡过一个个急流险滩，登上了明朝开国皇帝的宝座。然而，他自己却屡遭猜忌暗算，直到死后才还其一生的清白。这不仅是他个人的不幸，更是封建专制时代的悲剧。

李善长的功与过

一

李善长（1314—1390年），原名士元，字百室。祖籍徽州歙县。“少读书，有智计，习法家言，策事多中”（《明史》卷一二七，《李善长传》），被里中推为祭酒。刘福通发动农民大起义后，他“欲从雄”而未果，后“携幼子避地池阳（滁州）”。至正十四年（1354年）春夏间，朱元璋带兵攻打滁州，李善长穿上儒士的服装，在道旁进见。朱元璋询以平定天下之策，他劝朱元璋效法汉代布衣皇帝刘邦“豁达大度，知人善任，不嗜杀人”，朱元璋点头称“善”，命他为掌书记，并嘱咐说：“方今群雄并争，非有智者不可与谋议。吾观群雄中持案牍及谋事者，多毁左右将士，将士弗得效其能，以至于败。其羽翼既去，主者安得独存，故亦相继而亡。汝宜鉴其失，务协诸将以成功，毋效彼所为也！”（《明太祖实录》卷一）。从此，他跟随朱元璋，下滁州、和州，进克太平、应天。在滁州，郭子兴曾想将李善长调入元帅府做自己的助手，李善长向朱元璋哭诉，朱元璋无可奈何地叹曰：“主帅之命，弗可违也！”（《明太祖实录》卷一）他还是坚辞弗就，表现了对朱元璋的忠心。

参加朱元璋队伍后，李善长“为参谋，预机画，主馈饷”，协助朱元璋整肃军纪，调护诸将，并举荐人才，曾向朱元璋推荐了宋濂。其职位也步步升高，由帅府都事升至行省参议、参知政事。朱元璋自立为吴王，又拜李善长为右相国，后改官制，由右相国改为左相国。“太祖有所招纳，辄令为书。前后自将征讨，皆命居守，将吏帖服，居民安堵，转调兵饷无乏”。他还先后制定盐茶法与钱法，开铁冶，定鱼税，并与御史中丞刘基等裁定律令。朱元璋称帝后，又率诸儒臣制定六部官制、封建诸王、爵赏功臣及各种礼仪制度。洪武元年（1368年）五月至六月，朱元璋前往汴梁（今河南开封）部署攻取大都（今北京）的作战行动，还命李善长与刘基留守应天，“一切听便宜行事”。洪武三年大封功臣，授李善长为开国辅运推诚守正文臣、特进光禄大夫、左柱国、太师、中书左丞相，封韩国公，岁禄四千石，子孙世袭。予铁券，免二死，子免一死。“时封公者，徐达、常遇春子茂、李文忠、冯胜、邓愈及善长六人。而善长位第一，制词比之萧何，褒称甚至”（《明史》卷一二七，《李善长传》）。李善长的权势至此达到顶峰。

李善长不过是个乡间的小知识分子，虽“少读书”，但也只是“粗持文墨”而已（《献征录》卷一一，王世贞：《中书省左丞相太师韩国公李公善长传》），连个举人都不是，并没有什么高明的文韬武略。除初见朱元璋时劝其仿效刘邦的计策外，再未贡献过其他的锦囊妙计。在和州时，元军谍知朱元璋带兵外出攻打鸡笼山寨，乘机来袭，李善长曾率少量的留守士兵设伏败之，使“太祖以为能”。但龙凤六年（1366年）闰五月，陈友谅亲率大军东下，约张士诚夹攻应天，朱元璋采纳刘基“伏兵邀取之”的建议，授意与陈友谅有过交情的康茂才“佯欲为叛，遣人致书约其来，当为内应”，李善长大惑不解，问道：“方以寇来为忧，何为更诱致之？”朱元璋解释说：“使二虏（陈友谅、张士诚）相合，吾何以支？先破此虏，则东寇胆落矣。”（《明太祖实录》

卷八）他才恍然大悟。龙凤十二年七月，朱元璋决定攻灭张士诚，李善长又认为张士诚“势虽屡屈而兵力未衰，土沃民富，又多储积，恐难猝拔，宜俟隙而动”，结果遭到朱元璋的严厉驳斥：“彼疆域日蹙，长淮东北之地皆为吾有，吾以胜师临之，何忧不拔，况彼败形已露，何待观隙？”（《明太祖实录》卷二〇）说明李善长缺乏用兵作战的战略战术素养。如果说在攻占应天之前，朱元璋的队伍数量较少，控制的地区较小，战争的规模不是很大，李善长多少还起过参谋作用的话，那么在攻占应天之后，刘基、宋濂等富于谋略的大儒纷纷前来投奔，并逐渐担负起谋士的职责，李善长主要的便是扮演大管家的角色了。因此，论武功，他比不上受封为公、侯、伯的任何一位武将，论文治，更比不上刘基、宋濂等文臣。朱元璋之所以高看李善长，除了李善长投奔较早而且对自己忠心耿耿之外，主要还是由于他当时存有浓厚的乡土、宗族观念，认为那些同自己有着乡里、宗族关系的淮西将臣，才是他最可靠的心腹骨干。所以，朱元璋尽管知道李善长“无汗马劳”，还是以“事朕久，给军食，功甚大”为由（《明史》卷一二七，《李善长传》），授予最高一级的封赏，赋予他一人之下万人之上的崇高地位。

二

明代史学家朱国桢说李善长“有心计而无远识”（《开国臣传》卷二，《韩国李公》），事实确是如此。李善长的乡土、宗族观念极重。随着权势的上升，他极力利用手中的权力，依靠乡土、宗族关系，拉帮结派，形成以自己为核心的淮西集团，并将淮西集团的利益凌驾于王朝利益之上。他为人“外宽和，内多忮刻”。参议李饮冰、杨希圣稍侵李善长之权，即按其罪奏黜之。定远人胡惟庸在和州投奔朱元璋，初为宁国知县，给李善长送了三百两黄金，他力加推荐，擢为太常少卿，成为淮西勋贵集团的重要人物。自此两人密相往来，联合排挤、打击非淮西籍大臣。山西阳曲人杨宪在龙凤二年投奔朱元璋后，历官至御史台中丞。他通经史，有才辟，朱元璋曾想用他做丞相，他也多次攻击李善长“无大材”。胡惟庸赶忙找李善长，说：“杨宪为相，我等淮人不得为大官矣。”（《国初事迹》）李善长便联合其他淮人，将杨宪倾陷致死。刘基等浙东儒士归附朱元璋后，成为他的重要谋士。叶琛与胡深在明朝建立前已经战死，宋濂谨慎小心，与世无争，李善长就倾全力攻击刘基。朱元璋去汴梁部署攻取大都方略时，李善长的亲信李彬贪纵犯法，刘基不顾李善长的求情，驰奏斩之。待朱元璋返回应天，李善长就与其他淮西将臣相继进谗言。由于李善长的打击和排挤，一些非淮西籍大臣也纷纷被逐出朝廷，这就为胡惟庸后来于洪武七年登上相位铺平道路。结果，正是胡惟庸狱案，使他走上了黄泉路。

李善长封公受赏之后，曾因“富贵极，意稍骄”（《明史》卷一二七，《李善长传》），开始引起朱元璋的不满，吴元年和洪武三年上半年李善长生病期间，就曾动起换相的念头。洪武四年正月，李善长病未愈，朱元璋便让他退休，赐给他临濠地若干顷，置守冢户一百五十户，给佃户一千五百家，仪仗士二百家。但朱元璋并未完全失去对他的信任。第二年李善长病愈，仍命其督建中都宫殿，洪武七年复命他督迁江南民十四万人至凤阳屯田，并擢其弟李存义为太仆寺丞，李存义子李伸、李佑为群牧所官。就在中都营建期间，淮西勋贵集团争权夺利的活动更加猖獗，一些淮西武臣竟私自役使营建中都的将士为自己营建私宅，有的还营建第宅逾制，胡惟庸甚至派人将反对他任相的刘基毒死。朱元璋由此想到，如果在凤阳建都，淮西勋贵利用家乡盘根错节的宗族、乡里关系扩展势力，将对皇权构成严重威胁，于是决心抛弃乡土观念。洪武八年四月，发生营建工匠用“厌镇法”发泄对工役繁重不满的事件，朱元璋诏罢中都役作。不过，为答谢李善长督建中都和督迁十四万江南民至凤阳屯田的辛劳，洪武九年又将临安公主嫁给李善长之子李祺，拜其为驸马都尉，与其结为亲戚。虽然公主下嫁仅过一月，有人上告："善长狎宠自恣，陛下病不视朝几及旬，不问候。驸马都尉六日不朝，宣至殿前，又不引罪，太不敬。"（《明史》卷一二七，《李善长传》）但朱元璋只削减李善长岁禄一千八百石，寻又命与李文忠总中书省、大都督府、御史台，同议军国大事，督建圜丘。洪武十三年，胡惟庸案发，"坐党死者甚众"，李善长也没有受到牵连。当年五月，御史台缺中丞，还命李善长理台事，他尚"数有所建白"。

洪武十八年，因李佑是胡惟庸的侄女婿，有人告发李存义及李伸、李佑父子为胡党，朱元璋诏免其死，安置崇明。李善长对此自然十分不满，未向皇上致谢，这又惹恼了朱元璋。洪武二十三年，李善长年已七十七，耆不检下，为营建私宅，竟不顾朝廷严禁私自调动军队的禁令，向汤和借用卫卒三百人，被汤和告密。四月，京民有坐罪应徙边者，李善长又多次出面请免其私亲丁斌等人。朱元璋大怒，审问丁斌。丁斌原在胡惟庸家当过差，供出李存义等人往时交结胡惟庸之事。朱元璋下令逮捕李存义父子，严加审讯，供词又牵连到李善长，说胡惟庸几次派人或亲自劝说李善长助其谋反，李善长虽"惊不许，然颇心动"，最后表示："吾老矣。吾死，汝等自为之。"还有人告发胡惟庸私通蒙古，李善长"匿不以闻"。朱元璋便给李善长加上"知谋逆不举发，狐疑观望怀两端，大逆不道"的罪名，借口有星变，需杀大臣应灾，将李善长赐死，把其妻女弟侄七十余口全部杀掉，其子李祺徙置江浦，"祺子芳、茂以公主恩得不坐"（《明史》卷一二七，《李善长传》）。李善长家产悉被抄没，"籍入六万金"（谈迁：《国榷》卷九）。

三

李善长有辅佐之功，对朱元璋势力的发展、明王朝的建立以及诸多典章制度的制定做出过贡献。但他私心过重，“有心计而无远识”，利用乡土、宗族观念拉帮结派，扶植胡惟庸，结成淮西勋贵集团，排挤、打击非淮人。在明朝建立之前乃至建立初期，乡土观念很重的朱元璋，着重倚靠淮西将臣打天下，李善长的所作所为，尚不至于与朱元璋产生严重的矛盾冲突。但当朱元璋坐稳了帝位，需要进一步强化君主专制的集权统治，以保证朱家子孙能长坐江山之时，这种矛盾冲突便不可避免，迟早总要爆发。“狡兔死，走狗烹；高鸟尽，良弓藏；敌国破，谋臣亡”（司马迁：《史记》卷九二，《淮阴侯列传》），韩信被诬谋反就擒时说的这句话，是封建时代开国功臣每遭屠戮的惨痛概括。而淮西勋贵仗恃是皇帝的同乡，又劳苦功高，往往骄纵妄为，越礼逾制地追逐财富和权力，对皇权构成严重的威胁，这更是朱元璋不能容忍的。于是，他便借胡惟庸案与蓝玉案，将大批淮西将臣牵连进去，肆行屠戮。作为淮西勋贵集团的核心人物，他对胡惟庸“知谋迹而不举，狐疑观望持两端”，自然也就难逃厄运了。